职业院校财经商贸类专业系列规划教材

主　审　高月玲

企业财务会计实务一本通

主　编　范　丽　陈以东
副主编　周　虹　奚晨娟

苏州大学出版社
Soochow University Press

图书在版编目(CIP)数据

企业财务会计实务一本通 / 范丽,陈以东主编. ——苏州:苏州大学出版社,2019.10
职业院校财经商贸类专业系列规划教材
ISBN 978-7-5672-2972-3

Ⅰ.①企… Ⅱ.①范… ②陈… Ⅲ.①企业管理-财务会计-高等职业教育-教材 Ⅳ.①F275.5

中国版本图书馆 CIP 数据核字(2019)第 215676 号

企业财务会计实务一本通

范　丽　陈以东　主编

责任编辑　施小占

苏州大学出版社出版发行
(地址:苏州市十梓街1号　邮编:215006)
常州市武进第三印刷有限公司印装
(地址:常州市武进区湟里镇村前街　邮编:213154)

开本 787 mm×1 092 mm　1/16　印张 15.5　字数 322 千
2019 年 10 月第 1 版　2019 年 10 月第 1 次印刷
ISBN 978-7-5672-2972-3　定价:39.00 元

若有印装错误,本社负责调换
苏州大学出版社营销部　电话:0512-67481020
苏州大学出版社网址　http://www.sudapress.com
苏州大学出版社邮箱　sdcbs@suda.edu.cn

前言
Preface

本书在于解决"企业财务会计实务"课程教学中,学生对企业财务会计具体经济业务核算的理解、巩固和深化,以实现对会计实务举一反三、触类旁通的目的。

本书主要特点如下:

1. 针对性。本书在财政部2019年《初级会计实务》考试大纲的基础上,结合国家现行的会计法律制度和税收法律制度,紧扣核心知识和技能要点,从不同视角进行测试,对基础知识点力求多角度、全方位考核。

2. 层次性。从企业日常经济业务角度出发,由易到难,分别对货币资金、应收款项、存货、固定资产等12个项目进行训练与检测。检测题又分为基础题和巩固题两类。其中基础题适用于课堂教学上的测试,巩固题有较强的灵活性和一定难度,适用于课后练习。

3. 实效性。本书参加命题的人员均为江苏省职业院校长期从事会计教学的一线教师,对全国会计专业技术初级资格考试大纲、命题规律等方面有着翔实和有效的研究。

本书由范丽、陈以东任主编,周虹、奚晨娟任副主编,高月玲任主审。编写人员具体分工为:周虹编写第一、二、三章,张浩编写第五、六章,奚晨娟编写第七、八、十章,范丽编写第四、九、十二章,陈以东编写第十一章。此外,权红莲、李镭、张海梅、陈国莉、张云洁、王慧、骆丹、陆雅萍等参与了本书资料的搜集、整理及审校工作。

江苏省财会特级教师、正高级讲师、江苏省"333高层次人才工程"培养对象、江苏省教学名师李建红对本书的编写给予了精心的指导,在此表示衷心的感谢!

由于编者水平有限,本书如有错漏和欠妥之处,敬请读者批评指正。

目录 Contents

第一章 货币资金 ... 1
第一节 库存现金 ... 1
第二节 银行存款 ... 11
第三节 其他货币资金 ... 18

第二章 应收款项 ... 28
第一节 应收票据 ... 28
第二节 应收账款 ... 37
第三节 预付账款 ... 44
第四节 其他应收款 ... 50
第五节 应收款项减值 ... 54

第三章 存 货 ... 61
第一节 原材料 ... 61
第二节 周转材料 ... 72
第三节 库存商品 ... 79
第四节 存货清查与减值 ... 85

第四章 固定资产 ... 96

第五章 投 资 ... 106
第一节 交易性金融资产 ... 106
第二节 持有至到期投资 ... 116
第三节 长期股权投资 ... 124
第四节 可供出售金融资产 ... 135

第六章　无形资产 ……………………………………………………… 145
第一节　无形资产 …………………………………………………… 145
第二节　其他资产 …………………………………………………… 153

第七章　流动负债 ……………………………………………………… 154
第一节　短期借款 …………………………………………………… 154
第二节　应付款项 …………………………………………………… 157
第三节　应付职工薪酬 ……………………………………………… 162
第四节　应交税费 …………………………………………………… 170

第八章　非流动负债 …………………………………………………… 175
第一节　长期借款 …………………………………………………… 175
第二节　应付债券 …………………………………………………… 178

第九章　所有者权益 …………………………………………………… 181
第一节　实收资本核算 ……………………………………………… 181
第二节　资本公积 …………………………………………………… 189
第三节　留存收益 …………………………………………………… 196

第十章　收入、费用 …………………………………………………… 204
第一节　收入 ………………………………………………………… 204
第二节　费用 ………………………………………………………… 210

第十一章　利　润 ……………………………………………………… 214
第一节　利润形成 …………………………………………………… 214
第二节　利润分配 …………………………………………………… 219

第十二章　财务会计报告 ……………………………………………… 223
第一节　资产负债表 ………………………………………………… 223
第二节　利润表 ……………………………………………………… 231
第三节　现金流量表 ………………………………………………… 237

第一章 货币资金

第一节 库存现金

I 基础题

一、单项选择题（下列每小题备选答案中只有一个符合题意的正确答案）

1. 某企业以业务招待名义提取现金 60 000 元，用于发放一次性奖金，根据《现金管理暂行条例》的规定，该行为属于（   ）。

   A. 白条抵库　　B. 套取现金　　C. 私设小金库　　D. 出借账户

2. 远离银行或交通不便的开户单位，银行最多可以根据企业（   ）的正常开支量来核定库存现金的限额。

   A. 3～5 天　　B. 1 周　　C. 15 天　　D. 2 周

3. 企业从开户银行提取现金，应当写明用途，由（   ）签章，经开户银行审核后，予以支付现金。

   A. 本单位法人代表　　　　B. 本单位财会部门负责人

   C. 本单位的上级负责人　　D. 本单位预算负责人

4. 下列各项经济业务中，不能用现金进行结算的有（   ）。

   A. 职工差旅费　B. 个人劳务报酬　C. 购买生产设备　D. 困难补助

5. 下列项目中，企业可以用现金支付的是（   ）。

   A. 支付个人劳动报酬　　　　B. 偿还银行小额借款

   C. 支付前欠某单位 2 000 元货款　D. 支付零星材料采购款 3 000 元

6. 下列项目中，企业不能用现金支付的是（   ）。

   A. 支付个人劳动报酬

   B. 根据国家规定颁发给个人的科学技术奖金

   C. 支付前欠某单位 800 元货款

   D. 支付零星材料采购款 3 000 元

7. 下列项目中，企业不能用现金支付的是（   ）。

   A. 向个人收购农副产品和其他物资的款项

B. 根据国家规定颁发给个人的科学技术奖金

C. 出差人员随身携带的差旅费

D. 结算起点以上的零星支出

8. 下列项目中，企业可用现金支付的是（　　）。

　　A. 职工工资　　　　　　　　B. 支付原材料价款 10 000 元

　　C. 支付设备价款 10 000 元　　D. 结算起点以上的零星支出

9. 现金的限额是指为了保证企业（　　）需要，允许单位留存现金的最高数额。

　　A. 经营管理　　　　　　　　B. 工资支付

　　C. 业务招待　　　　　　　　D. 日常零星开支

10. 开户单位支付现金，可以从本单位库存现金中支付或从开户银行提取，不得从本单位的现金收入中直接支付，即不得（　　）。

　　A. 白条抵库　　B. 坐支现金　　C. 公款私用　　D. 设置小金库

二、多项选择题（下列每小题备选答案中有两个或两个以上符合题意的正确答案）

1. 以下关于现金的限额叙述正确的是（　　）。

　　A. 现金的限额是指为了保证企业日常零星开支的需要，允许单位留存现金的最低数额

　　B. 现金的限额是指为了保证企业日常零星开支的需要，允许单位留存现金的最高数额

　　C. 现金限额由开户银行根据单位的实际需要核定，一般按照单位 3～5 天的日常零星开支的需要确定

　　D. 边远地区和交通不便地区开户单位的库存现金限额，可按多于 5 天但不超过 10 天的日常零星开支的需要确定

2. 出纳人员不得兼任的工作有（　　）。

　　A. 稽核　　　　　　　　　　B. 会计档案保管

　　C. 收入账目的登记工作　　　D. 债权账目的登记工作

3. 清查库存现金时不应包括（　　）。

　　A. 没有记账的收款凭证　　　B. 没有记账的付款凭证

　　C. 白条抵库　　　　　　　　D. 未经批准的借据

4. 以下关于现金清查叙述正确的是（　　）。

　　A. 企业应当按规定进行现金的清查，一般采用实地盘点法

　　B. 对于清查的结果应当编制现金盘点报告单

　　C. 经检查仍无法查明原因的现金溢余冲减管理费用

　　D. 经检查仍无法查明原因的现金短缺，经批准后应计入管理费用

5. 关于企业的现金管理，下列说法正确的有（　　）。

A. 向个人收购农副产品或其他物资，超过 30 000 元，就不能使用现金

B. 单位留存的现金的最高数额为 10 000 元

C. 出差人员必须随身携带的差旅费可以用现金支付

D. 1 000 元以下的办公用品购置费可以用现金支付

6. 企业可用现金支付的款项有（　　）。

　　A. 职工工资、津贴

　　B. 个人劳务报酬

　　C. 各种劳保福利费用

　　D. 向个人收购农副产品和其他物资的款项

7. 一般来说，企业的出纳人员只负责有关（　　）的登记工作，不得兼任稽核、会计档案保管和收入、支出、费用及债权债务账目的登记工作，不得由一人办理库存现金的全过程。

　　A. 现金收付　　B. 记账　　　　C. 工资　　　　D. 现金日记账

8. 现金盘盈时可能涉及的会计科目有（　　）。

　　A. 库存现金　　　　　　　　B. 待处理财产损溢

　　C. 营业外收入　　　　　　　D. 其他应付款

9. 2018 年 12 月 31 日，某企业进行现金清查，发现库存现金短款 400 元。经批准，应由出纳人员赔偿 180 元，其余 220 元无法查明原因，由企业承担损失。不考虑其他因素，下列表述正确的是（　　）。

　　A. 该业务对企业营业利润的影响为 220 元

　　B. 该业务对企业营业利润的影响为 180 元

　　C. 该业务使得其他应收款增加 180 元

　　D. 该业务使得应收账款增加 180 元

三、判断题（正确的用"√"表示，错误的用"×"表示）

1. 企业应根据实际需要向开户银行提出申请，由开户银行核定库存现金的限额。（　　）

2. 货币资金核算主要包括库存现金、银行存款和应收账款等内容。（　　）

3. 通常情况下，企业支付现金要从本单位库存现金中支付或从开户银行提取，不得"坐支"库存现金。（　　）

4. 根据需要，企业可以从本单位库存现金中"坐支"以简化核算和操作流程。（　　）

5. 因特殊情况需要，企业可以将单位收入的现金以个人名义存入储蓄，存入限额由开户银行根据单位的实际需要核定。（　　）

6. 企业有内部周转使用备用金的，可以单独设置"备用金"账户。（　　）

7. 企业可用现金支付的款项包括出差人员必须随身携带的差旅费。（　　）

8. 库存现金清查时，对于盘亏的库存现金应暂记"待处理财产损溢——待处

理流动资产损溢"科目,对于盘盈的库存现金应暂记"以前年度损益调整"科目。

(   )

9. 在进行库存现金的清查时,出纳人员可以不在场。   (   )

10. 库存现金和银行存款都属于企业的货币资金,因此,每月至少核对2次。

(   )

四、不定项选择题(下列每小题备选答案中有一个或一个以上符合题意的正确答案)

1. 企业可用现金支付的款项有(   )。

   A. 职工工资、津贴

   B. 个人劳务报酬

   C. 向个人收购农副产品和其他物资的价款

   D. 出差人员必须随身携带的差旅费

   E. 各种劳保、福利费用以及国家规定的对个人的其他支出

2. 现金的限额是指为了保证单位日常零星开支的需要,允许单位留存现金的最高限额,这一限额一般为(   )。

   A. 单位3~5天日常零星开支

   B. 单位4~6天日常零星开支

   C. 边远地区和交通不便地区,可按多于5天但不得超过15天日常零星开支需要确定

   D. 边远地区和交通不便地区,可按多于5天但不超过20天的日常零星开支需要确定

3. 下列关于库存现金的账务处理正确的是(   )。

   A. 企业只需要设置库存现金日记账进行库存现金的日常核算

   B. 企业应当设置库存现金总账和库存现金日记账,分别进行库存现金的总分类核算和明细分类核算

   C. 库存现金日记账由会计人员根据收付款凭证,按照业务发生顺序逐日逐笔登记

   D. 每月终了,应当在库存现金日记账上计算出当日的现金收入合计额、现金支出合计额和结余额,并将库存现金日记账的余额与实际库存现金金额相核对,保证账款相符

   E. 月度终了,库存现金日记账的余额应当与库存现金总账的余额核对,做到账账相符

4. 关于库存现金清查,下列说法正确的是(   )。

   A. 现金的短缺或溢余,应通过"待处理财产损溢"科目来核算

   B. 现金的短缺或溢余,应通过"以前年度损益调整"科目来核算

   C. 对于现金短缺,属于应由责任人赔偿的部分,应记入管理费用

D. 无法查明原因的现金短缺，应记入营业外支出

E. 无法查明原因的现金溢余，应记入营业外收入

5. 关于库存现金收支的规定，下列说法正确的是（　　）。

　　A. 开户单位现金收入应当于当日送存开户银行，当日送存确有困难的，由企业确定送存时间

　　B. 开户单位支付现金，可以从本单位库存现金限额中支付或从开户银行提取，也可以从本单位的现金收入中直接支付

　　C. 开户单位从开户银行提取现金时，应当写明用途，由本单位出纳人员签字盖章，经开户银行审核后，予以支付

　　D. 因采购地点不确定，交通不便，生产或市场急需，抢险救灾，以及其他特殊情况必须使用现金的，开户单位应向开户银行提出申请，由本单位财会部门负责人签字盖章，经开户银行审核后，予以支付现金

Ⅱ 巩固题

一、单项选择题（下列每小题备选答案中只有一个符合题意的正确答案）

1. 以现金发放管理部门职工工资，应借记（　　）账户。
　　A. 库存现金　　B. 应付职工薪酬　　C. 银行存款　　D. 管理费用

2. 管理部门职工出差前用现金预支差旅费应贷记的账户是（　　）。
　　A. 其他应收款　　B. 管理费用　　C. 库存现金　　D. 预付款项

3. 现金清查中对于现金溢余，属于应支付给有关人员或单位的应计入（　　）。
　　A. 其他应收款　　B. 其他应付款　　C. 营业外收入　　D. 其他业务收入

4. 下列各项中，关于企业无法查明原因的现金溢余，经批准后会计处理表述正确的是（　　）。
　　A. 冲减财务费用　　　　　　B. 计入其他应付款
　　C. 冲减管理费用　　　　　　D. 计入营业外收入

5. 库存现金总账所使用的账页格式一般是（　　）。
　　A. 三栏式　　　　　　　　　B. 多栏式
　　C. 横线登记式　　　　　　　D. 数量金额式

6. 下列各项中，应填制库存现金收款凭证的是（　　）。
　　A. 出售材料收到一张转账支票
　　B. 收到职工报销差旅费归还的原预借多余现金
　　C. 从银行提取现金
　　D. 将现金存入银行

7. 在库存现金日记账中，用来登记入账收款凭证的种类和编号的是（　　）。

A. 摘要栏　　　B. 凭证栏　　　C. 对方科目栏　　　D. 收入、支出栏

8. 库存现金日记账，每一账页登记完毕结转下页时，结计"过次页"的本页合计数应当为（　　）。

A. 本页的发生额合计数

B. 自本月初起至本页末止的发生额合计数

C. 本月的发生额合计数

D. 自本年初起至本页末止的发生额合计数

9. 库存现金日记账和银行存款日记账应当（　　）。

A. 定期登记　　B. 序时登记　　C. 汇总登记　　D. 合并登记

10. 根据《现金管理暂行条例》规定，下列经济业务中，一般不应用现金支付的是（　　）。

A. 支付职工奖金 1 600 元

B. 支付零星办公用品购置费 900 元

C. 支付材料采购货款 2 500

D. 支付出差人员必须随身携带的差旅费 5 000 元

二、多项选择题（下列每小题备选答案中有两个或两个以上符合题意的正确答案）

1. 下列说法正确的是（　　）。

A. 总分类账登记的依据和方法主要取决于所采用的账务处理程序

B. 库存现金日记账由出纳人员根据库存现金收付有关的记账凭证以及提取现金的银行存款付款凭证，按时间顺序逐日逐笔进行登记

C. 总分类账的账页格式有三栏式和多栏式两种，最常用的格式为多栏式

D. 账簿按格式不同分为：三栏式、多栏式、数量金额式和横线登记式

2. 2018 年 4 月 1 日，某企业高管出差预借差旅费 10 000 元，以库存现金支付。10 日出差归来，报销差旅费 9 000 元，将剩余现金缴回。则下列处理不正确的有（　　）。

A. 借：管理费用　　　10 000　　　B. 借：其他应收款　10 000
　　贷：库存现金　　　　10 000　　　　贷：库存现金　　　　10 000

C. 借：管理费用　　　9 000　　　D. 借：销售费用　　　9 000
　　　库存现金　　　1 000　　　　　　贷：库存现金　　　　9 000
　　贷：其他应收款　　10 000

3. 某有限责任公司管理部门职工张某预借差旅费 5 000 元，出差回来后实际报销 4 500 元，以下分录正确的有（　　）。

A. 借：其他应收款——张某　　　　　　　　　　5 000
　　贷：库存现金　　　　　　　　　　　　　　　　5 000

B. 借：其他应收款——张某　　　　　　　　　　4 500

           贷：库存现金   4 500
        C. 借：管理费用   4 500
              库存现金   500
           贷：其他应收款——张某   5 000
        D. 借：管理费用   4 500
           贷：库存现金   4 500

4. 某公司用现金发放6月份工资20 000元，其中管理部门人员工资5 000元、生产车间人员工资12 000元、独立销售机构人员工资3 000元。下列做法正确的有（   ）。

   A. 借：管理费用   5 000
         生产成本   12 000
         销售费用   3 000
      贷：应付职工薪酬——工资   20 000
   B. 借：应付职工薪酬——工资   20 000
      贷：管理费用   5 000
         生产成本   12 000
         销售费用   3 000
   C. 借：应付职工薪酬——工资   20 000
      贷：库存现金   20 000
   D. 借：管理费用   8 000
      贷：库存现金   12 000

5. 企业可用现金支付的款项有（   ）。

   A. 结算起点以上的零星支出
   B. 个人劳务报酬
   C. 各种劳保福利费用
   D. 向个人收购农副产品和其他物资的款项

6. 下列关于企业现金溢余的会计处理的表述，正确的有（   ）。

   A. 无法查明原因的现金溢余计入营业外收入
   B. 应支付给有关单位的现金溢余计入其他应付款
   C. 无法查明原因的现金溢余冲减管理费用
   D. 应支付给有关单位的现金溢余记入应付账款

7. 下列属于出纳人员不得兼任的是（   ）。

   A. 稽核   B. 会计档案保管
   C. 收入、支出、费用   D. 债权债务

8. 现金盘亏时可能涉及的会计科目有（   ）。

   A. 库存现金   B. 待处理财产损溢

C. 管理费用　　　　　　　　D. 其他应收款

9. 下列对现金收支规定的说法，正确的有（　　）。
   A. 因采购地点不确定、交通不便、抢险救灾以及其他特殊情况必须使用现金的单位，应向开户银行提出书面申请，由本单位财会部门负责人签字盖章，并经开户银行审查批准后予以支付
   B. 开户单位从开户银行提取现金时，应如实写明提取现金的用途，由本单位财会部门负责人签字盖章，并经开户银行审查批准后予以支付
   C. 开户单位支付现金，可以从本单位库存现金限额中支付或从开户银行提取，还可以从本单位的现金收入中直接支付
   D. 不准用不符合国家统一的会计制度规定的凭证顶替库存现金；不准谎报用途套取现金

三、判断题（正确的用"√"表示，错误的用"×"表示）

1. 无法查明原因的现金溢余，应冲减"管理费用"科目。（　　）
2. 无法查明原因的现金短缺，应计入"管理费用"科目。（　　）
3. 企业应加强银行预留印鉴的管理，财务专用章由专人保管，个人印章必须由本人或其授权人保管，严禁一人保管支付款项所需的全部印章。（　　）
4. 设置内部稽核单位和人员，对库存现金进行定期盘点核对工作，以保证账款、账账相符，对发现的问题应当及时采取措施。（　　）
5. 开户单位收入现金应于当日送存开户银行，当日送存确有困难的，开户单位最迟 24 小时内送达。（　　）
6. 现金的限额是指为了保证企业日常零星开支的需要，允许单位留存的现金的最低数额。（　　）
7. 企业库存现金限额，一般按照单位 3～5 天日常零星开支的需要确定，边远地区和交通不便地区开户单位的库存现金限额，可按多于 5 天但不超过 15 天的日常零星开支的需要确定。（　　）
8. 企业办理库存现金的业务，应配备合格人员并应定期进行岗位轮换。（　　）
9. 企业要建立岗位责任制，明确企业的出纳人员与会计人员的职责分工，避免出现各种弊端和财务漏洞。（　　）
10. 企业的现金都有一定的限额，这一限额是由企业根据自己单位的实际情况自行制定的。（　　）

四、不定项选择题（下列每小题备选答案中有一个或一个以上符合题意的正确答案）

甲企业为增值税一般纳税人，在 2018 年的库存现金财产清查中发现以下情况：

1. 3 月 31 日，在现金清查中，发现库存现金较账面余额多出 800 元。经查其中 500 元为应付 A 单位的账款，其余部分原因不明。

2. 6月30日，在现金清查中，发现库存现金较账面余额短缺600元。经查后发现，现金的短缺属于出纳人员方远的责任，责任人赔偿400元，其余不明。

3. 9月30日，在现金清查中，发现现金短缺500元，经研究决定由出纳人员方远赔偿300元，余款报损。

根据上述材料，回答以下问题：

1. 下列资产中采用实地盘点法进行财产清查的是（ ）。
   A. 库存现金　　B. 原材料　　　　C. 银行存款　　　　D. 固定资产

2. 在库存现金清查中，下列说法正确的是（ ）。
   A. 库存现金清查时，出纳人员必须在场
   B. "库存现金盘点报告单"不能作为原始凭证调整账簿记录
   C. 库存现金的清查包括出纳人员每日清查和清查小组的定期或不定期清查
   D. 库存现金的清查通常采用的方法是实地盘点法

3. 根据资料1，甲企业应作的会计分录为（ ）。
   A. 借：库存现金　　　　　　　　　　　　　　　　800
         贷：待处理财产损溢——待处理流动资产损溢　　800
   B. 借：库存现金　　　　　　　　　　　　　　　　800
         贷：以前年度损益调整　　　　　　　　　　　800
   C. 借：待处理财产损溢——待处理流动资产损溢　　800
         贷：其他应付款——A单位　　　　　　　　　500
             营业外收入　　　　　　　　　　　　　300
   D. 借：待处理财产损溢——待处理流动资产损溢　　800
         贷：其他应付款——A单位　　　　　　　　　500
             管理费用　　　　　　　　　　　　　　300
   E. 借：以前年度损益调整　　　　　　　　　　　　800
         贷：其他应付款——A单位　　　　　　　　　500
             营业外收入　　　　　　　　　　　　　300
   F. 借：以前年度损益调整　　　　　　　　　　　　800
         贷：其他应付款——A单位　　　　　　　　　500
             管理费用　　　　　　　　　　　　　　300

4. 根据资料2，甲企业应作的会计分录为（ ）。
   A. 借：待处理财产损溢——待处理流动资产损溢　　600
         贷：库存现金　　　　　　　　　　　　　　600
   B. 借：以前年度损益调整　　　　　　　　　　　　600
         贷：库存现金　　　　　　　　　　　　　　600

C. 借：其他应收款——方远　　　　　　　　　400
　　　营业外支出　　　　　　　　　　　　　200
　　　　贷：待处理财产损溢——待处理流动资产损溢　　600
D. 借：其他应收款——方远　　　　　　　　　400
　　　管理费用　　　　　　　　　　　　　　200
　　　　贷：待处理财产损溢——待处理流动资产损溢　　600
E. 借：其他应收款——方远　　　　　　　　　400
　　　管理费用　　　　　　　　　　　　　　200
　　　　贷：以前年度损益调整　　　　　　　　600
F. 借：其他应收款——方远　　　　　　　　　400
　　　营业外支出　　　　　　　　　　　　　200
　　　　贷：以前年度损益调整　　　　　　　　600

5. 根据资料3，甲企业应作的会计分录为（　　）。
A. 借：待处理财产损溢——待处理流动资产损溢　500
　　　　贷：库存现金　　　　　　　　　　　500
B. 借：以前年度损益调整　　　　　　　　　　500
　　　　贷：库存现金　　　　　　　　　　　500
C. 借：其他应收款——方远　　　　　　　　　300
　　　营业外支出　　　　　　　　　　　　　200
　　　　贷：待处理财产损溢——待处理流动资产损溢　　500
D. 借：其他应收款——方远　　　　　　　　　300
　　　管理费用　　　　　　　　　　　　　　200
　　　　贷：待处理财产损溢——待处理流动资产损溢　　500
E. 借：其他应收款——方远　　　　　　　　　300
　　　管理费用　　　　　　　　　　　　　　200
　　　　贷：以前年度损益调整　　　　　　　　500
F. 借：其他应收款——方远　　　　　　　　　300
　　　营业外支出　　　　　　　　　　　　　200
　　　　贷：以前年度损益调整　　　　　　　　300

参考答案

第二节 银行存款

Ⅰ 基础题

一、单项选择题（下列每小题备选答案中只有一个符合题意的正确答案）

1. 下列各项中，会导致企业银行存款日记账余额小于银行对账单余额的是（ ）。
   A. 企业收到购货方转账支票一张，送存银行，银行尚未入账
   B. 企业送存银行的某客户转账支票，因对方存款不足而被退票，企业未接到通知
   C. 企业开出用以支付货款的转账支票，对方未到银行兑现
   D. 银行代扣水电费，企业尚未接到通知

2. 银行存款总账所使用的账页格式是（ ）。
   A. 三栏式　　B. 多栏式　　C. 横线登记式　　D. 数量金额式

3. 下列账簿，可以跨年度连续使用的是（ ）。
   A. 总账　　　　　　　　B. 库存现金日记账
   C. 备查账　　　　　　　D. 银行存款日记账

4. 下列业务中，能够增加银行存款的是（ ）。
   A. 从银行取得长期借款
   B. 从银行提取库存现金
   C. 销售材料收到对方开出的商业承兑汇票
   D. 销售货物尚未收到货款

5. 企业支付罚款，应借记的科目是（ ）。
   A. 营业外收入　B. 营业外支出　C. 管理费用　　D. 销售费用

6. 银行存款日记账应定期与银行对账单核对，至少（ ）核对一次。
   A. 每月　　　B. 每年　　　C. 每季　　　D. 每旬

7. 下列可办理借款转存和归还的账户是（ ）。
   A. 基本存款账户　　　　　B. 一般存款账户
   C. 专用存款账户　　　　　D. 临时存款账户

8. 临时机构或单位因临时性经营活动需要而开立的账户属于（ ）。
   A. 基本存款账户　　　　　B. 一般存款账户
   C. 专用存款账户　　　　　D. 临时存款账户

9. 存款人按照国家法律、行政法规和规章的规定，需要对其特定用途资金进

行专项管理和使用的账户属于（　　）。

　　A. 基本存款账户　　　　　　B. 一般存款账户

　　C. 专用存款账户　　　　　　D. 临时存款账户

10. 企业对银行存款的清查，常用方法是（　　）。

　　A. 技术推算法　B. 实地盘点法　C. 对账单法　　D. 发询证函法

二、多项选择题（下列每小题备选答案中有两个或两个以上符合题意的正确答案）

1. 编制银行余额调节表时，下列未达账项中，会导致企业银行存款日记账的账面余额小于银行对账单余额的有（　　）。

　　A. 企业开出支票，银行尚未支付

　　B. 企业送存支票，银行尚未入账

　　C. 银行代收款项，企业尚未接到收款通知

　　D. 银行代付款项，企业尚未接到付款通知

2. 下列关于银行存款核算正确的是（　　）。

　　A. 企业应当设置银行存款总账和银行存款日记账，分别进行银行存款的总分类核算和明细分类核算

　　B. 企业可按开户银行和其他金融机构、存款种类等设置"银行存款日记账"

　　C. 出纳根据收付款凭证，按照业务的发生顺序逐笔登记，每日终了，应结出余额

　　D. "银行存款日记账"应定期与"银行对账单"核对，至少每月核对一次

3. 下列业务中，能够增加银行存款的是（　　）。

　　A. 从银行取得长期借款

　　B. 从银行提取库存现金

　　C. 销售商品收到对方开出的银行承兑汇票

　　D. 销售货物收到款项存入银行

4. 编制银行存款余额调节表时，下列未达账项中，会导致企业银行存款日记账的账面余额小于银行对账单余额的有（　　）。

　　A. 企业开出支票，银行尚未支付

　　B. 企业送存支票，银行尚未入账

　　C. 银行代收款项，企业尚未接到收款通知

　　D. 银行代付款项，企业尚未接到付款通知

5. 出纳人员可以登记和保管的账簿有（　　）。

　　A. 库存现金日记账　　　　　　B. 银行存款日记账

　　C. 库存现金总账　　　　　　　D. 银行存款总账

6. 必须采用订本式账簿的有（　　）。

　　A. 库存现金日记账　　　　　　B. 固定资产明细账

C. 银行存款日记账　　　　　D. 固定资产总账

7. 企业银行存款账面余额与银行对账单余额之间如有差额，一般主要是由（　　）等原因引起。

　　A. 计算错误　　B. 记账错误　　C. 未达账项　　D. 预算错误

8. 下列各项中，使得企业银行存款日记账余额大于银行对账单余额的有（　　）。

　　A. 企业开出支票，对方未到银行兑现

　　B. 银行代扣水电费，企业尚未接到通知

　　C. 企业收到购货方转账支票一张，送存银行，银行尚未入账

　　D. 银行收到委托收款结算方式下的结算款项，企业尚未收到通知

9. 下列说法不正确的是（　　）。

　　A. 银行存款应采用发询证函法进行核对

　　B. 库存现金清查时，出纳人员必须在场

　　C. "库存现金盘点报告单"不能作为原始凭证调整账簿记录

　　D. 往来款项的清查一般采用发函询证的方法进行核对

10. 当出现未达账项时，应通过编制银行存款余额调节表（　　）。

　　A. 检验企业与银行双方银行存款余额是否一致

　　B. 作为企业调整账面记录的依据

　　C. 了解企业可以支用的银行存款实有数

　　D. 作为银行调整账面记录的依据

三、判断题（正确的用"√"表示，错误的用"×"表示）

1. 我国单位卡账户的资金可以从基本存款账户转入，或者缴存现金，但是不得将销货收入的款项存入其账户。（　　）

2. 企业存放在银行的银行汇票存款，应通过银行存款科目核算。（　　）

3. 银行存款余额调节表是企业的原始凭证。（　　）

4. 银行存款的收付应严格执行银行结算制度的规定。（　　）

5. 银行存款余额调节表只是为了核对账目，并不能作为调整银行存款日记账账面余额的记账依据。（　　）

6. 银行存款日记账应定期与银行对账单进行核对，至少每日终了核对一次。（　　）

7. 企业收到客户用于支付前欠货款的转账支票，应借记"库存现金"，贷记"应收账款"。（　　）

8. 未达账项不会导致银行存款日记账与银行对账单的余额不一致。（　　）

9. 银行存款的清查，主要是将银行存款日记账与收付款凭证进行核对。（　　）

10. 企业应该定期根据银行存款余额调节表调节后的余额，对银行存款总账账户的余额进行调整。（　　）

Ⅱ 巩固题

一、单项选择题（下列每小题备选答案中只有一个符合题意的正确答案）

1. 若企业本月支付借款利息费用金额低，可于实际支付时一次计入当期损益，则下列做法正确的是（　　）。

   A. 借：财务费用
      贷：应付利息

   B. 借：财务费用
      贷：银行存款

   C. 借：短期借款
      贷：银行存款

   D. 借：应付利息
      贷：银行存款

2. 月末，甲企业以银行存款支付本月生产车间耗用的水费 5 000 元。甲企业应编制的会计分录为（　　）。

   A. 借：水费　　　　 5 000
      贷：银行存款 5 000

   B. 借：制造费用　　 5 000
      贷：银行存款　　 5 000

   C. 借：管理费用 5 000
      贷：银行存款 5 000

   D. 借：销售费用　　 5 000
      贷：银行存款　　 5 000

3. 甲企业于月末支付本季度短期借款利息 1 500 元（已预提 1 000 元）。甲企业应编制的会计分录为（　　）。

   A. 借：财务费用 1 500
      贷：银行存款 1 500

   B. 借：财务费用　　 1 000
         应付利息　　　 500
      贷：银行存款　　 1 500

   C. 借：财务费用　 500
         应付利息 1 000
      贷：银行存款 1 500

   D. 借：应付利息　　 1 500
      贷：银行存款　　 1 500

4. 某企业"库存现金""银行存款""其他货币资金""交易性金融资产""应收票据"账户期末借方余额分别为 2 万元、230 万元、48 万元、70 万元、80 万元，则其资产负债表"货币资金"项目的金额为（　　）。

   A. 232 万元　　 B. 280 万元　　 C. 350 万元　　 D. 360 万元

5. 下列可办理日常单位转账结算和现金存取的账户是（　　）。

   A. 基本存款账户　　　　　　　　 B. 一般存款账户
   C. 专用存款账户　　　　　　　　 D. 临时存款账户

6. 企业银行存款日记账，因根据收、付款凭证，按照业务的发生顺序逐笔登记。在（　　）终了结出余额。

   A. 每月　　　　 B. 每日　　　　 C. 每旬　　　　 D. 每年

7. 对企业与其开户银行之间的未达账项，进行账务处理的时间是（　　）。

A. 收到银行对账单时 　　　　B. 查明未达账项时
C. 编好银行存款余额调节表时 　　D. 实际收到有关结算凭证时

8. 企业向银行申请取得临时周转借款 100 000 元，该业务不会导致（　　）。
   A. 银行存款的增加 　　　　B. 短期借款的增加
   C. 短期借款的减少 　　　　D. 资产总额的增加

9. 某月末企业银行存款日记账余额为 190 000 元，银行对账单余额为 210 000 元，经过未达账项调节后的余额为 200 000 元，则企业可以动用的银行存款实有数额为（　　）。
   A. 190 000　　B. 200 000　　C. 210 000　　D. 400 000

二、多项选择题（下列每小题备选答案中有两个或两个以上符合题意的正确答案）

1. 下列经济业务，不需要编制银行存款收款凭证的有（　　）。
   A. 以银行存款购入设备
   B. 接受投资者投入一台设备
   C. 从银行借入款项，存入开户银行
   D. 资本公积转增资本

2. 企业银行日记账应定期与银行对账单核对，以检查是否有计算错误、记账错漏和未达账项，下列（　　）会导致企业发生未达账项。
   A. 银行已收、企业未收 　　B. 银行已付、企业未付
   C. 企业已收、银行未收 　　D. 企业已付、银行未付

3. 单位开立银行结算账户，需向银行提出申请，填写开户申请书。银行结算账户按用途不同，分为（　　）。
   A. 基本存款账户 　　　　B. 一般存款账户
   C. 专用存款账户 　　　　D. 临时存款账户

4. 基本存款账户是单位的主办账户，单位的（　　）均可通过该账户办理。
   A. 转账结算　　B. 现金存取　　C. 借款转存　　D. 借款归还

5. 临时存款账户是因（　　）的需要开立的账户。
   A. 临时机构　　B. 大宗采购　　C. 临时性经营活动　　D. 集中采购

6. 下列资产中采用实地盘点法进行清查的有（　　）。
   A. 库存现金　　B. 银行存款　　C. 原材料　　D. 固定资产

7. 将 20 000 元从公司的银行账户转入证券公司，准备作短期投资，该业务涉及的会计科目有（　　）。
   A. 银行存款　　B. 其他货币资金　　C. 交易性金融资产　　D. 长期股权投资

8. 编制银行存款余额调节表时，下列未达账项中，会导致企业银行存款日记账的账面余额小于银行对账单余额的是（　　）。
   A. 企业开出支票，银行尚未支付

B. 企业开出银行汇票，对方尚未到银行提示付款

C. 银行代收款项，企业尚未接到收款通知

D. 企业车辆违章被罚，银行已经扣款，但企业未接到扣款通知

9. 下列说法正确的是（　　）。

A. 银行存款应采用发询证函法进行核对

B. 库存现金清查时，出纳人员必须在场

C. 银行存款余额调节表不能作为原始凭证调整账簿记录

D. 往来款项的清查一般采用发函询证的方法进行核对

三、判断题（正确的用"√"表示，错误的用"×"表示）

1. 基本存款账户是单位的主办账户，单位可以根据需要在银行开立一个或多个基本存款账户。（　　）

2. 一般存款账户是单位因借款和其他结算，而开立的账户，一般存款账户和基本存款账户一样只能开立一个。（　　）

3. 只有存放在银行的货币资金才能称为银行存款。（　　）

4. 对于银行存款业务，企业如已设置银行存款日记账就不需要再设置银行存款总账。（　　）

5. 企业若有未达账项，说明企业或银行至少有一方记账错误。（　　）

6. 对于未达账项，企业通过编制"银行存款余额调节表"进行调节，调节后的双方余额应相等。（　　）

7. 银行存款对账单余额与银行存款日记账余额不相等时，可以根据银行存款余额调节表调整银行存款账面余额。（　　）

8. 银行已经付款记账而企业尚未付款记账，会使企业银行存款日记账账面余额大于银行对账单的账面余额。（　　）

9. 产生未达账项的原因是企业与银行的记账时间不同。（　　）

10. 银行存款日记账与银行对账单每月至少核对2次。（　　）

四、不定项选择题（下列每小题备选答案中有一个或一个以上符合题意的正确答案）

甲公司2018年12月份发生与银行存款有关的业务如下：

1. (1) 12月28日，甲公司收到A公司开出的金额为480万元的转账支票一张，交存银行。该笔款项系A公司违约支付的赔款，甲公司将其计入当期损益。

(2) 12月29日，甲公司开出转账支票支付B公司咨询费360万元，并于当日交B公司。

2. 12月31日，甲公司银行存款日记账金额为432万元，银行转来对账单余额为664万元。经逐笔核对，发现以下未达账项：

(1) 甲公司已将12月28日收到的A公司赔款登记入账，但银行尚未记账。

(2) B公司尚未将12月29日收到的支票送存银行。

（3）甲公司委托银行代收C公司购货款384万元，银行已于12月30日收妥并登记入账，但甲公司尚未收到收款通知。

（4）12月份甲公司发生借款利息32万元，银行已减少其存款，但甲公司尚未收到银行的付款通知。

根据上述业务，回答下列问题。（会计分录中的金额单位用万元表示）

1. 根据资料1，甲公司应作的会计分录是（　　）。

  A. 借：银行存款　　　480　　　　B. 借：管理费用　　　　360
    贷：营业外收入　480　　　　　　　贷：银行存款　　　360
  C. 借：其他货币资金480　　　　D. 借：管理费用　　　　360
    贷：营业外收入　480　　　　　　　贷：其他货币资金　360

2. 根据资料2编制的银行存款余额调节表中银行存款日记账余额需要调整的金额合计为（　　）万元。

  A. 384　　　B. 32　　　C. 784　　　D. 352

3. 根据资料2编制的银行存款余额调节表中银行对账单余额需要调整金额合计为（　　）万元。

  A. 480　　　B. 360　　　C. 784　　　D. 120

4. 2018年12月31日，甲公司银行存款余额调节表中银行存款日记账、银行对账单调节后的存款余额最终为（　　）万元。

  A. 480　　　B. 784　　　C. 664　　　D. 432

5. 导致银行存款日记账与银行对账单余额不一致的原因有（　　）。

  A. 企业记账错误　　　　　　B. 银行记账错误
  C. 未达账项　　　　　　　　D. 企业和银行记账都错误

参考答案

第三节　其他货币资金

Ⅰ 基础题

一、单项选择题（下列每小题备选答案中只有一个符合题意的正确答案）

1. 无论是单位还是个人，都可凭借已承兑的商业汇票、债券、存单等付款人的债务证明向银行办理收取款项的结算方式是（　　）。
   A. 委托收款　　B. 汇兑　　C. 托收承付　　D. 银行汇票

2. 办理托收承付结算的款项，必须是（　　）。
   A. 商品交易的款项　　　　B. 代销商品的款项
   C. 寄销商品的款项　　　　D. 赊销商品的款项

3. 下列不通过"其他货币资金"账户核算的是（　　）。
   A. 信用证保证金存款　　　B. 备用金
   C. 存出投资款　　　　　　D. 银行本票存款

4. 企业存放在银行的银行汇票存款，应通过（　　）科目进行核算。
   A. 其他货币资金　　　　　B. 银行存款
   C. 应收票据　　　　　　　D. 库存现金

5. 下列不通过"其他货币资金"科目核算的是（　　）。
   A. 信用证保证金存款　　　B. 备用金
   C. 外埠存款　　　　　　　D. 银行本票存款

6. 企业将款项汇往外地开立采购专用账户时，应借记的会计科目是（　　）。
   A. 材料采购　　B. 在途物资　　C. 预付账款　　D. 其他货币资金

7. 下列不通过其他货币资金核算的是（　　）。
   A. 银行汇票存款　　　　　B. 银行本票存款
   C. 信用证保证金存款　　　D. 银行承兑汇票

8. 银行本票是指（　　）签发的，承诺自己在见票时无条件支付确定的金额给收款人或持票人的票据。
   A. 收款人　　B. 持票人　　C. 银行　　D. 单位或个人

9. （　　）是指发卡银行给持卡人一定的信用额度，持卡人可在信用额度内先消费后还款的信用卡。
   A. 贷记卡　　B. 借记卡　　C. 准贷记卡　　D. 准借记卡

10. 银行汇票的出票日期为2013年6月3日，下列大写书写正确的是（　　）。
    A. 贰零壹叁年陆月零叁日　　　B. 贰零壹叁年零陆月零叁日

C. 贰零壹叁年零陆月叁日　　　D. 贰零壹叁年陆月叁日

二、多项选择题（下列每小题备选答案中有两个或两个以上符合题意的正确答案）

1. 下列属于其他货币资金的选项有（　　）。
   A. 银行本票存款　　　　　　B. 银行汇票存款
   C. 外埠存款　　　　　　　　D. 信用卡存款

2. 实际成本法下，一般纳税人企业购买材料，取得增值税专用发票，材料未到，货款已经支付，可以编制的会计分录为（　　）。
   A. 借：在途物资应交税费——应交增值税（进项税额）
      贷：银行存款
   B. 借：在途物资应交税费——应交增值税（进项税额）
      贷：其他货币资金
   C. 借：原材料应交税费——应交增值税（进项税额）
      贷：银行存款
   D. 借：原材料应交税费——应交增值税（进项税额）
      贷：预付账款

3. 下列各项中，会引起其他货币资金发生增减变动的是（　　）。
   A. 企业销售商品收到商业汇票
   B. 企业用银行本票购买办公用品
   C. 企业将款项汇往外地开立采购专用账户
   D. 企业为购买基金，将资金存入在证券公司指定银行开立的投资款专户

4. 信用卡按使用对象分为（　　）。
   A. 单位卡　　B. 个人卡　　C. 贷记卡　　D. 准贷记卡

5. 企业向银行申请开立信用证时，应按规定向银行提交（　　）。
   A. 开证申请书　　　　　　　B. 信用证申请人承诺书
   C. 购销合同　　　　　　　　D. 会计凭证

6. 信用卡按信用等级分为（　　）。
   A. 金卡　　B. 普通卡　　C. 贷记卡　　D. 准贷记卡

7. 其他货币资金是指企业除（　　）以外的各种货币资金。
   A. 库存现金　　B. 银行存款　　C. 银行汇票　　D. 债券

8. 银行本票分为（　　）和（　　）两种。
   A. 定额本票　　B. 不定额本票　　C. 现金本票　　D. 非现金本票

9. 定额本票的面额有（　　）。
   A. 1 000元　　B. 5 000元　　C. 10 000元　　D. 50 000元

三、判断题（正确的用"√"表示，错误的用"×"表示）

1. 银行本票是银行签发的，承诺自己在见票时无条件支付确定的金额给收款

人或持票人的票据。适用于在同一票据交换区域需要支付各种款项的单位和个人。
（　　）

2. 银行本票按照其金额是否固定可分为不定额和定额两种。（　　）

3. 单位卡账户的资金可以从其基本存款账户转存存入，也可以交存现金，但不得将销货收入的款项存入其账户。（　　）

4. 支票提示付款期限由交易双方商定，但最长不超过12个月。（　　）

5. 银行汇票可以用于转账，但是注明"现金"字样的银行汇票可以支取现金。
（　　）

6. 企业银行汇票存款的收款人不得将其收到的银行汇票背书转让。（　　）

7. 银行汇票的出票日期2016年10月11日，应大写为贰零壹陆年零壹拾月壹拾壹日。（　　）

8. 银行汇票实际结算金额为126 000元，则大写应写为人民币拾贰万陆仟元整。（　　）

9. 外埠存款账户是指企业为了在同城进行临时采购或零星采购而开立的采购专户。（　　）

四、不定项选择题（下列每小题备选答案中有一个或一个以上符合题意的正确答案）

1. 关于银行汇票，以下说法正确的是（　　）。

   A. 汇款单位使用银行汇票，应向出票银行填写"银行汇票申请书"

   B. 收款人可以将银行汇票背书转让给被背书人

   C. 银行汇票的背书转让以不超过出票金额的实际结算金额为准

   D. 未填写实际结算金额或实际结算金额超过出票金额的银行汇票，不得背书转让

2. 关于银行本票，以下说法正确的是（　　）。

   A. 银行本票分为不定额本票和定额本票两种

   B. 银行本票丧失，失票人可以凭人民法院出具的其享有票据权利的证明，向出票银行请求付款或退款

   C. 银行本票的提示付款期限自出票日起最长不得超过1个月

   D. 持票人超过付款期限提示付款的，银行继续受理

3. 关于信用卡存款，以下说法正确的是（　　）。

   A. 凡在中国境内金融机构开立基本存款账户的单位可申领单位卡

   B. 单位卡账户的资金一律从其一般存款账户存入，不得交存现金

   C. 单位卡可以用于10万元以上的商品交易、劳务供应款的结算，不得支取现金

   D. 信用卡按是否向发卡银行交存备用金分为贷记卡、借记卡两类

4. 关于外埠存款，以下说法正确的是（　　）。

A. 企业向证券公司划出资金时，应按实际划出的金额，借记"其他货币资金——外埠存款"科目，贷记"银行存款"科目

B. 企业将款项汇往外地开立采购专用账户，借记"其他货币资金——存出投资款"科目，贷记"银行存款"科目

C. 收到采购人员转来供应单位发票账单等报销凭证时，借记"原材料""应交税费——应交增值税（进项税额）"等科目，贷记"其他货币资金——存出投资款"科目

D. 收到采购人员转来供应单位发票账单等报销凭证时，借记"原材料""应交税费——应交增值税（进项税额）"等科目，贷记"其他货币资金——外埠存款"科目

E. 购买股票、债券、基金等时，借记"交易性金融资产"科目，贷记"其他货币资金——存出投资款"科目

Ⅱ 巩固题

一、单项选择题（下列每小题备选答案中只有一个符合题意的正确答案）

1. 实际成本法下，一般纳税人企业购买材料，取得增值税专用发票，材料未到，货款通过银行汇票支付，可以编制的会计分录为（　　）。

　　A. 借：在途物资
　　　　　应交税费——应交增值税（进项税额）
　　　　贷：银行存款

　　B. 借：在途物资
　　　　　应交税费——应交增值税（进项税额）
　　　　贷：其他货币资金

　　C. 借：原材料
　　　　　应交税费——应交增值税（进项税额）
　　　　贷：银行存款

　　D. 借：原材料
　　　　　应交税费——应交增值税（进项税额）
　　　　贷：预付账款

2. 下列各项中，不会引起其他货币资金发生增减变动的是（　　）。

　　A. 企业销售商品收到商业汇票
　　B. 企业用银行本票购买办公用品
　　C. 企业将款项汇往外地开立采购专用账户
　　D. 企业为购买基金，将资金存入在证券公司指定银行开立的投资款专户

3. 信用卡单位卡的资金一律从其（　　）转存存入，不得交存现金，不得将销货收入的款项存入其账户。
   A. 基本存款账户　　　　　　　B. 临时存款账户
   C. 一般存款账户　　　　　　　D. 专用存款账户

4. 信用卡单位卡不得用于（　　）万元以上的商品交易、劳务供应款项的结算，不得支取现金。
   A. 20　　　　B. 50　　　　C. 10　　　　D. 100

5. 银行汇票是指由（　　）签发的，由其在见票时按照实际结算金额无条件支付给收款人或者持票人的票据。
   A. 收款人　　B. 持票人　　C. 银行　　　D. 单位或个人

6. 凡在中国境内金融机构开立（　　）的单位可申领单位卡。单位卡可申领若干张。
   A. 基本存款账户　　　　　　　B. 一般存款账户
   C. 专用存款账户　　　　　　　D. 临时存款账户

7. 下列各项中，关于银行存款业务的表述正确的是（　　）。
   A. 企业单位信用卡存款账户可以存取现金
   B. 企业信用证保证金存款余额不可以转存其开户行结算户存款
   C. 企业银行汇票存款的收款人不得将其收到的银行汇票背书转让
   D. 企业外埠存款除采购人员可从中提取少量现金外，一律采用转账结算

8. 凡在中国境内金融机构开立基本存款账户的单位可申领单位卡。单位卡可申领（　　）张。
   A. 1　　　　B. 2　　　　C. 3　　　　D. 若干

9. （　　）是指持卡人须先按发卡银行的要求交存一定金额的备用金，当备用金账户余额不足支付时，可在发卡银行规定的信用额度内透支的信用卡。
   A. 贷记卡　　B. 借记卡　　C. 准贷记卡　　D. 准借记卡

10. 银行汇票的出票日期必须（　　）。
    A. 大写　　　　　　　　　　　B. 小写
    C. 大写、小写均可　　　　　　D. 大、小写同时标注

二、多项选择题（下列每小题备选答案中有两个或两个以上符合题意的正确答案）

1. 办理委托收款的单位或个人，都可凭借（　　）等付款人的债务证明向银行办理收取款项。
   A. 已承兑的商业汇票　　　　　B. 债券
   C. 存单　　　　　　　　　　　D. 销售合同

2. 下列款项不得通过托收承付结算的是（　　）。
   A. 商品交易的款项　　　　　　B. 代销商品的款项
   C. 寄销商品的款项　　　　　　D. 赊销商品的款项

3. 下列可以通过"其他货币资金"账户核算的是（　　）。
   A. 信用证保证金存款　　　　B. 备用金
   C. 存出投资款　　　　　　　D. 银行汇票存款
4. 下列各项中，应通过"其他货币资金"科目进行核算的是（　　）。
   A. 销售商品收到货款方交来的商业汇票
   B. 为购买有价证券向证券公司指定账户划出的资金
   C. 申请银行本票向银行转存的款项
   D. 申请开具信用证向银行交存的信用证保证金
5. 企业将款项汇往外地开立采购专用账户再进行材料采购时，可能涉及的会计科目是（　　）。
   A. 原材料
   B. 应交税费——应交增值税（进项税额）
   C. 银行存款
   D. 其他货币资金——外埠存款
6. 企业将款项汇往外地开立采购专用账户再进行材料采购时，可能涉及的会计科目是（　　）。
   A. 在途物资
   B. 应交税费——应交增值税（进项税额）
   C. 银行存款
   D. 其他货币资金——外埠存款
7. 企业持银行汇票进行业务结算时可能涉及的会计分录有（　　）。
   A. 借：原材料
   　　　应交税费——应交增值税（进项税额）
   　　贷：其他货币资金——银行汇票
   B. 借：原材料
   　　　应交税费——应交增值税（进项税额）
   　　　银行存款
   　　贷：其他货币资金——银行汇票
   C. 借：原材料
   　　　应交税费——应交增值税（进项税额）
   　　贷：其他货币资金——银行汇票
   　　　　银行存款
   D. 借：库存商品
   　　　应交税费——应交增值税（进项税额）
   　　贷：其他货币资金——银行汇票
8. 企业申请银行本票，并持银行本票进行业务结算时可能涉及的会计分录有

（   ）。

　　A. 借：其他货币资金——银行本票
　　　　　贷：银行存款
　　B. 借：银行存款
　　　　　贷：其他货币资金——银行本票
　　C. 借：原材料
　　　　　应交税费——应交增值税（进项税额）
　　　　　贷：其他货币资金——银行本票
　　D. 借：原材料
　　　　　应交税费——应交增值税（进项税额）
　　　　　贷：其他货币资金——银行本票
　　　　　　　银行存款

9. 外埠存款是指企业为了到外地进行（   ），而汇往采购地银行开立采购专户的款项。

　　A. 临时采购　　B. 零星采购　　C. 大宗采购　　D. 集中采购

10. 信用卡按是否向发卡银行交存备用金分为（   ）。

　　A. 贷记卡　　B. 金卡　　C. 准贷记卡　　D. 普通卡

三、判断题（正确的用"√"表示，错误的用"×"表示）

1. 贷记卡是指持卡人须先按发卡银行的要求交存一定金额的备用金，当备用金账户余额不足支付时，可在发卡银行规定的信用额度内透支的信用卡。（   ）

2. 准贷记卡是指发卡银行给予持卡人一定的信用额度，持卡人可在信用额度内先消费、后还款的信用卡。（   ）

3. 信用卡单位卡只能申领1张。（   ）

4. 信用证保证金存款是指采用信用卡结算方式的企业为开具信用证而存入银行信用证保证金专户的款项。（   ）

5. 单位和个人各种款项的结算，均可使用银行汇票。银行汇票可以用于转账，填明"现金"字样的银行汇票也可用于支取现金。（   ）

6. 单位和个人在不同票据交换区域需要支付的各种款项，可使用银行本票。（   ）

7. 其他货币资金主要包括银行本票存款、银行汇票存款、信用卡存款、信用证保证金存款、外埠存款、股票、债券等。（   ）

8. 汇款单位使用银行汇票，应向出票银行填写"银行汇票申请书"，填写收款人名称、汇票金额、申请人名称、申请日期等事项并签章，签章为其预留银行的签章。（   ）

9. 申请人使用银行本票，应向银行填写"银行本票申请书"，申请人或收款人为单位的，可以申请签发现金银行本票。（   ）

10. 信用卡存款是指企业为取得信用证而存入银行信用证专户的款项。（　　）

四、不定项选择题（下列每小题备选答案中有一个或一个以上符合题意的正确答案）

甲公司为增值税一般纳税人，2019年4月—12月发生如下业务：

1. 向银行申请办理银行汇票用以购买原材料，将款项250 000元交存银行转作银行汇票存款。公司购入原材料一批已验收入库，取得的增值税专用发票上注明的价款为200 000元，增值税税额为26 000元，已用银行汇票办理结算，多余款项24 000元退回开户银行，公司已收到开户银行转来的银行汇票第四联（多余款收账通知）。

2. 向银行填交"银行本票申请书"，并将11 300元银行存款转作银行本票存款。次日甲公司用银行本票购买办公用品10 000元，增值税专用发票上注明的增值税税额为1 300元。

3. 向银行申请开具信用证2 000 000元，用于支付境外采购材料价款，公司已向银行缴纳保证金，并收到银行盖章退回的进账单第一联。甲公司采用计划成本核算材料，收到银行转来的境外销货单位信用证结算凭证以及所附发票账单、海关进口增值税专用缴款书等有关凭证，材料价款1 500 000元，增值税税额为195 000元。甲公司收到银行收款通知，对该境外销货单位开出的信用证余款305 000元已经转回银行账户。

4. 派采购员到异地采购原材料，2019年8月24日委托开户银行汇款100 000元到采购地设立采购专户。2019年9月8日，采购员交来从采购专户付款购入材料的有关凭证，增值税专用发票上注明的原材料价款为80 000元，增值税税额为10 400元。2019年9月30日，收到开户银行的收款通知，该采购专户中的结余款项已经转回。

根据上述业务，回答下列问题：

1. 下列属于其他货币资金的是（　　）。
　　A. 银行本票　　B. 银行汇票　　C. 商业汇票　　D. 信用卡存款
　　E. 信用证保证金存款　　　　F. 存出投资款　　G. 外埠存款

2. 根据资料1，企业应作的会计分录是（　　）。
　　A. 借：其他货币资金——银行汇票　　　　250 000
　　　　　贷：银行存款　　　　　　　　　　　　　　250 000
　　B. 借：应付票据　　　　　　　　　　　　250 000
　　　　　贷：银行存款　　　　　　　　　　　　　　250 000
　　C. 借：原材料　　　　　　　　　　　　　200 000
　　　　　应交税费——应交增值税（进项税额）26 000
　　　　　贷：其他货币资金——银行汇票　　　　　 226 000
　　D. 借：银行存款　　　　　　　　　　　　 24 000

            贷：其他货币资金——银行汇票　　　　　　　　　　　24 000
      E. 借：原材料　　　　　　　　　　　　　　　　　　　200 000
            应交税费——应交增值税（进项税额）　　　　　　26 000
            贷：应付票据　　　　　　　　　　　　　　　　　226 000
      F. 借：银行存款　　　　　　　　　　　　　　　　　　24 000
            贷：应付票据　　　　　　　　　　　　　　　　　24 000
3. 根据资料2，企业应作的会计分录是（　　）。
      A. 借：其他货币资金——银行本票　　　　　　　　　　11 600
            贷：银行存款　　　　　　　　　　　　　　　　　11 600
      B. 借：管理费用　　　　　　　　　　　　　　　　　　10 000
            应交税费——应交增值税（进项税额）　　　　　　1 300
            贷：其他货币资金——银行本票　　　　　　　　　11 300
      C. 借：管理费用　　　　　　　　　　　　　　　　　　10 000
            应交税费——应交增值税（进项税额）　　　　　　1 300
            贷：银行存款　　　　　　　　　　　　　　　　　11 300
      D. 借：管理费用　　　　　　　　　　　　　　　　　　11 300
            贷：银行存款　　　　　　　　　　　　　　　　　11 300
4. 根据资料3，企业应作的会计分录是（　　）。
      A. 借：其他货币资金——信用证保证金　　　　　　　　2 000 000
            贷：银行存款　　　　　　　　　　　　　　　　　2 000 000
      B. 借：材料采购　　　　　　　　　　　　　　　　　　1 500 000
            应交税费——应交增值税（进项税额）　　　　　　195 000
            贷：其他货币资金——信用证保证金　　　　　　　1 695 000
      C. 借：在途物资　　　　　　　　　　　　　　　　　　1 500 000
            应交税费——应交增值税（进项税额）　　　　　　195 000
            贷：其他货币资金——信用证保证金　　　　　　　1 695 000
      D. 借：银行存款　　　　　　　　　　　　　　　　　　305 000
            贷：其他货币资金——信用证保证金　　　　　　　305 000
5. 根据资料3，企业应作的会计分录是（　　）。
      A. 借：其他货币资金——外埠存款　　　　　　　　　　100 000
            贷：银行存款　　　　　　　　　　　　　　　　　100 000
      B. 借：其他货币资金——存出投资款　　　　　　　　　100 000
            贷：银行存款　　　　　　　　　　　　　　　　　100 000
      C. 借：原材料　　　　　　　　　　　　　　　　　　　80 000
            应交税费——应交增值税（进项税额）　　　　　　10 400
            贷：其他货币资金——外埠存款　　　　　　　　　90 400

D. 借：原材料 80 000
　　应交税费——应交增值税（进项税额） 10 400
　　　贷：其他货币资金——存出投资款 90 400
E. 借：银行存款 9 600
　　　贷：其他货币资金——外埠存款 9 600
F. 借：银行存款 9 600
　　　贷：其他货币资金——存出投资款 9 600

参考答案

第二章 应收款项

第一节 应收票据

I 基础题

一、单项选择题（下列每小题备选答案中只有一个符合题意的正确答案）

1. 因资金周转需要，A 企业于 7 月 21 日将一张本年 6 月 23 日签发的，面值为 10 000 元，期限为 90 天的不带息商业承兑汇票向银行申请贴现（一年按 360 天计算），年贴现率为 10%，则下列处理不正确的是（　　）。
   A. 贴现息应计入财务费用科目
   B. 贴现息为 175 元
   C. 实际收到的银行存款是 9 828 元
   D. 贴现时应减少应收票据面值 10 000 元

2. 商业承兑汇票的付款期限，最长不得超过（　　）个月。
   A. 1　　　　B. 3　　　　C. 6　　　　D. 12

3. 下列各项票据收到时，应通过"应收票据"科目核算的有（　　）。
   A. 商业承兑汇票　　　　B. 支票
   C. 银行汇票　　　　　　D. 银行本票

4. 银行承兑汇票的出票人于汇票到期前未能足额交存票款的，承兑银行除凭票向持票人无条件付款外，对出票人尚未支付的汇票金额按照每天（　　）计收利息。
   A. 万分之一　　B. 万分之五　　C. 万分之三　　D. 万分之二

5. 4 月 21 日开出的期限为 60 天的商业汇票，到期日为（　　）。
   A. 6 月 19 日　　B. 6 月 20 日　　C. 6 月 21 日　　D. 6 月 22 日

6. 5 月 16 日签发、3 个月到期的商业汇票，到期日为（　　）。
   A. 8 月 16 日　　B. 8 月 14 日　　C. 8 月 15 日　　D. 8 月 17 日

7. 7 月 31 日签发、2 个月到期的商业汇票，到期日为（　　）。
   A. 9 月 30 日　　B. 10 月 1 日　　C. 9 月 29 日　　D. 10 月 2 日

8. 6月30日签发、1个月到期的商业汇票，到期日为（　　）。
   A. 7月31日　　B. 7月30日　　C. 7月29日　　D. 8月1日
9. 应收票据是企业持有的、尚未到期兑现的（　　）。
   A. 即期票据　　B. 银行汇票　　C. 银行本票　　D. 商业汇票
10. 商业汇票的提示付款期限为自汇票到期日起（　　）日。
    A. 10　　B. 15　　C. 30　　D. 45

二、多项选择题（下列每小题备选答案中有两个或两个以上符合题意的正确答案）

1. 商业汇票按照票据承兑人的不同可分为（　　）。
   A. 银行承兑汇票　　　　B. 商业承兑汇票
   C. 银行汇票　　　　　　D. 银行本票
2. 应收票据到期日应按不同的约定方式来确定。如约定按日计算，则应以足日为准，采用票据签发日与到期日（　　）或（　　）的方法，按实际天数计算到期日。
   A. 算头不算尾　　　　　B. 算头又算尾
   C. 算尾不算头　　　　　D. 既不算头又不算尾
3. 按现行会计准则规定，不能通过应收票据核算的包括（　　）。
   A. 银行汇票存款　　　　B. 银行承兑汇票
   C. 银行本票　　　　　　D. 商业承兑汇票
4. 下列各种票据收到时，应通过"应收票据"科目核算的有（　　）。
   A. 商业承兑汇票　　　　B. 支票
   C. 银行承兑汇票　　　　D. 银行本票
5. 甲企业为增值税一般纳税人，于2018年11月1日向乙公司销售一批产品，货款为80 000元，增值税税率为16%，已开出增值税专用发票并办理托收手续，乙公司开出一张3个月不带息商业承兑汇票。2019年2月1日甲公司该票据到期，收回到期票款。下列选项中甲公司的会计处理正确的是（　　）。
   A. 借：应收票据　　　　　　　　　　　　　　　80 000
         贷：主营业务收入　　　　　　　　　　　　　　　80 000
   B. 借：应收票据　　　　　　　　　　　　　　　92 800
         贷：主营业务收入　　　　　　　　　　　　　　　80 000
             应交税费——应交增值税（销项税额）　　　12 800
   C. 借：银行存款　　　　　　　　　　　　　　　80 000
         贷：应收票据　　　　　　　　　　　　　　　　　80 000
   D. 借：银行存款　　　　　　　　　　　　　　　92 800
         贷：应收票据　　　　　　　　　　　　　　　　　92 800
6. 企业取得应收票据时，下列选项中的会计处理正确的是（　　）。

A. 借：应收票据
   贷：主营业务收入
       应交税费——应交增值税（销项税额）
B. 借：应收票据
   贷：其他业务收入
       应交税费——应交增值税（销项税额）
C. 借：应收票据
   贷：应收账款
D. 借：银行存款
   贷：应收票据

三、判断题（正确的用"√"表示，错误的用"×"表示）

1. 银行承兑汇票的出票人于汇票到期前未能足额交存票款的，承兑银行不需要向持票人支付款项。（　　）
2. 企业申请使用银行承兑汇票时，应向其承兑银行按票面金额的千分之五缴纳手续费。（　　）
3. 银行承兑汇票的出票人于汇票到期前未能足额交存票款的，承兑银行不能向持票人支付款项。（　　）
4. 我国的应收票据即为商业汇票。（　　）
5. 商业汇票是指出票人签发的，委托付款人在指定日期无条件支付确定的金额给收款人或者持票人的票据。（　　）
6. 对于票据的贴现，企业通常应按票面金额记入"银行存款"科目。（　　）
7. 若银行对应收票据不附追索权，企业持未到期的商业汇票向银行贴现时，应按实际收到的金额，借记"银行存款"等账户，按贴现息部分，借记"财务费用"等账户，按商业汇票的票面金额，贷记"应收票据"账户。（　　）
8. 已经承兑的商业承兑汇票，若承兑人不能兑付票据款，在附有追索权的情况下，申请贴现企业收到银行退回的票据和支付通知时，借记"短期借款"、贷记"银行存款"，再借记"应收账款"、贷记"应收票据"。（　　）
9. 企业持有的商业承兑汇票到期，承兑人不能兑付票款时，应借记"其他应收款"、贷记"应收票据"科目。（　　）
10. 商业汇票的付款期限最长不得超过1年。（　　）

四、不定项选择题（下列每小题备选答案中有一个或一个以上符合题意的正确答案）

甲公司为增值税一般纳税人，2019年9月1日向乙公司（为增值税一般纳税人）销售一批产品，不含税价款为1 500 000元，尚未收到，已办妥托收手续，适用的增值税税率为13%。9月15日，甲公司收到乙公司寄来的一张3个月期的银行承兑汇票，面值为1 695 000元，抵付所销售产品的价款和增值税款。10月15

日将上述应收票据背书转让,以取得生产经营所需的 A 种材料,该材料价款为 1 500 000 元,适用的增值税税率为 13%,10 月 16 日上述材料验收入库。

1. 2019 年 9 月 1 日甲公司应编制的会计分录正确的是（　　）。

  A. 借：应收账款　　　　　　　　　　　　　　　　　　1 695 000
    贷：主营业务收入　　　　　　　　　　　　　　　　　1 500 000
      应交税费——应交增值税（销项税额）　　　　　　195 000

  B. 借：应收账款　　　　　　　　　　　　　　　　　　1 695 000
    贷：主营业务收入　　　　　　　　　　　　　　　　　1 500 000
      应交税费——应交增值税（进项税额）　　　　　　195 000

  C. 借：主营业务收入　　　　　　　　　　　　　　　　　1 500 000
     应交税费——应交增值税（销项税额）　　　　　　　195 000
    贷：应收账款　　　　　　　　　　　　　　　　　　　1 695 000

  D. 借：应收票据　　　　　　　　　　　　　　　　　　1 695 000
    贷：主营业务收入　　　　　　　　　　　　　　　　　1 500 000
      应交税费——应交增值税（进项税额）　　　　　　195 000

2. 2019 年 9 月 15 日,甲公司应编制的会计分录正确的是（　　）。

  A. 借：应收票据　　　　　　　　　　　　　　　　　　1 695 000
    贷：应收账款　　　　　　　　　　　　　　　　　　　1 695 000

  B. 借：应收票据　　　　　　　　　　　　　　　　　　1 500 000
    贷：应收账款　　　　　　　　　　　　　　　　　　　1 500 000

  C. 借：应收账款　　　　　　　　　　　　　　　　　　1 695 000
    贷：应收票据　　　　　　　　　　　　　　　　　　　1 695 000

  D. 借：应收账款　　　　　　　　　　　　　　　　　　1 500 000
    贷：应收票据　　　　　　　　　　　　　　　　　　　1 500 000

3. 2019 年 10 月 15 日、16 日,甲公司应编制的会计分录正确的是（　　）。

  A. 借：生产成本　　　　　　　　　　　　　　　　　　1 500 000
     应交税费——应交增值税（进项税额）　　　　　　　195 000
    贷：应收票据　　　　　　　　　　　　　　　　　　　1 695 000

  B. 借：原材料　　　　　　　　　　　　　　　　　　　1 500 000
     应交税费——应交增值税（进项税额）　　　　　　　195 000
    贷：应收票据　　　　　　　　　　　　　　　　　　　1 695 000

  C. 借：在途物资　　　　　　　　　　　　　　　　　　1 500 000
     应交税费——应交增值税（进项税额）　　　　　　　195 000
    贷：应收票据　　　　　　　　　　　　　　　　　　　1 695 000

  D. 借：原材料　　　　　　　　　　　　　　　　　　　1 695 000
    贷：在途物资　　　　　　　　　　　　　　　　　　　1 695 000

E. 借：原材料　　　　　　　　　　　　　　1 695 000
　　贷：生产成本　　　　　　　　　　　　　　　1 695 000

4. 若因资金周转困难，公司持该应收票据向银行贴现，则贴现费用应记入（　　）。

　A. 管理费用　　B. 投资收益　　C. 财务费用　　D. 销售费用

5. 若因资金周转困难，公司持该应收票据向银行贴现，则相关会计处理正确的是（　　）。

　A. 借：银行存款　　　　　　　　B. 借：银行存款
　　　　财务费用　　　　　　　　　　　　财务费用
　　　贷：应收票据　　　　　　　　　　贷：应收账款
　C. 借：银行存款　　　　　　　　D. 借：银行存款
　　　　财务费用　　　　　　　　　　　　投资收益
　　　贷：短期借款　　　　　　　　　　贷：应收票据
　E. 借：银行存款
　　　　管理费用
　　　贷：短期借款

Ⅱ 巩固题

一、单项选择题（下列每小题备选答案中只有一个符合题意的正确答案）

1. B 公司为增值税一般纳税人，12 月 1 日从 A 公司购入甲材料 1 000 千克，每千克 50 元，增值税税率 13%，当日以将于 12 月 15 日到期的票面金额为 51 000 元的应收 C 公司商业承兑汇票抵偿购料款，差额部分以银行存款结清。则 B 公司因该项业务应计入银行存款账户的方向和金额为（　　）元。

　A. 借方 1 000　　B. 贷方 1 000　　C. 借方 5 500　　D. 贷方 5 500

2. 5 月 20 日开出的期限为 60 天的商业汇票，到期日为（　　）。

　A. 7 月 19 日　　B. 7 月 20 日　　C. 7 月 21 日　　D. 7 月 22 日

3. 6 月 17 日签发、3 个月到期的商业汇票，到期日为（　　）。

　A. 9 月 16 日　　B. 9 月 17 日　　C. 9 月 15 日　　D. 9 月 18 日

4. 7 月 31 日签发、4 个月到期的商业汇票，到期日为（　　）。

　A. 11 月 30 日　　B. 11 月 29 日　　C. 12 月 1 日　　D. 12 月 2 日

5. 4 月 30 日签发、3 个月到期的商业汇票，到期日为（　　）。

　A. 7 月 30 日　　B. 7 月 31 日　　C. 7 月 29 日　　D. 8 月 1 日

6. 企业申请使用银行承兑汇票时，应向其承兑银行按票面金额的（　　）缴纳手续费。

A. 百分之五　　B. 千分之五　　C. 万分之五　　D. 千分之三

7. 企业可以将自己持有的商业汇票背书转让，背书转让的，（　　）应当承担票据责任。

A. 背书人　　B. 被背书人　　C. 持票人　　D. 付款人

8. 商业汇票未到期贴现的，贴现息应记入（　　）。

A. 销售费用　　B. 财务费用　　C. 管理费用　　D. 短期借款

9. 企业到期不能收回的应收票据，按账面金额转入（　　）。

A. 短期借款　　B. 其他应收款　　C. 应收账款　　D. 预付账款

10. 企业申请银行承兑汇票时缴纳的手续费与票据贴现时的贴现息应记入（　　）科目。

A. 管理费用　　B. 投资收益　　C. 财务费用　　D. 营业外支出

二、多项选择题（下列每小题备选答案中有两个或两个以上符合题意的正确答案）

1. 商业汇票按照是否带息可分为（　　）。

A. 银行承兑汇票　　　　　　B. 商业承兑汇票
C. 带息票据　　　　　　　　D. 不带息票据

2. 在计算商业汇票贴现息时，需要考虑的因素有（　　）。

A. 票面面值　　B. 贴现率　　C. 出票日期　　D. 到期日

3. A 公司于 2019 年 4 月 1 日向 B 公司销售一批产品，货款为 100 000 元，增值税税率为 13%，已开出增值税专用发票，并办妥托收手续，B 公司开出一张 3 个月不带息商业承兑汇票。2019 年 7 月 1 日 A 公司该票据到期，收回到期票款。下列选项中 A 公司的会计处理正确的是（　　）。

A. 销售时：
借：应收票据　　　　　　　　　　　　　　　100 000
　　贷：主营业务收入　　　　　　　　　　　　　　　100 000

B. 销售时：
借：应收票据　　　　　　　　　　　　　　　113 000
　　贷：主营业务收入　　　　　　　　　　　　　　　100 000
　　　　应交税费——应交增值税（销项税额）　　　　13 000

C. 票据到期时：
借：银行存款　　　　　　　　　　　　　　　100 000
　　贷：应收票据　　　　　　　　　　　　　　　　　100 000

D. 票据到期时：
借：银行存款　　　　　　　　　　　　　　　113 000
　　贷：应收票据　　　　　　　　　　　　　　　　　113 000

4. 甲公司 2019 年 5 月 10 日销售给乙公司商品一批，价款 500 000 元，增值税

65 000 元，当即收到一张商业汇票，期限为 6 个月。7 月 10 日，甲公司向银行申请贴现，贴现利率 7.5%，银行扣除利息后，将贴现款支付给公司，银行对该应收票据不拥有追索权。下列编制的甲公司会计分录正确的是（　　）。

A. 借：应收票据——乙公司　　　　　　　　565 000
　　　贷：主营业务收入　　　　　　　　　　　　500 000
　　　　　应交税费——应交增值税（销项税额）　　65 000

B. 借：其他货币资金　　　　　　　　　　　565 000
　　　贷：主营业务收入　　　　　　　　　　　　500 000
　　　　　应交税费——应交增值税（销项税额）　　65 000

C. 借：银行存款　　　　　　　　　　　　　550 875
　　　财务费用　　　　　　　　　　　　　　14 125
　　　贷：应收票据——乙公司　　　　　　　　　565 000

D. 借：银行存款　　　　　　　　　　　　　550 875
　　　财务费用　　　　　　　　　　　　　　14 125
　　　贷：其他货币资金　　　　　　　　　　　　565 000

5. 应通过"应收票据"账户或"应付票据"账户核算的票据有（　　）。

A. 银行本票　　B. 银行汇票　　C. 商业承兑汇票　　D. 银行承兑汇票

三、判断题（正确的用"√"表示，错误的用"×"表示）

1. 在我国，除商业汇票外，大部分票据如支票、银行本票、银行汇票均为即期票据，可以即刻收款或存入银行成为货币资金，不需要作为应收票据核算。（　　）

2. "应收票据"账户属于负债类账户，用以核算企业因销售商品、提供劳务等而收到的商业汇票。（　　）

3. 符合条件的商业汇票持票人，可以持未到期的应收票据到银行申请贴现。（　　）

4. 4 月 20 日开出的期限为 60 天的商业汇票，到期日为 6 月 20 日。（　　）

5. 4 月 20 日开出的期限为 2 个月的商业汇票，到期日为 6 月 19 日。（　　）

6. 应收票据贴现时，贴现息＝票据票面金额×贴现率×贴现期。（　　）

7. 若银行对应收票据带有追索权，企业持未到期的商业汇票向银行贴现时，应按实际收到的金额，借记"银行存款"等账户，按贴现息部分，借记"财务费用"等账户，按商业汇票的票面金额，贷记"应收票据"账户。（　　）

8. 企业持应收票据到银行贴现的，贴现所得＝票据票面金额－贴现息。（　　）

9. 银行承兑汇票的承兑人是收款人的开户银行，商业承兑汇票承兑人是付款人。（　　）

10. 为便于管理和分析各种票据的具体情况，企业应当设置"应收票据备查簿"，商业汇票到期结清票款或退票后，在备查簿中应予注销。（　　）

四、不定项选择题（下列每小题备选答案中有一个或一个以上符合题意的正确答案）

甲公司为一般纳税人企业，2019年6月份发生如下业务：

1. 6月3日，收到购买方乙公司的商业承兑汇票一张，面值113万元，用于抵偿3个月前购货款。

2. 6月10日，甲公司销售商品一批给丙公司，价款100万元，增值税13万元，该批商品成本为60万元，收到银行承兑汇票一张，面值113万元。

3. 6月25日，甲公司收到上述银行承兑汇票的票款113万元。

4. 甲公司向丁公司购买材料100万元，增值税13万元，材料已验收入库，转让乙公司签发的商业承兑汇票给丁公司。

根据上述业务，回答下列问题。（会计分录中的金额单位用万元表示）

1. 商业汇票按照票据承兑人的不同，分为（　　）。
    A. 商业承兑汇票　　　　　　B. 银行承兑汇票
    C. 银行汇票　　　　　　　　D. 银行本票

2. 根据资料1，甲公司所做的会计分录正确的是（　　）。
    A. 借：应收票据　　　　　　　　　　　　　113
    　　　贷：应收账款　　　　　　　　　　　　　　113
    B. 借：应收票据　　　　　　　　　　　　　113
    　　　贷：其他业务收入　　　　　　　　　　　　100
    　　　　　应交税费——应交增值税（销项税额）　13
    C. 借：应收票据　　　　　　　　　　　　　113
    　　　贷：主营业务收入　　　　　　　　　　　　100
    　　　　　应交税费——应交增值税（销项税额）　13
    D. 借：应收票据　　　　　　　　　　　　　113
    　　　贷：其他应收款　　　　　　　　　　　　　113

3. 根据资料2，甲公司所做的会计分录正确的是（　　）。
    A. 借：应收票据　　　　　　　　　　　　　113
    　　　贷：主营业务收入　　　　　　　　　　　　100
    　　　　　应交税费——应交增值税（销项税额）　13
    B. 借：应收账款　　　　　　　　　　　　　113
    　　　贷：主营业务收入　　　　　　　　　　　　100
    　　　　　应交税费——应交增值税（销项税额）　13
    C. 借：主营业务成本　　　　　　　　　　　　60
    　　　贷：库存商品　　　　　　　　　　　　　　60
    D. 借：应收票据　　　　　　　　　　　　　　73
    　　　贷：主营业务收入　　　　　　　　　　　　60

　　　　　应交税费——应交增值税（销项税额）　　　　　　　　　　　13
　　E. 借：库存商品　　　　　　　　　　　　　　100
　　　　　贷：主营业务成本　　　　　　　　　　　　　　　　100
4. 根据资料3，该业务对甲公司相关账户的影响是（　　）。
　　A. 银行存款增加113万元　　B. 银行存款减少113万元
　　C. 应收票据减少113万元　　D. 应收账款减少113万元
5. 根据资料4，该业务对甲公司相关账户的影响是（　　）。
　　A. 原材料增加100万元　　　B. 增值税进项税额增加13万元
　　C. 应收票据减少113万元　　D. 应付票据增加113万元
　　E. 应付账款增加113万元

参考答案

第二节 应收账款

Ⅰ 基础题

一、单项选择题（下列每小题备选答案中只有一个符合题意的正确答案）

1. 2019 年年末某企业应收 A 公司货款 500 万元，已提坏账准备 30 万元，确定该应收账款的未来现金流量现值为 410 万元，则年末该企业应确认的信用减值损失为（　　）万元。

    A. 90　　　　　B. 60　　　　　C. 40　　　　　D. 30

2. 下列各项中，在确认销售收入时不影响应收账款入账金额的是（　　）。

    A. 销售价款　　　　　　　B. 增值税销项税额
    C. 现金折扣　　　　　　　D. 销售产品代垫的运杂费

3. 某企业采用托收承付结算方式销售一批商品，增值税专用发票上注明的价款为 100 万元，增值税税额为 13 万元，销售商品为客户代垫运输费 5 万元，全部款项已办妥托收手续。该企业应确认的应收账款为（　　）万元。

    A. 100　　　　B. 105　　　　C. 113　　　　D. 118

4. 某企业不单独设置预收账款科目，期初应收账款的余额为 0。2019 年 5 月 10 日销售产品一批，销售收入为 10 000 元，增值税税率为 13%，款项尚未收到。2019 年 5 月 30 日，预收货款 10 000 元。2019 年 5 月 31 日该企业应收账款的余额为（　　）元。

    A. 10 000　　B. 11 300　　C. 21 300　　D. 1 300

5. 下列各项中，不会引起应收账款账面价值发生变化的是（　　）。

    A. 核销不能收回的坏账　　　　B. 计提应收账款坏账准备
    C. 收回已转销的应收账款　　　D. 转回多提的应收账款坏账准备

6. 某企业赊销商品一批，商品标价 10 000 元（不含增值税），增值税税率为 13%，企业销售商品代垫运费 200 元，不考虑其他因素，则应收账款的入账价值为（　　）元。

    A. 10 000　　B. 1 300　　C. 11 300　　D. 11 500

7. 下列项目中，属于应收账款范围的是（　　）。

    A. 应向接受劳务单位收取的款项　　B. 应收外单位的赔偿款
    C. 应收存出保证金　　　　　　　　D. 应向职工收取的各种垫付款项

8. 如果企业预收款项的情况不多，可以将预收款项直接记入（　　）账户。

    A. 应付账款　　B. 应收账款　　C. 应付票据　　D. 应收票据

9. 企业某项应收账款 50 000 元，现金折扣条件为 2/10，1/20，n/30，客户在第 20 天付款，应给予客户的现金折扣为（　　）元。

  A. 1 000　　　　B. 750　　　　C. 500　　　　D. 0

10. 企业某项应收账款 100 000 元，现金折扣条件为 2/10，1/20，n/30，客户在 10 天内付款，该企业实际收到的款项金额为（　　）元。

  A. 98 000　　　B. 98 500　　　C. 99 000　　　D. 100 000

二、多项选择题（下列每小题备选答案中有两个或两个以上符合题意的正确答案）

1. 下列各项中，应列入资产负债表"应收账款"项目的有（　　）。

  A. 代购货方垫付的运杂费　　B. 销售产品应收取的款项
  C. 对外提供劳务应收取的款项　D. 代购货方垫付的保险费

2. 下列各项中，应计入应收账款的有（　　）。

  A. 销售商品的价款　　　　　B. 销售商品的增值税
  C. 代购货方垫付的运杂费　　D. 销售货物发生的商业折扣

3. 按照现行会计准则的规定，下列各项中可以记入"应收账款"账户的有（　　）。

  A. 销售商品价款　　　　　　B. 销售商品的增值税销项税额
  C. 代购货单位垫付的运杂费　D. 商业折扣

4. 下列各项中，关于应收及预付款项的核算表述正确的有（　　）。

  A. 如果企业不设置"预付账款"科目，则预付的款项在"应付账款"科目的借方核算
  B. 应收的各种赔款、罚款、出租包装物租金记入"其他应收款"科目
  C. 为职工垫付的款项记入"其他应收款"科目
  D. 收到的出租包装物押金记入"其他应收款"科目

三、判断题（正确的用"√"表示，错误的用"×"表示）

1. 在存在现金折扣的情况下，若采用总价法核算，应收账款应按销售收入扣除预计的现金折扣后的金额确认。（　　）
2. 商业折扣对应收账款入账金额的确认无实质性的影响。（　　）
3. 企业为购货方代垫的运杂费不计入应收账款的入账价值。（　　）
4. 企业销售商品时，应向购货方收取的款项，包括企业销售商品或提供劳务等向有关购货方收取的价款及代购货方垫付的包装费、运杂费等。（　　）
5. 总价法是将未减现金折扣前的金额确认为销售收入和应收账款。（　　）

四、不定项选择题（下列每小题备选答案中有一个或一个以上符合题意的正确答案）

甲公司为增值税一般纳税人，增值税税率为 13%。2019 年 12 月 1 日，甲公司"应收账款"科目借方余额为 1 000 万元，"坏账准备"科目贷方余额为 50 万元，

公司通过对应收款项的信用风险特征进行分析,确定计提坏账准备的比例为期末应收账款余额的5%。12月份,甲公司发生如下相关业务:

1. 12月5日,向乙公司赊销商品一批,按商品价目表标明的价格计算的金额为2 000万元(不含增值税),由于是成批销售,甲公司给予乙公司10%的商业折扣。

2. 12月9日,一客户破产,根据清算程序,有应收账款40万元不能收回,确认为坏账。

3. 12月11日,收到乙公司前欠的销货款500万元,存入银行。

4. 12月21日,收到2017年已转销为坏账的应收账款10万元,存入银行。

5. 12月30日,向丙公司销售商品一批,增值税专用发票上注明的售价为1 000万元,增值税税额130万元。甲公司为了及早收回货款而在合同中规定的现金折扣条件为2/10,1/20,n/30,假定现金折扣不考虑增值税。截至12月31日,丙公司尚未付款。

要求:根据上述资料,不考虑其他因素,分析回答下列问题。(会计分录中的金额单位用万元表示)

1. 12月5日发生的经济业务中应收账款的入账价值为( )万元。
   A. 2 288   B. 2 034   C. 2 320   D. 2 260

2. 根据资料5,12月30日发生的经济业务中应收账款的入账价值为( )万元。
   A. 1 000   B. 980   C. 1 130   D. 1 140

3. 针对上述资料,甲公司的处理正确的是( )。
   A. 资料1应确认收入2 000万元
   B. 资料1应确认收入1 800万元
   C. 资料2应计提资产减值损失40万元
   D. 资料3应减少应收账款500万元

4. 根据资料4,甲公司的处理正确的是( )。
   A. 借:应收账款　　　　10　　　B. 借:银行存款　　　　10
      贷:坏账准备　　　　10　　　　　贷:应收账款　　　　10
   C. 借:信用减值损失　　10　　　D. 借:银行存款　　　　10
      贷:坏账准备　　　　10　　　　　贷:信用减值损失　　10
   E. 借:银行存款　　　　10
      贷:坏账准备　　　　10

5. 本期应计提坏账准备的金额为( )万元。
   A. 171.2   B. 161.2   C. 131.2   D. 201.2

Ⅱ 巩固题

一、单项选择题（下列每小题备选答案中只有一个符合题意的正确答案）

1. 下列各项中，不应记入"应收账款"科目的有（　　）。
   A. 代购货方垫付的运杂费　　B. 销售产品应收取的款项
   C. 对外提供劳务应收取的款项　　D. 出租厂房应收未收的租金收入

2. 某企业不单独设置预收账款科目，期初应收账款的余额为0。2019年5月10日销售商品一批，不含税价款为20 000元，增值税税率为13%。企业已于2019年5月1日预收货款20 000元。2019年5月30日，发出商品。2019年5月31日应收账款的余额为（　　）元。
   A. 20 000　　B. 22 600　　C. 42 600　　D. 2 600

3. 下列说法不正确的是（　　）。
   A. 持有商业承兑汇票向银行贴现，支付给银行的贴现利息应记入"财务费用"科目
   B. 采用托收承付结算方式销售商品，增值税发票上注明的价款和销项税额记入"应收账款"科目，为客户代垫的运输费记入"其他应收款"科目
   C. 确认销售收入时的现金折扣不影响"应收账款"的入账金额
   D. 应收的各种赔款、罚款、出租包装物租金记入"其他应收款"科目

4. 企业某项应收账款50 000元，现金折扣条件为2/10, 1/20, n/30，客户在第10天付款，应给予客户的现金折扣为（　　）元。
   A. 1 000　　B. 750　　C. 500　　D. 0

5. 某企业销售产品，原定价格为100万元，因客户购买数量较大，给予10%的商业折扣，增值税税率为13%，款项未收，则该业务使得企业应收账款增加（　　）万元。
   A. 90　　B. 101.7　　C. 113　　D. 103

6. 下列各项中，应列入应收账款账户的是（　　）。
   A. 应收的代垫运杂费　　B. 应向职工收取的各种垫付款
   C. 应收债务人利息　　D. 应收已宣告分配的股利

7. 不单独设置"预收账款"科目的企业，预收的账款在（　　）科目中进行核算。
   A. 预付账款　　B. 应付账款　　C. 应收账款　　D. 其他应收款

8. 企业采用预收款方式销售产品的，产品价税合计数与预收款之间的差额应计入（　　）。

A. 预收账款　　B. 应收账款　　C. 其他应收款　　D. 应付账款

9. 企业确实无法收回的应收账款应计入（　　）。

A. 营业外支出　B. 坏账准备　　C. 管理费用　　D. 资产减值损失

10. 甲公司年末"应收账款"科目的借方余额为100万元（其明细账无贷方余额）；"预收账款"科目贷方余额为150万元，其中，明细账的借方余额为15万元，贷方余额为165万元；"应收账款"对应的"坏账准备"期末余额为8万元。该企业年末资产负债表中"应收账款"及应收票据项目的金额为（　　）万元。

A. 107　　　　B. 165　　　　C. 115　　　　D. 150

二、多项选择题（下列每小题备选答案中有两个或两个以上符合题意的正确答案）

1. 下列各项中，应计入应收账款入账价值的有（　　）。

A. 销售商品的价款　　　　B. 销售商品的增值税
C. 代购货方垫付的运杂费　D. 销售货物发生的商业折扣

2. 下列各项中，会引起期末应收账款账面价值发生变化的有（　　）。

A. 收回应收账款　　　　　B. 收回已转销的坏账
C. 计提应收账款坏账准备　D. 结转到期不能收回的应收票据

3. 下列各项中，应记入"应收账款"科目的有（　　）。

A. 代购货方垫付的运杂费　B. 销售产品应收取的款项
C. 对外提供劳务应收取的款项　D. 代购货方垫付的保险费

4. 下列各项中，应列入资产负债表"应收票据及应收账款"项目的有（　　）。

A. 应收票据期末借方余额
B. 应收账款明细科目期末借方余额
C. 预收账款明细科目期末借方余额
D. 相关坏账准备

5. 甲公司为增值税一般纳税人，采用托收承付结算方式向乙公司（增值税一般纳税人）销售商品一批，取得的增值税专用发票上注明的价款为300 000元，增值税税额为39 000元，代垫运杂费2 000元，已办理托收手续。甲公司该项业务对相关账户的影响是（　　）。

A. 应收账款账户增加341 000元　B. 应收账款账户增加339 000元
C. 其他应收款账户增加2 000元　D. 主营业务收入增加300 000元

三、判断题（正确的用"√"表示，错误的用"×"表示）

1. 商业折扣是指企业为了鼓励客户在一定时期内早日偿还货款而给予的一种折扣优待。（　　）

2. 净价法与总价法是相对的，是指将减去现金折扣后的金额确认为销售收入和应收账款。（　　）

3. 对于现金折扣在商品销售后发生的，现金折扣会影响应收账款的账务处理。

现金折扣有两种方法：总价法和净价法。目前，我国会计实务中，企业应收账款采用净价法核算。（　　）

4. 商业折扣是指企业为了促进销售在商品价目单原定价格的基础上给予购货方的价格扣除，但折扣的发生对增值税销项税额没有影响。（　　）

5. 商业折扣又称折扣销售，会对企业收入产生实质性影响；现金折扣又称销售折扣，在总价法下，现金折扣的发生不会对企业收入产生实质性影响，但会增加企业财务费用。（　　）

四、不定项选择题（下列每小题备选答案中有一个或一个以上符合题意的正确答案）

甲公司为增值税一般纳税企业，2019年4月份发生下列销售业务：

1. 3日，向A公司销售商品1 000件，每件商品的标价为80元。为了鼓励多购商品，甲公司同意给予A公司10%的商业折扣。开出的增值税专用发票上注明的售价总额为72 000元，增值税税额为9 360元。商品已发出，货款已收存银行。

2. 5日，向B公司销售商品一批，开出的增值税专用发票上注明的售价总额为60 000元，增值税税额为7 800元。甲公司为了及早收回货款，在合同中规定的现金折扣条件为：2/10，1/20，n/30。

3. 13日，收到B公司扣除享受现金折扣后的全部款项，并存入银行。假定计算现金折扣时不考虑增值税。

4. 15日，向C公司销售商品一批，开出的增值税专用发票上注明的售价总额为90 000元，增值税税额为11 700元，甲公司以库存现金代垫运杂费600元，货款尚未收到。

5. 20日，C公司发现所购商品不符合合同规定的质量标准，要求甲公司在价格上给予6%的销售折让。甲公司经查明后，同意给予折让并取得了索取折让证明单，开具了增值税专用发票（红字）。

要求：根据上述业务回答下列问题。

1. 关于资料1中的商业折扣，下列说法正确的是（　　）。
   A. 商业折扣也叫折扣销售，在商业折扣条件下本题中确认的销售收入为72 000元
   B. 商业折扣也叫折扣销售，在商业折扣条件下本题中确认的销售收入为80 000元
   C. 甲公司销售商品应确认的增值税销项税额为9 360元
   D. 甲公司销售商品应确认的增值税销项税额为10 400元
   E. 甲公司销售商品应确认的银行存款为81 360元
   F. 甲公司销售商品应确认的银行存款为90 400元

2. 关于资料2中的现金折扣，下列说法正确的是（　　）。
   A. 现金折扣也叫销售折扣，在现金折扣条件下甲公司确认的销售收入为

60 000元

　B. 现金折扣也叫销售折扣，在现金折扣条件下甲公司确认的销售收入为58 800元

　C. 甲公司销售商品应确认的增值税销项税额为7 800元

　D. 甲公司销售商品应确认的增值税销项税额为7 644元

　E. 甲公司销售商品应确认的应收账款为67 800元

　F. 甲公司销售商品应确认的应收账款为66 444元

3. 根据资料3，下列说法正确的是（　　）。

　A. 甲公司确认的财务费用为600元

　B. 甲公司确认的财务费用为1 200元

　C. 甲公司收到的银行存款为66 600元

　D. 甲公司收到的银行存款为67 800元

4. 根据资料4，甲企业应确认的应收账款为（　　）元。

　A. 90 000　　　B. 101 700　　　C. 102 300　　　D. 14 400

5. 根据资料4，下列说法正确的是（　　）。

　A. 该业务需冲减甲公司销售收入5 400元

　B. 应交税费——应交增值税（销项税额）冲减702元

　C. 该业务导致应付账款增加6 102元

　D. 该业务导致甲企业本月需冲减应收账款6 102元

参考答案

第三节　预付账款

I 基础题

一、单项选择题（下列每小题备选答案中只有一个符合题意的正确答案）

1. 甲公司在不单设预付账款的情况下，其所预付的材料款，在进行账务处理时，应（　　）。
   A. 借记"应收账款"　　　　B. 贷记"应收账款"
   C. 借记"应付账款"　　　　D. 贷记"应付账款"

2. 甲公司销售一批产品给乙公司，不含增值税的售价为 200 000 元，增值税为 26 000 元，合计 226 000 元，原预收的 200 000 元已记入"预收账款"账户，其余款项尚未支付，则甲公司在向乙公司交付货物时应编制的正确会计分录为（　　）。

   A. 借：预付账款　　　　　　　　　　　　　　　　226 000
   　　贷：主营业务收入　　　　　　　　　　　　　　　　200 000
   　　　　应交税费——应交增值税（销项税额）　　　　　26 000
   B. 借：预收账款　　　　　　　　　　　　　　　　226 000
   　　贷：主营业务收入　　　　　　　　　　　　　　　　200 000
   　　　　应交税费——应交增值税（销项税额）　　　　　26 000
   C. 借：主营业务收入　　　　　　　　　　　　　　200 000
   　　　　应交税费——应交增值税（销项税额）　　　　26 000
   　　贷：预收账款　　　　　　　　　　　　　　　　　　226 000
   D. 借：主营业务收入　　　　　　　　　　　　　　200 000
   　　　　应交税费——应交增值税（销项税额）　　　　26 000
   　　贷：预付账款　　　　　　　　　　　　　　　　　　226 000

3. 下列各项中，不属于费用要素的是（　　）。
   A. 销售费用　　B. 管理费用　　C. 财务费用　　D. 预付账款

4. 预付账款核算企业按照合同规定预付的款项，属于企业的一项是（　　）。
   A. 流动资产　　B. 非流动资产　　C. 流动负债　　D. 非流动负债

5. 下列各项中，不属于流动资产的是（　　）。
   A. 预付账款　　B. 预收账款　　C. 应收账款　　D. 其他应收款

二、多项选择题（下列每小题备选答案中有两个或两个以上符合题意的正确答案）

1. 关于"预付账款"账户，下列说法正确的有（　　）。
   A. "预付账款"属于资产性质的账户
   B. 预付货款不多的企业，可以不单独设置"预付账款"账户，将预付的货款记入"应付账款"账户的借方
   C. 预付账款账户贷方余额反映的是应付供应单位的款项
   D. 预付账款账户只核算企业因销售业务产生的往来款项

2. 关于"预付账款"账户，下列说法正确的是（　　）。
   A. 该账户借方余额反映企业向供货单位预付的货款
   B. 预付货款不多的企业，可以不单独设置"预付账款"账户，将预付的货款记入"应付账款"账户的借方
   C. "预付账款"账户贷方余额反映的是应付供应单位的款项
   D. 预付货款不多的企业，可以不设置"预付账款"账户，将预付的款项记入"应收账款"账户的借方

3. 下列关于"应收账款"和"预付账款"异同的描述正确的是（　　）。
   A. 两者都是企业的短期债权
   B. 应收账款是企业因销售商品或提供劳务而产生的债权
   C. 预付账款是企业因购货或接受劳务而产生的债权
   D. 两个账户可以通用

4. 关于"预付账款"账户，下列说法正确的是（　　）。
   A. "预付账款"属于资产类账户
   B. "预付账款"属于负债类账户
   C. "预付账款"借方登记企业向供货方预付的货款
   D. "预付账款"贷方登记企业收到所购货物时结转的预付款项

三、判断题（正确的用"√"表示，错误的用"×"表示）

1. 企业的预付账款，如因供货单位破产而无望再收到所购货物的，应将该预付账款转入其他应收款，并计提坏账准备。（　　）

2. 预付账款核算企业按照合同规定预付的款项，属于企业的一项负债。（　　）

3. 预付款项情况不多的企业，可以不设置"预付账款"科目，而将预付的款项通过"应收账款"科目核算。（　　）

四、不定项选择题（下列每小题备选答案中有一个或一个以上符合题意的正确答案）

甲公司为增值税一般纳税人，2019年4月份发生如下经济业务：

1. 2日，预收A公司定金10万元，已送存银行。

2. 5日，从B公司购入一批原材料20万元，增值税税额2.6万元，约定的现金折扣条件为2/10，1/20，n/30，假设现金折扣不考虑增值税。

3. 10日向A公司发出货物，开具增值税专用发票上注明的价款为50万元，增值税税额6.5万元。余款尚未收回。

4. 11日，支付给B公司购货款。

5. 25日，从C公司购入工程物资一批，共计200万元，开具面值226万元为期3个月的银行承兑汇票予以支付，因向银行申请承兑汇票的汇票手续费2万元。

要求：根据上述资料，回答下列各题。（会计分录中的金额单位用万元表示）

1. 下列关于甲公司与A公司之间的业务处理，正确的是（　　）。
   A. 预收账款的减少应以货币资金进行清偿
   B. 预收的定金属于预收账款，是甲公司的一项资产，是A公司的一项负债
   C. 10日，预收账款为借方余额46.5万元
   D. 10日，应收账款为借方余额46.5万元

2. 下列关于甲公司与B公司之间的业务处理，不正确的是（　　）。
   A. 5日，应确认应付账款22万元
   B. 现金折扣影响实际支付货款时的应付账款
   C. 现金折扣应在发生时计入管理费用
   D. 实际支付的价款为22.2万元

3. 5日，B公司应做的会计处理，下列选项正确的是（　　）。
   A. 借：应收账款　　　　　　　　　　　　　22.6
      　　贷：主营业务收入　　　　　　　　　　　20
      　　　　应交税费——应交增值税（销项税额）　　2.6
   B. 借：应收账款　　　　　　　　　　　　　22.15
      　　贷：主营业务收入　　　　　　　　　　　19.6
      　　　　应交税费——应交增值税（销项税额）　　2.55
   C. 借：财务费用　　　　　　　　　　　　　0.4
      　　贷：应收账款　　　　　　　　　　　　　0.4
   D. 借：财务费用　　　　　　　　　　　　　0.2
      　　贷：应收账款　　　　　　　　　　　　　0.2

4. 下列关于甲公司与C公司之间的业务处理，正确的是（　　）。
   A. 开出的银行承兑汇票通过其他货币资金科目核算
   B. 支付的手续费计入财务费用
   C. 银行承兑汇票属于商业承兑汇票
   D. 到期无法支付的银行承兑汇票，应将其账面余额转作短期借款

5. 25日，甲公司和C公司所做的会计处理是（　　）。

A. 借：应收票据——甲公司　　　　　　　　　　　　　226
　　　贷：主营业务收入　　　　　　　　　　　　　　200
　　　　　应交税费——应交增值税（销项税额）　　　26
B. 借：工程物资　　　　　　　　　　　　　　　　　200
　　　应交税费——应交增值税（进项税额）　　　　　26
　　　贷：应付票据——C公司　　　　　　　　　　　226
C. 借：财务费用　　　　　　　　　　　　　　　　　2
　　　贷：银行存款　　　　　　　　　　　　　　　　2
D. 借：银行存款　　　　　　　　　　　　　　　　　2
　　　贷：财务费用　　　　　　　　　　　　　　　　2

Ⅱ 巩固题

一、单项选择题（下列每小题备选答案中只有一个符合题意的正确答案）

1. 下列各项应在"预付账款"贷方核算的是（　　）。
   A. 收到货物　　　　　　　　　B. 预付直接安装固定资产款项
   C. 收到购货款　　　　　　　　D. 发出商品

2. 关于"预付账款"账户，下列说法不正确的有（　　）。
   A. 预付账款属于资产性质的账户
   B. 预付货款不多的企业，可以不单独设置"预付账款"账户，将预付的货款记入"应付账款"账户的借方
   C. 预付账款账户贷方余额反映的是应付供应单位的款项
   D. 预付账款账户只核算企业因销售业务产生的往来款项

3. 下列说法不正确的是（　　）。
   A. 确认销售收入时的现金折扣不影响"应收账款"的入账价值
   B. 如果企业不设置"预付账款"科目，则预付的款项在"预收账款"科目的借方核算
   C. 应收的各种赔款、罚款、出租包装物租金记入"其他应收款"科目
   D. "预付账款"账户贷方余额反映的是应付供货单位的款项

4. 企业期初预付账款余额为0。2019年5月10日采购材料一批，不含税价款为10 000元，增值税税率为13%。企业已于2019年5月1日预付货款10 000元。2019年5月10日，对方发出材料，原材料验收入库。2019年5月31日该企业预付账款余额为（　　）元。
   A. 10 000　　　B. 11 300　　　C. 21 300　　　D. -1 300

二、多项选择题（下列每小题备选答案中有两个或两个以上符合题意的正确答案）

1. 关于"预付账款"账户，下列说法正确的有（　　）。
   A. 预付账款账户是资产类账户
   B. 预付账款业务不多的企业，可不设预付账款账户，发生的少量预付账款业务在应付账款账户核算
   C. 该账户借方登记预付的货款，贷方登记收到货物应冲销的预付款
   D. 该账户的余额一般在借方，表示已预付的款项

2. 关于"预付账款"账户，下列说法正确的是（　　）。
   A. "预付账款"账户若期末余额在借方，反映企业实际预付的款项
   B. "预付账款"账户若期末余额在贷方，反映企业尚未补付的款项
   C. "预付账款"应按供货单位设置明细账，进行明细核算
   D. 预付款项情况不多的企业，也可以将预付的款项直接记入"应付账款"账户的借方

3. 甲企业为小规模纳税人，向乙公司采购材料5 000千克，每千克单价10元，所需支付的款项总计50 000元。按照合同规定向乙公司预付价款的50%，验收货物后补付其余款项。甲公司在处理上述业务时涉及的账户有（　　）。
   A. 预付账款　　B. 银行存款　　C. 原材料　　D. 应交税费

4. 甲企业为一般纳税人，向乙公司（增值税一般纳税人）采购材料5 000千克，每千克单价10元，所需支付的不含税款项总计50 000元，增值税税率13%。按照合同规定向乙公司预付货款的50%，验收货物后补付其余款项。甲公司在处理上述业务时涉及的账户有（　　）。
   A. 预付账款　　B. 银行存款　　C. 原材料　　D. 应交税费

三、判断题（正确的用"√"表示，错误的用"×"表示）

1. "预付账款"科目所属明细科目期末的贷方余额，应列入资产负债表"应付票据及应付账款"项目。（　　）
2. 当预付价款小于采购货物所需支付的款项时，应将不足部分补付，借记"应付账款"科目，贷记"银行存款"科目。（　　）
3. 当预付价款大于采购货物所需支付的款项时，对收回的多余款项，借记"银行存款"科目，贷记"预付账款"科目。（　　）
4. 企业的预付账款，如因供货单位破产而无望再收到所购货物的，应将该预付账款转入应收账款，并计提坏账准备。（　　）

四、不定项选择题（下列每小题备选答案中有一个或一个以上符合题意的正确答案）

甲公司为增值税一般纳税人，增值税税率13%，预付账款账户月初余额为0，2019年12月份发生如下经济业务：

1. 12月3日,向乙公司(为增值税一般纳税人)采购材料5 000千克,每千克单价10元,所需支付的价款总计50 000元。按照合同规定向乙公司预付价款的50%,验收货物后补付其余款项。

2. 12月15日,收到乙公司发来的5 000千克材料,验收无误,增值税专用发票上注明的价款为50 000元,增值税税额为6 500元。

3. 12月16日,以银行存款补付所欠款项31 500元。

要求:根据上述业务回答下列问题。

1. 若甲企业不设置"预付账款"账户,则上述预付价款可在(　　)账户中核算。

　　A. 应付账款　　　　　　　　B. 预收账款
　　C. 其他应收款　　　　　　　D. 应收账款

2. 根据资料1,12月3日甲企业确认的预付账款金额为(　　)。

　　A. 借方25 000元　　　　　　B. 贷方25 000元
　　C. 借方29 000元　　　　　　D. 贷方29 000元

3. 根据资料2,12月15日甲企业预付账款账户余额为(　　)。

　　A. 贷方56 500元　　　　　　B. 贷方31 500元
　　C. 借方56 500元　　　　　　D. 借方31 500元

4. 根据资料3,下列说法正确的是(　　)。

　　A. 甲公司应借记"预付账款"31 500元,贷记"银行存款"31 500元

　　B. 甲公司补付货款后,预付账款账户余额为0元

　　C. 甲公司补付货款后,预付账款账户余额为31 500元

　　D. 甲公司补付货款后,应付账款账户余额为0元

参考答案

第四节　其他应收款

Ⅰ 基础题

一、单项选择题（下列每小题备选答案中只有一个符合题意的正确答案）

1. 下列各项中，通过"其他应收款"科目核算的是（　　）。
   A. 应收的出租包装物租金
   B. 预付的购货款
   C. 应向购货方收取的代垫的运杂费
   D. 收取的出租包装物押金

2. 企业支付包装物押金时，应借记的科目是（　　）。
   A. 应收账款　　B. 应收票据　　C. 其他应收款　　D. 预付账款

3. 企业内部各部门、各单位周转使用的备用金，应在（　　）账户或单独设置"备用金"账户进行核算。
   A. 库存现金　　B. 其他应收款　　C. 其他货币资金　　D. 其他应付款

4. 某企业在财产清查中，盘亏现金 1 000 元，其中 400 元应由出纳赔偿，另外 600 元是由于管理不善导致的。现经批准后，转销现金盘亏的会计分录为（　　）。
   A. 借：待处理财产损溢　　　　　　　　　　1 000
   　　　贷：库存现金　　　　　　　　　　　　　　1 000
   B. 借：管理费用　　　　　　　　　　　　　　600
   　　　营业外支出　　　　　　　　　　　　　　400
   　　　贷：库存现金　　　　　　　　　　　　　　1 000
   C. 借：管理费用　　　　　　　　　　　　　　600
   　　　其他应收款　　　　　　　　　　　　　　400
   　　　贷：库存现金　　　　　　　　　　　　　　1 000
   D. 借：管理费用　　　　　　　　　　　　　　600
   　　　其他应收款　　　　　　　　　　　　　　400
   　　　贷：待处理财产损溢　　　　　　　　　　　1 000

5. 应采用横线登记式账页格式的明细分类账是（　　）。
   A. 生产成本明细账　　　　　　B. 营业外支出明细账
   C. 租入固定资产登记簿　　　　D. 其他应收款——备用金明细账

二、多项选择题（下列每小题备选答案中有两个或两个以上符合题意的正确答案）

1. 下列各项中，应通过"其他应收款"核算的有（   ）。
   A. 拨付给企业各内部单位的备用金
   B. 应收的赔款
   C. 收取的各种押金
   D. 应向职工收取的垫付的医疗费

2. 对于盘亏、毁损的存货，经批准后进行账务处理时，可能涉及的借方账户有（   ）。
   A. 原材料   B. 营业外支出   C. 营业外收入   D. 其他应收款

3. 下列各项中，应在"其他应收款"账户核算的有（   ）。
   A. 应收保险公司的各种赔款   B. 应向职工收取的各种垫付款
   C. 应收出租包装物的租金   D. 代购货单位垫付的运杂费

4. 下列各项中，应列入资产负债表"其他应收款"项目的有（   ）。
   A. 应收的出租包装物租金   B. 应收的为购货方垫付的运杂费
   C. 应收的债券投资利息收入   D. 应收的各种赔款、罚款

三、判断题（正确的用"√"表示，错误的用"×"表示）

1. 企业支付的包装物押金和收取的包装物押金均应通过"其他应收款"账户核算。（   ）

2. 企业为职工代扣五险一金和个人所得税时，借方通过"其他应收款"账户核算。（   ）

四、不定项选择题（下列每小题备选答案中有一个或一个以上符合题意的正确答案）

甲公司为增值税小规模纳税人，2019年发生如下经济业务：

1. 1月1日，甲公司在采购过程中发生材料毁损，按保险合同规定，应由保险公司赔偿损失30 000元，赔偿款尚未收到。假定甲公司对原材料采用计划成本进行日常核算。

2. 1月2日，甲公司如数收到上述保险公司的赔款。

3. 1月5日，甲公司以银行存款替职工王某垫付应由其个人负担的医疗费5 000元，拟从其工资中扣回。

4. 1月10日，甲公司向丁公司租入包装物一批，以银行存款向丁公司支付押金10 000元。

5. 1月11日，甲公司按期如数向丁公司退回所租包装物，并收到丁公司退还的押金10 000元，已存入银行。

根据上述业务，回答下列问题。

1. 根据资料1，甲公司在进行账务处理时涉及的账户有（   ）。

A. 应收账款　　B. 在途物资　　C. 材料采购　　D. 应交税费
E. 其他应收款

2. 根据资料1和资料2，甲公司所做的会计分录为（　　）。
    A. 借：其他应收款——××保险公司　　　　　　　　30 000
          贷：材料采购　　　　　　　　　　　　　　　　30 000
    B. 借：银行存款　　　　　　　　　　　　　　　　30 000
          贷：其他应收款——××保险公司　　　　　　　30 000
    C. 借：应收账款——××保险公司　　　　　　　　30 000
          贷：材料采购　　　　　　　　　　　　　　　　30 000
    D. 借：银行存款　　　　　　　　　　　　　　　　30 000
          贷：应收账款——××保险公司　　　　　　　　30 000

3. 根据资料3，甲公司所做的账务处理中涉及的账户有（　　）。
    A. 其他应收款　B. 银行存款　　C. 其他应付款　　D. 应付职工薪酬

4. 根据资料4和资料5，甲公司应做的会计分录是（　　）。
    A. 借：其他应收款——丁公司　　　　　　　　　　10 000
          贷：银行存款　　　　　　　　　　　　　　　　10 000
    B. 借：银行存款　　　　　　　　　　　　　　　　10 000
          贷：其他应收款——丁公司　　　　　　　　　　10 000
    C. 借：应收账款——丁公司　　　　　　　　　　　10 000
          贷：银行存款　　　　　　　　　　　　　　　　10 000
    D. 借：银行存款　　　　　　　　　　　　　　　　10 000
          贷：应收账款——丁公司　　　　　　　　　　　10 000

5. "其他应收款"科目主要核算的业务是（　　）。
    A. 企业应收保险公司或其他单位和个人的各种赔款
    B. 企业应收的各种罚款
    C. 企业应收的各种存出保证金
    D. 企业应收的出租包装物的租金
    E. 企业应向职工收取的各种垫付的款项

Ⅱ 巩固题

一、单项选择题（下列每小题备选答案中只有一个符合题意的正确答案）

1. 企业出租固定资产，应收而未收到的租金应计入（　　）科目的借方。
    A. 其他业务收入　　　　　　　　B. 固定资产清理
    C. 应收账款　　　　　　　　　　D. 其他应收款

2. 下列各项中，应通过"其他应收款"科目核算的是（　　）。
　　A. 应收的出租包装物租金　　　B. 预付的购货款
　　C. 应向购货方收取的代垫的运杂费　　D. 收取的出租包装物押金
3. 企业出租固定资产，应收而未收到的租金应计入（　　）科目的借方。
　　A. 其他业务收入　　　　　　B. 固定资产清理
　　C. 应收账款　　　　　　　　D. 其他应收款
4. 甲公司从总经理张三工资中扣回上月垫付的医疗费 10 000 元，则甲公司所作的会计分录是（　　）。
　　A. 借：其他应收款　　　　　B. 借：银行存款
　　　　贷：银行存款　　　　　　　贷：其他应收款
　　C. 借：应付职工薪酬　　　　D. 借：应付职工薪酬
　　　　贷：其他应收款　　　　　　贷：银行存款

二、多项选择题（下列每小题备选答案中有两个或两个以上符合题意的正确答案）
1. 下列账户中，应计提坏账准备的有（　　）。
　　A. 应收账款　　B. 应收票据　　C. 其他应收款　　D. 预付账款
2. 下列事项中，应在"其他应收款"账户核算的有（　　）。
　　A. 应收保险公司的各种赔款
　　B. 应向职工收取的各种垫付款
　　C. 应收出租包装物的租金
　　D. 设置"备用金"账户的预付给企业内部单位或个人备用金

三、判断题（正确的用"√"表示，错误的用"×"表示）
1. 企业支付的包装物押金和收取的包装物押金均应通过"其他应付款"账户核算。（　　）
2. 企业备用金应通过"其他应收款——备用金"科目或者单独设置"备用金"科目核算。（　　）
3. 企业的预付账款，如因供货单位破产而无望再收到所购货物的，应将该预付账款转入其他应收款，并计提坏账准备。（　　）

参考答案

第五节　应收款项减值

Ⅰ 基础题

一、单项选择题（下列每小题备选答案中只有一个符合题意的正确答案）

1. 甲企业对应收款项按年末余额的5%计提坏账准备。2018年年末企业应收款项余额为600万元，2018年发生坏账30万元，收回已核销的坏账10万元，2018年年初坏账准备贷方余额8万元，则2018年年末甲企业对应收款项应计提的坏账准备为（　　）万元。
　　A. 30　　　　B. 42　　　　C. -2　　　　D. -62

2. 某企业按照应收账款余额的10%计提坏账准备。该企业2017年应收账款余额为2 000万元，坏账准备余额为200万元。2018年发生坏账50万元，发生坏账收回60万元，2018年年末应收账款余额为2 500万元，那么该企业2018年应该提取的坏账准备为（　　）万元。
　　A. 40　　　　B. 50　　　　C. 30　　　　D. 60

3. 2018年12月初，某企业"应收账款"科目借方余额为600万元，相应的"坏账准备"科目贷方余额为40万元，本月实际发生坏账损失12万元。2018年12月31日该企业应补提坏账准备22万元。假设该企业坏账准备计提比例为5%，不考虑其他因素，该企业2018年12月31日，"应收账款"的期末余额为（　　）万元。
　　A. 1 000　　　B. 600　　　C. 550　　　D. 560

4. 下列关于会计科目分类的表述，正确的是（　　）。
　　A. 会计科目按其所提供信息的详细程度，分为总分类科目和明细分类科目
　　B. 会计科目按照会计要素不同，分为资产类、负债类、所有者权益类、收入类和费用类
　　C. "存货跌价准备""坏账准备""信用减值损失"都属于资产类科目
　　D. 为了适应企业管理精细化的要求，每一个总账科目下都应设置明细科目

5. 甲企业年末"应收账款"科目明细账的借方余额为200万元；"预收账款"科目贷方余额为120万元，其中，明细账的借方余额为23万元，贷方余额为143万元；"应收账款"对应"坏账准备"期末贷方余额为6万元。该企业年末资产负债表中"应收账款"项目金额为（　　）万元。
　　A. 80　　　　B. 194　　　　C. 217　　　　D. 223

6. 下列事项中，没有体现会计信息质量的谨慎性要求的是（　　）。

A. 对可能发生的收益予以确认、入账

B. 计提坏账准备

C. 对固定资产采用加速折旧法计提折旧

D. 对售出商品可能发生的保修义务确认预计负债

7. 下列各项中,应记入"坏账准备"科目借方的是( )。

A. 企业发生坏账

B. 收回过去已确认并转销的坏账

C. 期末"坏账准备"应有贷方余额,且应有的贷方余额大于计提前坏账准备的现有余额

D. 企业对当期增加的某项应收账款计提坏账准备

8. 某企业年初"坏账准备"科目的贷方余额为30万元,本年收回上年已确认为坏账的应收账款5万元,确定"坏账准备"科目年末贷方余额为40万元,不考虑其他因素,该企业年末应计提的坏账准备为( )万元。

A. 40　　　　B. 5　　　　C. 10　　　　D. 25

二、多项选择题（下列每小题备选答案中有两个或两个以上符合题意的正确答案）

1. 下列各项中,会引起应收账款账面价值发生增减变动的有( )。

A. 计提坏账准备　　　　B. 收回应收账款

C. 转销坏账准备　　　　D. 收回已转销的坏账

2. 下列各项中,应记入"坏账准备"科目借方的有( )。

A. 提取坏账准备　　　　B. 冲回多提的坏账准备

C. 收回以前确认并转销的坏账　　D. 备抵法下实际发生的坏账

3. 下列各项中,属于资产类科目的有( )。

A. 原材料　　B. 累计折旧　　C. 坏账准备　　D. 固定资产清理

4. 下列账户中,应计提坏账准备的有( )。

A. 应收账款　　B. 应收票据　　C. 其他应收款　　D. 预付账款

5. 下列事项中,应记入"坏账准备"账户贷方的有( )。

A. 转销已确认无法收回的应收账款

B. 转销确实无法支付的应付账款

C. 收回过去已经确认并转销的坏账

D. 按规定提取坏账准备

6. 下列各项中,应计提坏账准备的有( )。

A. 应收账款　　B. 应收票据　　C. 预付账款　　D. 其他应收款

7. 下列各项中,应记入"坏账准备"账户借方的有( )。

A. 提取坏账准备20 000元　　B. 冲回多提坏账准备20 000元

C. 收回以前确认并转销的坏账　　D. 备抵法下实际发生的坏账

三、判断题（正确的用"√"表示，错误的用"×"表示）

1. 企业确实无法收回的应收款项经批准作为坏账损失时一方面冲减应收款项，另一方面确认信用减值损失。（　　）

2. 企业应收款项发生减值时，应将该应收款项账面价值高于预计未来现金流量现值的差额，确认为减值损失，计入当期损益。（　　）

3. 企业销售商品已确认收入但货款尚未收到，在资产负债表日得知客户资金周转困难而无法收回货款，该企业应冲减已确认的商品销售收入。（　　）

4. 企业应收账款一经确认坏账，意味着企业放弃了其追索权。（　　）

5. 应收账款减值有两种核算方法，即直接转销法和备抵法，我国企业会计准则规定，应收款项的减值准备的核算只能采用备抵法，不能采用直接转销法。（　　）

四、不定项选择题（下列每小题备选答案中有一个或一个以上符合题意的正确答案）

2019 年年初某公司"坏账准备——应收账款"科目贷方余额为 3 万元，3 月 20 日收回已核销的坏账 12 万元并入账。4 月 20 日，销售 A 产品取得不含税销售额为 50 万元，增值税税率为 13%，款项尚未收到，该批产品成本为 40 万元。5 月 20 日，确认上月货款发生坏账，无法收回。6 月 30 日，部分收回 5 月份已核销的坏账 50 万元。12 月 31 日"应收账款"科目余额为 220 万元（所属明细科目均为借方余额），采用应收账款余额百分比法计提坏账准备，坏账准备率为 5%。

不考虑其他因素，请对下列选项做出选择。（会计分录中的金额单位以万元表示）

1. 3 月 20 日收回已核销的坏账时，下列会计处理正确的是（　　）。

    A. 借：坏账准备　　12
    　　贷：应收账款　　12

    B. 借：应收账款　　12
    　　贷：坏账准备　　12

    C. 借：银行存款　　12
    　　贷：应收账款　　12

    D. 借：应收账款　　12
    　　贷：银行存款　　12

2. 4 月 20 日销售货物，下列选项会计处理正确的是（　　）。

    A. 借：应收账款　　　　　　　　　　　　　　　　56.5
    　　贷：主营业务收入　　　　　　　　　　　　　　50
    　　　　应交税费——应交增值税（销项税额）　　　6.5

    B. 借：主营业务成本　　　　　　　　　　　　　　40
    　　贷：库存商品　　　　　　　　　　　　　　　　40

    C. 借：应收票据　　　　　　　　　　　　　　　　56.5
    　　贷：主营业务收入　　　　　　　　　　　　　　50
    　　　　应交税费——应交增值税（销项税额）　　　6.5

    D. 借：主营业务成本　　　　　　　　　　　　　　40
    　　贷：生产成本　　　　　　　　　　　　　　　　40

    E. 借：应收账款　　　　　　　　　　　　　　　　56.5

贷：主营业务成本　　　　　　　　　　　　　　　　50
　　　　　应交税费——应交增值税（销项税额）　　　　6.5
3. 5月20日，发生坏账时下列会计处理正确的是（　　）。
　　A. 借：坏账准备　56.5　　　B. 借：应收账款　　56.5
　　　　贷：应收账款 56.5　　　　　 贷：坏账准备　　56.5
　　C. 借：银行存款　56.5　　　D. 借：应收账款　　56.5
　　　　贷：应收账款 56.5　　　　　 贷：银行存款　　56.5
4. 6月30日，部分收回坏账时下列会计处理正确的是（　　）。
　　A. 借：应收账款　　50　　　B. 借：坏账准备　　　50
　　　　贷：坏账准备　　50　　　　 贷：应收账款　　　50
　　C. 借：银行存款　　50　　　D. 借：应收账款　　　50
　　　　贷：应收账款　　50　　　　 贷：银行存款　　　50
5. 2019年年末，该公司应该补提（冲销）的坏账准备是（　　）。
　　A. 2.5　　　B. -2.5　　　C. 4.5　　　D. -4.5

Ⅱ 巩固题

一、单项选择题（下列每小题备选答案中只有一个符合题意的正确答案）

1. 2018年年末某企业应收A公司的账款余额为1 000万元，经单独减值测试，确定该应收账款的未来现金流量现值为700万元，坏账准备的期初余额为350万元。则年末该企业应确认的该信用减值损失为（　　）万元。
　　A. 300　　　B. 50　　　C. -50　　　D. 0

2. 企业收回应收账款时，发生的现金折扣应作为（　　）处理。
　　A. 主营业务收入减少　　　　B. 销售费用增加
　　C. 管理费用增加　　　　　　D. 财务费用增加

3. 某企业期末"应收账款"账户所属有关明细账户的期末借方余额合计为60 000元，贷方余额合计为4 000元；"预收账款"账户所属有关明细账户借方余额为5 000元，贷方余额为7 000元。则资产负债表中"应收账款"账户的金额为（　　）元。
　　A. 60 000　　　B. 65 000　　　C. 67 000　　　D. 62 000

4. 下列账户中，可能影响资产负债表中"预收款项"项目金额的是（　　）。
　　A. 应收票据　　B. 应收账款　　C. 应收股利　　D. 其他应收款

5. 企业销售商品时代垫的运杂费，应记入（　　）。
　　A. 应收账款账户　　　　　　B. 预付账款账户
　　C. 其他应收款账户　　　　　D. 应付账款账户

6. 甲企业通过对应收款项的风险进行分析，决定按应收款项余额的一定比例计提坏账准备。"坏账准备"科目的年初贷方余额为4 000元，"应收账款"和"其他应收款"科目年初借方余额分别为30 000元和10 000元。当年不能收回的应收账款2 000元确认为坏账损失。"应收账款"和"其他应收款"科目的年末借方余额分别为60 000元和10 000元，假定该企业年末确定的坏账提取比例为10%。则该企业年末应提取的坏账准备为（　　）元。

   A. 1 000　　　B. 3 000　　　C. 5 000　　　D. 7 000

7. 下列各项中，应在"坏账准备"贷方登记的有（　　）。

   A. 冲减已计提的减值准备　　B. 收回前期已核销的应收账款
   C. 核销实际发生的坏账损失　　D. 确认坏账损失

二、多项选择题（下列每小题备选答案中有两个或两个以上符合题意的正确答案）

1. 下列关于坏账的表述，正确的是（　　）。

   A. 企业的预付账款，如有确凿证据表明因供货单位破产、撤销等原因无望再收到所购货物的，应当按规定计提坏账准备
   B. 直接转销法对可能发生的坏账损失不予考虑，账务处理简单，企业可以采用该方法确定应收款项的减值
   C. 企业应当在期末分析各项应收款项的可收回性，并预计可能产生的坏账损失
   D. 企业的各项应收款项，都可能会因购货人拒付、破产、死亡等原因而无法收回

2. 下列各项中，应在"坏账准备"账户借方登记的有（　　）。

   A. 冲减已计提的坏账准备　　B. 收回前期已核销的应收账款
   C. 核销实际发生的坏账损失　　D. 计提坏账准备

3. 下列关于企业"应收款项的减值"的核算，表述不正确的有（　　）。

   A. 我国企业可以采用直接转销法核算坏账
   B. 资产负债表日，企业应收账款的账面价值低于其预计未来现金流量的现值的差额，应记入"信用减值损失"的借方
   C. 资产负债表日，企业应收账款的账面价值低于其预计未来现金流量的现值的差额，可能应记入"信用减值损失"的贷方，"坏账准备"的借方
   D. 收回应收账款、计提坏账准备和收回已转销的应收账款会影响应收账款的账面价值

4. 下列关于企业"应收款项的减值"的核算，表述不正确的有（　　）。

   A. 收回应收账款、计提坏账准备和收回已转销的应收账款会影响应收账款的账面价值
   B. 转销无法收回的应收账款的会计分录应借记"坏账准备"，贷记"信用

减值损失"

C. 转销无法收回的应收账款会影响应收账款的账面价值

D. 企业12月初"坏账准备"余额贷方7万元，本期发生减值3万元，企业当月坏账准备的余额为4万元

5. 企业核销的50万元坏账又收回时，下列说法正确的是（　　）。

A. 应收账款账面价值减少50万元　　B. 坏账准备账户增加50万元

C. 银行存款账户增加50万元　　　　D. 应收账款账面价值不变

6. 企业的应收款项减值损失可以选用的估计方法有（　　）。

A. 应收账款余额百分比法　　　　　B. 账龄分析法

C. 个别认定法　　　　　　　　　　D. 先进先出法

7. 企业应收账款发生减值的客观证据主要包括（　　）。

A. 债务人发生严重财务困难

B. 债务人违反了合同条款，如发生违约或逾期等

C. 债权人出于经济或法律等因素的考虑，对发生财务困难的债务人做出让步

D. 债务人很可能倒闭或进行其他财务重组

8. 若企业采用账龄分析法计提坏账准备，当收到债务单位当期偿还的部分债务后，对剩余债务账龄的确定，以下说法正确的是（　　）。

A. 剩余的应收账款不应改变其账龄

B. 存在多笔应收账款且账龄不同的情况下，应当逐笔认定收到的是哪一笔应收账款

C. 确定无法认定的，按照先发生先收回的原则确定

D. 剩余债务可以根据需要使用其他方法计提坏账准备

三、判断题（正确的用"√"表示，错误的用"×"表示）

1. 企业的预付账款，如因供货单位破产而无望再收到所购货物的，应将该预付账款转入其他应收款，并计提坏账准备。　　　　　　　　　　　（　　）

2. 应收账款减值损失的估计方法一经确定，不得随意变更。　　（　　）

3. 企业应收款项减值采用直接转销法时，日常核算中应收款项可能发生的坏账损失不予考虑，只有在实际发生坏账时，才作为坏账损失计入当期损益，同时直接冲销应收款项，即借记"信用减值损失"科目，贷记"应收账款"等科目。
　　　　　　　　　　　　　　　　　　　　　　　　　　　　　（　　）

4. 企业计提坏账准备的范围是应收账款、其他应收款、应收票据、应收股利等，但不包括预付账款。　　　　　　　　　　　　　　　　　　　（　　）

5. 当期应计提的坏账准备＝计算的坏账准备金额－坏账准备科目的借方＋坏账准备科目的贷方。　　　　　　　　　　　　　　　　　　　　　（　　）

四、不定项选择题（下列每小题备选答案中有一个或一个以上符合题意的正确答案）

甲公司按应收账款的10%计提坏账准备，2015—2018年发生如下事项：

1. 2015年12月31日应收账款余额100万，期初"坏账准备"无余额。
2. 2016年12月31日应收账款余额为150万元。
3. 2017年5月31日发生坏账损失10万元。
4. 2017年12月31日，应收账款余额为180万元。
5. 2018年5月31日收回已转销的应收账款5万元。
6. 2018年12月31日，应收账款余额200万元。

根据上述业务，回答下列问题。（会计分录中的金额单位用万元表示）

1. 根据资料1，甲公司2015年12月31日坏账准备的余额为（　　）万元。
   A. 10　　　　B. -10　　　　C. 20　　　　D. -20

2. 根据资料2，甲公司2016年12月31日需要补提或冲销的坏账准备金额为（　　）万元。
   A. 15　　　　B. -15　　　　C. 5　　　　D. -5

3. 根据资料3和资料4，甲企业所做的会计分录正确的是（　　）。
   A. 借：应收账款　　　10　　　　B. 借：坏账准备　　　10
   　　贷：坏账准备　　　10　　　　　　贷：应收账款　　　10
   C. 借：信用减值损失　13　　　　D. 借：坏账准备　　　13
   　　贷：坏账准备　　　13　　　　　　贷：信用减值损失　13

4. 根据资料5，甲企业应做的分录是（　　）。
   A. 借：应收账款　　　5　　　　B. 借：坏账准备　　　5
   　　贷：坏账准备　　　5　　　　　　贷：应收账款　　　5
   C. 借：银行存款　　　5　　　　D. 借：应收账款　　　5
   　　贷：应收账款　　　5　　　　　　贷：银行存款　　　5
   E. 借：银行存款　　　5
   　　贷：信用减值损失　5

5. 2018年12月31日，应收账款需要计提的坏账准备为（　　）万元。
   A. 3　　　　B. -3　　　　C. 0　　　　D. 20

参考答案

第三章 存 货

第一节 原材料

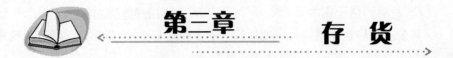

一、单项选择题（下列每小题备选答案中只有一个符合题意的正确答案）

1. 下列各项中，应计入原材料实际成本中的是（　　）。
   A. 入库后的挑选整理费
   B. 入库后的合理损耗
   C. 材料采购过程中因遭受意外灾害发生的净损失
   D. 入库前的合理损耗

2. 甲企业接受一批原材料投资，该批原材料投资时的市场公允价格为100万元，双方协议确定的价值为60万元，适用的增值税税率为13%，甲企业接受投资时原材料的入账价值为（　　）万元。
   A. 100　　B. 85　　C. 60　　D. 113

3. 某工业企业为增值税一般纳税人，采用月末一次加权平均法计算发出原材料的成本。2019年4月1日，甲材料结存200千克，每千克实际成本为220元，4月9日购入甲材料300千克，取得的增值税专用发票上注明的价款为65 400元，增值税税额为8 502元。该公司使用的增值税税率为13%，材料入库前的挑选整理费为300元，材料已验收入库。4月25日发出甲材料400千克。则4月末甲材料的库存余额为（　　）元。
   A. 21 880　　B. 21 940　　C. 22 000　　D. 21 800

4. 甲企业委托乙企业（甲、乙企业均为增值税一般纳税人）加工应税消费品一批，发出材料成本68万元，支付给B企业加工费用5万元，由B企业代收代缴消费税为8万元，材料已经加工完毕验收入库，收回后用于直接销售。该委托加工物资加工后的入库成本为（　　）万元。
   A. 73　　B. 76　　C. 81　　D. 13

5. 材料按实际成本计价核算时，"原材料"账户的借方和贷方登记的均为

(　　)。

  A. 材料的实际成本   B. 材料的计划成本
  C. 材料的估计成本   D. 材料的重置成本

6. 某公司以转账支票购入一批材料，不含税价格为 10 000 元，增值税税率为 13%，材料已验收入库，应编制会计分录为（　　）。

  A. 借：原材料　　10 000   B. 借：原材料　　10 000
    应交税费　　1 300   应交税费　　1 300
   贷：应付票据　　11 300   贷：银行存款　　11 300
  C. 借：原材料　　10 000   D. 借：银行存款　　10 000
   贷：应收票据　　10 000   贷：原材料　　10 000

7. 某公司收到上月份购买的一批 A 材料，实际成本为 60 000 元，并办理了验收入库手续，编制会计分录为（　　）。

  A. 借：原材料——A   60 000
    贷：在途物资——A   60 000
  B. 借：库存商品——A   60 000
    贷：在途物资——A   60 000
  C. 借：原材料——A   60 000
    贷：银行存款   60 000
  D. 借：库存商品——A   60 000
    贷：原材料——A   60 000

8. 某企业采用先进先出法计算发出材料的成本。2018 年 3 月 1 日结存 A 材料 100 吨，每吨实际成本为 400 元；4 月 4 日和 5 月 17 日分别购进 A 材料 300 吨和 400 吨，每吨实际成本分别为 380 元和 420 元；4 月 9 日和 5 月 20 日分别发出 200 吨 A 材料。A 材料 5 月末账面余额为（　　）元。

  A. 168 000   B. 160 000   C. 154 000   D. 156 000

9. 某企业为增值税小规模纳税人，购入 A 材料 800 公斤，每公斤含税单价为 50 元，发生运杂费 2 000 元，途中发生合理损耗 10 公斤，入库前挑选费 250 元，另支付保险费 2 000 元，包装物押金 3 000 元，该批材料实际单位成本为（　　）元。

  A. 55.31   B. 59.81   C. 59.06   D. 56.01

10. 企业月初"原材料"科目借方余额 20 000 元，本月购入原材料的计划成本为 180 000 元，本月发出原材料的计划成本为 150 000 元，"材料成本差异"科目月初贷方余额为 500 元，本月购入材料的超支差为 5 000 元，则本月发出材料应负担的材料成本差异额为（　　）元。

  A. -3 375   B. 3 375   C. -4 500   D. 4 500

二、多项选择题（下列每小题备选答案中有两个或两个以上符合题意的正确答案）

1. 下列各项中，构成增值税一般纳税人外购存货入账价值的有（　　）。
   A. 买价
   B. 购入存货中支付的增值税
   C. 运输途中的合理损耗
   D. 入库前的挑选整理费用

2. 下列关于个别计价法的表述正确的有（　　）。
   A. 假设实物流转与成本流转一致
   B. 按照各种存货逐一辨认发出存货和期末存货所属的购进批别或生产批别，分别按其购入或生产时确定的单位成本计算各批发出存货和期末存货成本
   C. 存货收发频繁的情况下不适宜采用此方法
   D. 成本计算准确

3. 下列关于存货的表述正确的有（　　）。
   A. 存货是企业日常活动中持有的以备出售或耗用的物资
   B. 存货应定期进行清查以保证账面结存数与实际数量相符
   C. 存货在资产负债表日应当按成本与公允价值孰低计量
   D. 生产车间领用存货用于机物料耗用时应当将其成本计入生产成本中

4. 企业盘亏存货时会涉及的会计科目有（　　）。
   A. 其他应付款
   B. 应交税费——应交增值税（进项税额转出）
   C. 营业外支出
   D. 管理费用

5. 某一般纳税人企业，本月购进原材料一批并取得增值税专用发票，不含税价格200万元，应交增值税26万元，销货方代垫运杂费1万元（假定运杂费不考虑税费），货款均以银行存款支付，材料未到。该笔业务可能涉及的账户和金额是（　　）。
   A. 在途物资201万元
   B. 银行存款227万元
   C. 应交税费26万元
   D. 原材料201万元

6. 甲公司为增值税一般纳税人，2019年4月15日与乙公司签订材料采购合同，并按约定预付货款100 000元。5月18日，甲公司收到乙公司发来的材料，取得的增值税专用发票上记载的价款为300 000元，增值税税额为39 000元，甲公司当即以银行存款补付货款。对于上述业务，甲公司应编制的会计分录有（　　）。
   A. 借：原材料　　　　　　　　　　　　　　　　300 000
   　　　应交税费——应交增值税（进项税额）　　 39 000
   　　　　贷：预付账款　　　　　　　　　　　　100 000
   　　　　　　应付账款　　　　　　　　　　　　239 000

B. 借：预付账款　　　　　　　　　　　　　100 000
　　贷：银行存款　　　　　　　　　　　　　　　100 000
C. 借：原材料　　　　　　　　　　　　　　300 000
　　　应交税费——应交增值税（进项税额）　 39 000
　　贷：预付账款　　　　　　　　　　　　　　　339 000
D. 借：预付账款　　　　　　　　　　　　　239 000
　　贷：银行存款　　　　　　　　　　　　　　　239 000

7. 某小规模纳税企业购入材料价税合计 6 380 元，以银行存款支付 3 380 元，余额未付，材料已入库。这一经济业务涉及的账户与金额正确的有（　　）。

A. 原材料 5 500 元　　　　　B. 应收账款 6 380 元
C. 应付账款 3 000 元　　　　D. 银行存款 3 380 元

8. 工业企业结转发出材料成本时，下列会计分录正确的有（　　）。

A. 属于对外销售材料的：借记"其他业务成本"科目，贷记"原材料"科目
B. 属于生产车间生产产品领用材料的：借记"生产成本"，贷记"原材料"科目
C. 属于车间管理部门领用材料的：借记"制造费用"科目，贷记"原材料"科目
D. 属于公司总部行政管理部门领用材料的：借记"管理费用"科目，贷记"原材料"科目

9. 企业的存货通常包括（　　）。

A. 原材料　　B. 包装物　　C. 低值易耗品　　D. 库存商品

10. 在实际成本法下，下列属于材料发出计价方法的有（　　）。

A. 个别计价法　　　　　　　B. 先进先出法
C. 月末一次加权平均法　　　D. 移动加权平均法

三、判断题（正确的用"√"表示，错误的用"×"表示）

1. 如果按照计划成本进行存货核算，则要对存货的计划成本和实际成本之间的差异进行单独核算，最终将计划成本调整为实际成本。（　　）

2. 采用先进先出法核算发出存货成本的，在物价持续上涨时，期末存货成本接近市价，而发出成本偏高，利润偏低。（　　）

3. 工业企业销售外购原材料应通过"其他业务收入"和"其他业务成本"科目核算。（　　）

4. 物价上涨的时候，采用先进先出法核算会低估利润。（　　）

5. 增值税小规模纳税人购进货物支付的增值税直接计入有关货物的成本，且不需要在"应交增值税"明细科目中设置专栏。（　　）

6. "在途物资"账户的期末余额，表示货款尚未支付且尚未验收入库材料的实

际成本。   （   ）

7. 原材料核算的计划成本法通常适用于存货品种较多、收发业务频繁的企业。
                                                                （   ）

8. 材料发出计价采用移动加权平均法时，移动加权平均单价=（期初库存材料实际成本+本期收入材料实际成本）÷（期初库存材料的数量+本期收入材料的数量）。   （   ）

9. 原材料采用计划成本计价，在处理发出业务时并不存在计算确定发出材料单位成本的问题，只需要按事先制定的计划单位成本乘以发出材料数量计算发出材料的计划成本，但在月末须将发出材料的计划成本调整为实际成本。   （   ）

10. 委托加工的应税消费品收回后直接用于销售的，将支付的消费税记入应税消费品的成本，借记"委托加工物资"科目，贷记"银行存款"等科目。（   ）

四、不定项选择题（下列每小题备选答案中有一个或一个以上符合题意的正确答案）

A公司为增值税一般纳税人，适用的增值税税率为13%，原材料采用实际成本法核算，发出材料采用先进先出法计价。2019年6月初，N材料库存50 000千克，金额350 000元，存货跌价准备——N材料贷方金额为10 000元。A公司6月份发生的与N材料有关的业务如下：

1. 5日，购入N材料100 000千克，以银行存款支付价款600 000元，增值税税额为78 000元，材料尚未收到，10日该批N材料运达企业并验收入库。

2. 12日，销售部门领用N材料60 000千克，13日行政管理部门领用N材料10 000千克。

3. 15日，发出N材料40 000千克委托乙公司加工商品，以银行存款支付不含税运费20 000元，增值税税额为1 800元。

4. 25日，因自然灾害导致N材料毁损10 000千克，根据保险合同规定，应由保险公司赔偿20 000元，其余损失由A公司自己承担。

5. 30日，由于市场价格下跌，预计结存N材料的可变现净值为15万元，期初的存货跌价准备未转销。

要求：根据上述资料，假定A公司取得的增值税专用发票已经税务机关认证，不考虑其他因素，分析回答下列问题。

1. 根据资料1，下列各项中，关于A公司6月5日的会计处理正确的是（   ）。

  A. 借：预付账款   678 000
    贷：银行存款   678 000
  B. 借：材料采购   600 000
    应交税费——应交增值税（进项税额）   78 000
    贷：银行存款   678 000

C. 借：在途物资 600 000
  　　应交税费——应交增值税（进项税额） 78 000
  　贷：银行存款 678 000
D. 借：预付账款 600 000
  　　应交税费——应交增值税（进项税额） 78 000
  　贷：银行存款 678 000

2. 根据期初资料、资料1和2，下列各项中，关于A公司领用材料相关科目的会计处理结果正确的是（　　）。

   A. "销售费用"账户借方增加410 000元
   B. "制造费用"账户借方增加60 000元
   C. "管理费用"账户借方增加60 000元
   D. "生产成本"账户借方增加360 000元

3. 根据期初资料、资料1—3，下列各项中，关于A公司15日委托加工业务的会计分录处理结果正确的是（　　）。

   A. "委托加工物资"账户借方增加240 000元
   B. "委托加工物资"账户借方增加260 000元
   C. "原材料"账户借方增加260 000元
   D. "原材料"账户借方增加262 200元

4. 根据期初资料、资料1—4，下列各项中，关于A公司的会计处理正确的是（　　）。

   A. 批准前：
   借：待处理财产损溢 67 800
   　贷：原材料——N 60 000
   　　　应交税费——应交增值税（进项税额）转出 7 800
   B. 批准后：
   借：其他应收款 20 000
   　　管理费用 40 000
   　贷：待处理财产损溢 60 000
   C. 批准前：
   借：待处理财产损溢 60 000
   　贷：原材料——N 60 000
   D. 批准后：
   借：其他应收款 20 000
   　　营业外支出 47 800
   　贷：待处理财产损溢 67 800

5. 根据期初资料、资料1—5，A公司6月末应计提的存货跌价准备为（　　）元。

　　A. -20 000　　B. 20 000　　C. 30 000　　D. 10 000

Ⅱ 巩固题

一、单项选择题（下列每小题备选答案中只有一个符合题意的正确答案）

1. 甲公司为增值税一般纳税企业，2019年7月购入原材料150千克，收到的增值税专用发票上注明价款为900万元、增值税税额为117万元；另发生运输费用，收到的增值税专用发票上注明运输费为9万元、增值税税额为0.81万元；以银行存款支付包装费3万元、途中保险费用2.7万元。该批原材料的入账价值为（　　）万元。

　　A. 911.7　　B. 912　　C. 914.07　　D. 914.70

2. 某企业为增值税一般纳税人，增值税税率为13%，销售一批原材料，价税合计为5 650元，该批材料计划成本为4 500元，材料成本差异率为2%。不考虑其他因素，销售材料应确认的损益为（　　）元。

　　A. 5 000　　B. 4 590　　C. 410　　D. 1 210

3. 甲公司材料采用计划成本法核算。月初结存材料计划成本为200万元，材料成本差异为节约20万元，当月购入材料一批，实际成本为135万元，计划成本为150万元，领用材料的计划成本为180万元。领用材料的实际成本为（　　）万元。

　　A. 170　　B. 162　　C. 153　　D. 187

4. 甲企业委托乙企业（甲、乙企业均为增值税一般纳税人）加工应税消费品一批，发出材料成本68万元，支付给B企业加工费用5万元，由B企业代收代缴消费税为8万元，材料已经加工完毕验收入库，收回后继续加工。该委托加工物资加工后的入库成本为（　　）万元。

　　A. 73　　B. 76　　C. 81　　D. 13

5. 甲企业与乙企业均为增值税一般纳税人，甲公司委托乙公司加工一批材料（属于应税消费品），收回后继续用于生产应税消费品，甲公司发出原材料实际成本为100万元。加工完成后，甲公司支付加工费20万元（不含增值税），并取得增值税专用发票，增值税税率为13%，消费税税率为10%。不考虑其他因素，甲公司收回该批委托加工物资的入账价值为（　　）万元。

　　A. 116.85　　B. 136.33　　C. 120　　D. 139.73

6. 某公司月初结存甲材料15吨，单价8 300元。本月购入情况如下：3日购入5吨，单价8 500元；17日购入10吨，单价8 000元。本月领用情况如下：10

日领用 10 吨，28 日领用 10 吨。A 公司采用移动加权平均法计算发出存货成本。则月末结存材料成本为（　　）元。

  A. 81 750 B. 83 500 C. 83 000 D. 85 000

  7. 甲企业对材料采用计划成本核算。2018 年 12 月 1 日，结存材料的计划成本为 400 万元，材料成本差异贷方余额为 4 万元；本月入库材料的计划成本为 2 000 万元，材料成本差异借方发生额为 10 万元；本月发出材料的计划成本为 1 500 万元。该企业 2018 年 12 月 31 日结存材料的实际成本为（　　）万元。

  A. 798 B. 904.5 C. 902.25 D. 906

  8. 某企业为增值税一般纳税人，适用的增值税税率为 13%，2019 年 4 月 5 日购入材料一批，增值税专用发票上注明的价款为 30 000 元，增值税为 3 900 元，运输途中合理损耗 3%，材料入库前的挑选整理费为 300 元，材料已验收入库。则该企业取得的材料入账价值为（　　）元。

  A. 30 000 B. 34 200 C. 33 900 D. 30 300

  9. 甲公司为增值税一般纳税人，采用月末一次加权平均法计算发出原材料的成本。2019 年 4 月 1 日，A 材料结存 200 公斤，每公斤实际成本为 100 元，4 月 9 日购入 A 材料 300 公斤，取得的增值税专用发票上注明的价款为 31 700 元，增值税税额为 4 121 元。该公司适用的增值税税率为 13%，材料入库前的挑选整理费为 300 元，材料已验收入库。4 月 25 日发出 A 材料 400 公斤。则 4 月末 A 材料的库存余额为（　　）元。

  A. 10 000 B. 10 500 C. 10 400 D. 10 667

  二、多项选择题（下列每小题备选答案中有两个或两个以上符合题意的正确答案）

  1. 企业采用计划成本核算发出存货成本，需要设置"材料成本差异"科目，下列关于"材料成本差异"科目的表述正确的有（　　）。

  A. 其借方登记购入材料负担的超值差异
  B. 其贷方登记的是节约差
  C. 其借方登记的是结转的超支差
  D. 其贷方登记的是结转的超支差

  2. 下列各项中，增值税一般纳税企业应计入收回委托加工物资成本的有（　　）。

  A. 支付的加工费
  B. 随同加工费支付的增值税
  C. 支付的收回后继续加工应税消费品的委托加工物资的消费税
  D. 支付的收回后直接销售的委托加工物资的消费税

  3. 企业因购买材料、商品或接受劳务等开出商业承兑汇票时下列各项中可能记入借方的有（　　）。

A. 材料采购　　B. 原材料　　　C. 库存商品　　　D. 应付票据

4. 甲公司为增值税一般纳税人，购入材料一批，不含税价格 30 000 元，增值税进项税额 3 900 元，运杂费 1 200 元（不含税），增值税进项税额 108 元，材料验收入库，货款暂欠。这项业务涉及的账户及金额为（　　）。

　　A. 应交税费——应交增值税（进项税额）4 008 元

　　B. 原材料 31 200 元

　　C. 管理费用 1 200 元

　　D. 应付账款 35 208 元

5. "材料成本差异"账户贷方登记的内容有（　　）。

　　A. 购进材料实际成本小于计划成本的差额

　　B. 发出材料应负担的超支差额

　　C. 发出材料应负担的节约差额

　　D. 购进材料实际成本大于计划成本的差额

6. 下列关于材料计价方法的表述，正确的是（　　）。

　　A. 个别认定法一般适用于那些容易识别、材料品种数量少、单位成本较高、同类产品但存在较大差异的材料计价

　　B. 先进先出法的特点是使材料的账面结存成本接近于近期市场价格

　　C. 月末一次加权平均法只能在月末得出加权平均单价，因此本月发出材料和结存材料的成本也只能在月末才能计算

　　D. 移动加权平均法只能在月末得出加权平均单价，因此本月发出材料和结存材料的成本也只能在月末才能计算

7. 原材料按计划成本计价时可能涉及的账户有（　　）。

　　A. 材料采购　　　　　　　B. 在途物资

　　C. 材料成本差异　　　　　D. 原材料

8. 下列关于原材料日常核算的表述，正确的有（　　）。

　　A. 原材料日常核算分为按实际成本法计价的核算和按计划成本法计价的核算

　　B. 采用实际成本法计价是指每种存货的日常收、发、存核算均按实际成本计价

　　C. 采用计划成本计价是指每种存货的日常收、发、存核算都按预先确定的计划成本计价

　　D. 计划成本法计价适用于规模较小、存货品种较少、采购业务不多的企业

9. 企业的原材料主要包括（　　）。

　　A. 原料及主要材料　　　　B. 辅助材料

　　C. 外购半成品　　　　　　D. 修理用备件

10. 下列可以计入外购原材料成本中的税金是（　　）。

A. 关税
B. 消费税
C. 资源税
D. 不能从增值税销项税额中抵扣的增值税进项税

三、判断题（正确的用"√"表示，错误的用"×"表示）

1. 在货款尚未支付，材料已经验收入库的情况下，期末按照材料暂估价先入账，等到发票账单收回后，按照差额入账即可。（　　）

2. 存货采购入库后发生的存储费用，应在发生时计入当期损益，但是在生产过程中为达到下一个生产阶段所必需的仓储费用应计入存货成本。（　　）

3. 原材料采用计划成本法核算的，购入的材料无论是否验收入库，均需先通过"材料采购"科目进行核算。（　　）

4. 原材料核算的实际成本法通常适用于存货品种较多、收发业务频繁的企业。（　　）

5. 原材料采用计划成本法计价下，月末结转材料成本差异时，对超支差异借记"材料成本差异"科目，贷记"材料采购"科目；对节约差异借记"材料采购"科目，贷记"材料成本差异"科目。（　　）

6. 企业将多余材料出售时，按实际收到的款项，借记"银行存款"科目，按原材料出售收入贷记"主营业务收入"科目，按增值税发票所列的增值税税额，贷记"应交税费——应交增值税（销项税额）"科目。（　　）

7. 企业因处置多余材料，结转成本时，借记"其他业务成本"科目，贷记"原材料"科目。（　　）

8. 先进先出法可以随时结转材料的发出成本，有利于加强材料的管理。但先进先出法比较繁琐，如果材料收发业务较多，单价不稳定，则工作量较大。（　　）

9. 自制的原材料主要是指企业经过一定生产过程加工并已检验合格交付仓库的各种材料。自制原材料验收入库，借记"原材料"科目，贷记"生产成本——基本生产成本"科目。（　　）

10. 委托加工的应税消费品收回后用于继续加工的，支付的消费税款可以抵扣销售环节应缴纳的消费税，借记"委托加工物资"科目，贷记"银行存款"等科目。（　　）

四、不定项选择题（下列每小题备选答案中有一个或一个以上符合题意的正确答案）

甲公司将生产应税消费品 A 产品所用原材料委托乙公司加工，乙公司属于专门从事加工业务的企业。甲、乙公司均为增值税一般纳税人，增值税税率为 13%。

1. 5月8日，甲公司发出材料实际成本为 24 700 元，应付加工费为 5 000 元（不含增值税），消费税税率为 10%。

2. 5月17日，收回加工物资并验收入库，另支付往返运杂费100元，增值税税率为10%，加工费及代扣代缴的消费税均未结算，受托方无同类消费品价格。

3. 5月23日，将加工收回的物资投入生产A产品（应税消费品），此外生产A产品过程中发生工资费用9 000元，福利费用1 000元，分配制造费用10 000元。

4. 5月31日，A产品全部完工验收入库。

5. 6月12日，将此次生产的A产品全部销售，售价100 000元（不含增值税），A产品消费税税率为10%。货款尚未收到。

根据上述资料，不考虑其他因素，分析回答下列小题。

1. 根据资料1，乙公司应收取的增值税为（　　）元。
   A. 650　　　B. 3 211　　　C. 3 861　　　D. 4 290

2. 根据资料1，乙公司应收取的消费税为（　　）元。
   A. 2 470　　　B. 2 970　　　C. 3 300　　　D. 500

3. 根据资料1、3、5，甲公司有关消费税会计处理正确的是（　　）。
   A. 委托加工的应交消费税，借记"委托加工物资"，贷记"应付账款"
   B. 委托加工的应交消费税，借记"应交税费——应交消费税"，贷记"应付账款"
   C. 销售A产品的应交消费税，借记"应收账款"，贷记"应交税费——应交消费税"
   D. 销售A产品的应交消费税，借记"税金及附加"，贷记"应交税费——应交消费税"

4. 关于甲公司的表述正确的是（　　）。
   A. 加工环节支付的消费税应计入委托加工物资
   B. 收回加工物资的入账成本为29 800元
   C. A产品完工入库的成本为49 800元
   D. 销售A产品发生的消费税金额为10 000元，应计入税金及附加科目

参考答案

第二节 周转材料

Ⅰ 基础题

一、单项选择题（下列每小题备选答案中只有一个符合题意的正确答案）

1. 下列关于低值易耗品的说法，不正确的是（   ）。
   A. 低值易耗品应通过"周转材料"科目核算
   B. 低值易耗品符合存货定义和条件的，通常应当按照使用次数分次计入成本费用
   C. 金额较小的低值易耗品，可在领用时计入成本费用
   D. 摊销低值易耗品的价值时，均应计入管理费用

2. 企业对随同商品出售不单独计价的包装物进行会计处理时，该包装物的实际成本应结转到（   ）。
   A. "制造费用"科目
   B. "销售费用"科目
   C. "管理费用"科目
   D. "其他业务成本"科目

3. 五五摊销法主要适用于（   ）的周转材料。
   A. 使用期限较长、单位价值较高
   B. 使用期限较长、单位价值较低
   C. 使用期限较短、单位价值较高
   D. 使用期限较短、单位价值较低

4. 一次转销法主要适用于（   ）的周转材料。
   A. 价值较低或极易损坏
   B. 价值较高或极易损坏
   C. 价值较低或不易损坏
   D. 价值较高或不易损坏

5. 下列各项中，不属于企业存货核算范围的是（   ）。
   A. 在产品
   B. 工程物资
   C. 为包装商品储备的包装物
   D. 周转材料

二、多项选择题（下列每小题备选答案中有两个或两个以上符合题意的正确答案）

1. 下列各项中，关于周转材料会计处理正确的是（   ）。
   A. 多次使用的包装物应根据使用次数分次进行摊销
   B. 低值易耗品金额较小的可在领用时一次计入成本费用
   C. 随同商品销售出借的包装物的摊销额应计入管理费用
   D. 随同商品出售单独计价的包装物取得的收入应计入其他业务收入

2. 下列各项中，制造业企业应记入"其他业务成本"的有（   ）。
   A. 销售材料的成本
   B. 出售单独计价包装物的成本

C. 出售包装物的成本　　　　　　D. 经营租赁出租设备计提的折旧

3. 甲公司销售 A 产品同时领用包装物 1 000 件，每件成本 20 元，该包装物不单独计价，该业务涉及的账户及其增减变化是（　　）。

　　A. "销售费用"账户增加 20 000 元　　B. "生产成本"账户增加 20 000 元
　　C. "周转材料"账户减少 20 000 元　　D. "原材料"账户增加 20 000 元

4. 甲公司某车间为生产 A 产品而领用包装木箱，木箱成本为 40 000 元，该业务可能涉及的账户及其金额为（　　）。

　　A. "销售费用"账户增加 40 000 元　　B. "生产成本"账户增加 40 000 元
　　C. "周转材料"账户减少 40 000 元　　D. "原材料"账户增加 40 000 元

5. 甲公司随同产品出售领取包装木箱，成本 40 000 元，不含税售价 45 000 元，增值税税率为 16%，款项已经收到，则下列会计分录正确的是（　　）。

　　A. 借：银行存款　　　　　　　　　　　　　　　　　50 850
　　　　　贷：其他业务收入　　　　　　　　　　　　　　45 000
　　　　　　　应交税费——应交增值税（销项税额）　　　5 850
　　B. 借：银行存款　　　　　　　　　　　　　　　　　50 850
　　　　　贷：主营业务收入　　　　　　　　　　　　　　45 000
　　　　　　　应交税费——应交增值税（销项税额）　　　5 850
　　C. 借：其他业务成本　　　　　　　　　　　　　　　40 000
　　　　　贷：周转材料——包装物　　　　　　　　　　　40 000
　　D. 借：主营业务成本　　　　　　　　　　　　　　　40 000
　　　　　贷：周转材料——包装物　　　　　　　　　　　40 000

6. 某企业周转材料采用实际成本核算，生产车间领用低值易耗品一批，实际成本为 5 000 元，估计使用次数为 2 次，采用分次摊销法进行摊销，低值易耗品第二次摊销的会计处理正确的有（　　）。

　　A. 借：周转材料——低值易耗品——在用　　　　　5 000
　　　　　贷：周转材料——低值易耗品——在库　　　　5 000
　　B. 借：制造费用　　　　　　　　　　　　　　　　5 000
　　　　　贷：周转材料——低值易耗品——在库　　　　5 000
　　C. 借：制造费用　　　　　　　　　　　　　　　　2 500
　　　　　贷：周转材料——低值易耗品——摊销　　　　2 500
　　D. 借：周转材料——低值易耗品——摊销　　　　　5 000
　　　　　贷：周转材料——低值易耗品——在用　　　　5 000

三、判断题（正确的用"√"表示，错误的用"×"表示）

1. 企业对包装物采用计划成本核算，对于随同商品出售而不单独计价的包装物，企业应在发出该包装物时，按计划成本计入销售费用。　　　　　　（　　）

2. 在采用一次转销法摊销包装物价值时，出租、出借包装物一经发出，其价值就在账面上注销，以后收回已使用过的出租、出借包装物时，即使尚可继续使用，也不再作价入账，也不需要设置备查簿进行登记。（　　）

四、不定项选择题（下列每小题备选答案中有一个或一个以上符合题意的正确答案）

某企业对存货进行清查，清查结果及批准处理情况如下：

1. 发现盘盈低值易耗品5件，实际单位成本为400元。

2. 发现盘亏B原材料400千克，单位计划成本为100元，材料成本差异率为2%，其购进时的增值税税额为5 304元。

3. 发现毁损C产品100件，每件实际成本为400元，其应负担的增值税为3 200元。

4. 上述原因已查明：低值易耗品盘盈是由收发计量差错造成的；原材料短缺是由管理制度不健全造成的；产品毁损是由台风造成的，其残料回收作价1 000元，可获保险公司赔偿20 000元。经厂长会议批准后，对上述清查结果做出处理。

根据上述资料回答下列问题。

1. 根据资料1，该企业应做的会计分录是（　　）。

  A. 借：周转材料——低值易耗品　　　　　　　　　　　　2 000
    贷：待处理财产损溢——待处理流动资产损溢　　　　　　2 000

  B. 借：待处理财产损溢——待处理流动资产损溢　　　　　2 000
    贷：周转材料——低值易耗品　　　　　　　　　　　　2 000

  C. 借：周转材料——低值易耗品　　　　　　　　　　　　2 000
    贷：营业外收入　　　　　　　　　　　　　　　　　　2 000

  D. 借：周转材料——低值易耗品　　　　　　　　　　　　2 000
    贷：管理费用　　　　　　　　　　　　　　　　　　　2 000

2. 根据资料2，盘亏的原材料的实际成本为（　　）元。

  A. 40 800　　　B. 39 200　　　C. 40 000　　　D. 46 104

3. 根据资料2，该企业应做的会计分录是（　　）。

  A. 借：待处理财产损溢——待处理流动资产损溢　　　　39 200
    材料成本差异　　　　　　　　　　　　　　　　　　800
    贷：原材料　　　　　　　　　　　　　　　　　　40 000

  B. 借：待处理财产损溢——待处理流动资产损溢　　　　40 800
    贷：原材料——B　　　　　　　　　　　　　　　　40 000
     材料成本差异　　　　　　　　　　　　　　　　　800

  C. 借：原材料——B　　　　　　　　　　　　　　　　40 000
    材料成本差异　　　　　　　　　　　　　　　　　　800
    贷：处理财产损溢——待处理流动资产损溢　　　　40 800

  D. 借：处理财产损溢——待处理流动资产损溢　　　　　46 104

　　　　　贷：原材料——B　　　　　　　　　　　　　　　　　40 800
　　　　　　　应交税费——应交增值税（进项税额转出）　　 5 304
4. 根据资料3，该企业应做的会计分录是（　　）。
　　A. 借：处理财产损溢——待处理流动资产损溢　　　　　40 000
　　　　贷：库存商品　　　　　　　　　　　　　　　　　　40 000
　　B. 借：处理财产损溢——待处理流动资产损溢　　　　　40 000
　　　　贷：库存商品　　　　　　　　　　　　　　　　　　40 000
　　　　　　应交税费——应交增值税（销项税额）　　　　　3 200
　　C. 借：处理财产损溢——待处理流动资产损溢　　　　　40 000
　　　　贷：库存商品　　　　　　　　　　　　　　　　　　40 000
　　　　　　应交税费——应交增值税（进项税额）　　　　　3 200
　　D. 借：处理财产损溢——待处理流动资产损溢　　　　　43 200
　　　　贷：库存商品　　　　　　　　　　　　　　　　　　40 000
　　　　　　应交税费——应交增值税（进项税额转出）　　　3 200
5. 根据资料4，甲企业应做的会计分录是（　　）。
　　A. 借：待处理财产损溢——待处理流动资产损溢　　　　2 000
　　　　贷：管理费用　　　　　　　　　　　　　　　　　　2 000
　　B. 借：管理费用　　　　　　　　　　　　　　　　　　46 104
　　　　贷：待处理财产损溢——待处理流动资产损溢　　　　40 800
　　　　　　应交税费——应交增值税（进项税额转出）　　　5 304
　　C. 借：其他应收款——保险公司　　　　　　　　　　　20 000
　　　　　原材料　　　　　　　　　　　　　　　　　　　　1 000
　　　　　营业外支出　　　　　　　　　　　　　　　　　　22 200
　　　　贷：待处理财产损溢——待处理流动资产损溢　　　　40 000
　　　　　　应交税费——应交增值税（进项税额转出）　　　3 200
　　D. 借：其他应收款——保险公司　　　　　　　　　　　20 000
　　　　　原材料　　　　　　　　　　　　　　　　　　　　1 000
　　　　　营业外支出　　　　　　　　　　　　　　　　　　19 000
　　　　贷：待处理财产损溢——待处理流动资产损溢　　　　40 000

Ⅱ 巩固题

一、单项选择题（下列每小题备选答案中只有一个符合题意的正确答案）
1. 企业出借给购买单位使用的包装物的摊销额应当计入（　　）科目中。
　　A. 销售费用　　　B. 生产成本　　　C. 其他业务成本　　　D. 管理费用

2. 企业销售随同商品出售单独计价的包装物一批，该批包装物的计划成本为30 000元，材料成本差异率为-2%，则需要计入（　　）。
   A. 其他业务成本29 400元　　　　B. 销售费用29 400元
   C. 其他业务成本30 600元　　　　D. 销售费用30 600元
3. 下列关于低值易耗品、委托加工物资、包装物等的表述，正确的是（　　）。
   A. 随同商品销售出借的包装物的摊销额应计入其他业务成本
   B. 随同商品出售单独计价的包装物取得的收入应计入主营业务收入
   C. 多次使用的包装物应根据使用次数分次进行摊销，低值易耗品金额较小的可在领用时一次计入成本费用
   D. 某企业收回委托加工应税消费品的材料一批，原材料成本500万元，加工费20万元，增值税80万元，消费税25万元，收回的材料要连续生产应税消费品，这批材料的入账价值为545万元
4. 企业结转的随同商品出售而不单独计价的包装物成本，应列入的利润表项目是（　　）。
   A. 销售费用　　　　　　　　　　B. 营业务支出
   C. 管理费用　　　　　　　　　　D. 营业成本
5. 对于价值较低或极易损坏的低值易耗品，应采用的摊销方法是（　　）。
   A. 五五摊销法　B. 分次摊销法　　C. 一次转销法　　D. 计划成本法

二、多项选择题（下列每小题备选答案中有两个或两个以上符合题意的正确答案）

1. 下列关于包装物的核算，表述不正确的有（　　）。
   A. 生产过程中用于包装产品的包装物成本应当计入生产成本中
   B. 随同商品出售而不单独计价的包装物成本应当计入生产成本中
   C. 随同商品出售单独计价的包装物成本应当计入销售费用中
   D. 出租给购买单位使用的包装物成本应当计入销售费用中
2. 企业的周转材料主要包括（　　）。
   A. 包装物　　　　　　　　　　　B. 低值易耗品
   C. 建筑施工企业的钢模板、木模板　D. 其他周转材料
3. 企业低值易耗品的摊销方法有（　　）。
   A. 一次转销法　B. 五五摊销法　　C. 年限平均法　　D. 工作量法
4. 采用一次转销法时，在领用低值易耗品时，将其全部价值计入有关的成本费用，借记（　　）。
   A. 制造费用　　B. 管理费用　　　C. 销售费用　　　D. 财务费用
5. 低值易耗品在采用五五摊销法进行核算时可能涉及的科目有（　　）。
   A. 周转材料——在库低值易耗品　　B. 周转材料——在用低值易耗品
   C. 周转材料——低值易耗品摊销　　D. 制造费用

三、判断题（正确的用"√"表示，错误的用"×"表示）

1. 企业租入包装物支付的押金，应计入其他业务成本。　　　　　　　（　　）
2. 如果企业领用低值易耗品的金额较小，可以在领用时一次计入成本费用中。
　　　　　　　　　　　　　　　　　　　　　　　　　　　　　　　（　　）
3. 随同商品出售单独计价的包装物成本应计入其他业务成本。　　　　（　　）
4. 低值易耗品在摊销完毕时，"周转材料——低值易耗品"明细科目的余额应为0。　　　　　　　　　　　　　　　　　　　　　　　　　　　　（　　）

四、不定项选择题（下列每小题备选答案中有一个或一个以上符合题意的正确答案）

某工厂基本生产车间3月份领用工具20件，每件成本200元，采用五五摊销法。5月份，有10件专用工具报废，残值100元入库。

根据上述资料，回答下列问题。

1. 该工厂领用的工具，进行账务处理可能涉及的账户有（　　）。
   A. 周转材料　　B. 低值易耗品　　C. 制造费用　　D. 管理费用
2. 下列应计入周转材料科目的有（　　）。
   A. 专用工具　　B. 管理用具　　C. 劳动保护用品　　D. 包装容器
3. 该工厂3月份所作的会计分录，正确的是（　　）。
   A. 借：周转材料——低值易耗品——在用　　　　　4 000
      　　贷：周转材料——低值易耗品——在库　　　　　4 000
   B. 借：制造费用　　　　　　　　　　　　　　　　2 000
      　　贷：周转材料——低值易耗品——摊销　　　　　2 000
   C. 借：管理费用　　　　　　　　　　　　　　　　2 000
      　　贷：周转材料——低值易耗品——摊销　　　　　2 000
   D. 借：制造费用　　　　　　　　　　　　　　　　2 000
      　　贷：周转材料——低值易耗品　　　　　　　　　2 000
4. 该工厂5月份所作的会计分录，正确的是（　　）。
   A. 借：制造费用　　　　　　　　　　　　　　　　2 000
      　　贷：周转材料——低值易耗品——摊销　　　　　2 000
   B. 借：制造费用　　　　　　　　　　　　　　　　1 000
      　　贷：周转材料——低值易耗品——摊销　　　　　1 000
   C. 借：周转材料——低值易耗品——摊销　　　　　2 000
      　　贷：周转材料——低值易耗品——在用　　　　　2 000
   D. 借：周转材料——低值易耗品——摊销　　　　　4 000
      　　贷：周转材料——低值易耗品——在用　　　　　4 000
   E. 借：周转材料——低值易耗品——摊销　　　　　2 000
      　　　原材料　　　　　　　　　　　　　　　　　　100

        贷：周转材料——低值易耗品——在用   2 000
            制造费用   100
5. 该工厂 5 月末"周转材料——低值易耗品——在用"的余额是（　　）元。
    A. 2 000   B. 4 000   C. 4 100   D. 2 100

参考答案

第三节 库存商品

I 基础题

一、单项选择题（下列每小题备选答案中只有一个符合题意的正确答案）

1. 某商品流通企业为增值税一般纳税人。该企业2019年4月采购甲商品100件，每件售价4万元，取得的增值税专用发票上注明的增值税税额为52万元，另支付采购费用20万元。该企业采购该批商品的总成本为（　　）万元。

　　A. 400　　　　B. 420　　　　C. 452　　　　D. 472

2. 某企业库存商品采用售价金额法核算。该企业2019年5月初库存商品售价总额为14.4万元，进销差价率为15%，本月购入库存商品进价成本总额为18万元，售价总额为21.6万元，本月销售商品收入为20万元。该企业本月销售商品的实际成本为（　　）万元。

　　A. 20　　　　B. 16.8　　　　C. 17　　　　D. 16

3. 某企业采用托收承付结算方式销售一批商品，增值税专用发票注明的价款为1 000万元，增值税税额为130万元，该企业销售商品为客户代垫运输费5万元，全部款项已办妥托收手续。该企业应确认的应收账款为（　　）万元。

　　A. 1 000　　　B. 1 005　　　C. 1 130　　　D. 1 135

4. 某商场库存商品采用售价金额核算法进行核算。2019年5月初，库存商品的进价成本为34万元，售价总额为45万元。当月购进商品的进价成本为126万元，售价总额为155万元。当月销售收入为130万元。该企业月末结存商品的实际成本为（　　）万元。

　　A. 30　　　　B. 56　　　　C. 104　　　　D. 130

5. 甲公司库存商品采用毛利率法进行核算，月初结存库存商品200万元，本月购入库存商品300万元，本月销售库存商品取得不含税收入220万元，上季度该类库存商品的毛利率为20%，则该公司月末结存库存商品的成本为（　　）万元。

　　A. 280　　　　B. 324　　　　C. 224　　　　D. 242

6. 某商贸企业属于增值税一般纳税人，采用售价金额核算法核算库存商品。2018年5月初库存商品成本为1 200万元，售价总额为1 500万元，本月购进商品进价成本为1 000万元，售价总额为1 250万元，本月销售收入1 130万元（含税），则月末结存库存商品的实际成本为（　　）万元。

　　A. 1 200　　　B. 1 750　　　C. 1 620　　　D. 1 400

二、多项选择题（下列每小题备选答案中有两个或两个以上符合题意的正确答案）

1. 下列关于毛利率法的表述正确的有（   ）。
   A. 该方法适用于商品流通企业
   B. 该方法适用于经营商品品种繁多的企业
   C. 该方法要求同类商品的毛利率大致相同
   D. 该方法不能满足对存货管理的需要

2. 商品流通企业的库存商品，通常采用的核算方法有（   ）。
   A. 毛利率法　　B. 计划成本法　　C. 售价金额核算法　　D. 先进先出法

3. 关于存货成本，下列表述正确的有（   ）。
   A. 商品流通企业采购商品的进货费用金额较小的，可以不计入存货成本
   B. 委托加工物资发生的加工费用应计入委托加工物资成本
   C. 商品流通企业发生的进货费用可先进行归集，期末根据所购商品的存销情况进行分摊
   D. 企业为特定客户设计的产品直接发生的设计费用应计入产品成本

4. A公司在2019年8月8日向B公司销售一批商品，开出的增值税专用发票上注明的售价为100万元，增值税税率为13万元。该批商品成本为60万元。为尽早收回货款，A公司和B公司约定的现金折扣条件为：2/10，1/20，n/30。B公司在2019年8月11日支付货款。2019年9月11日，该批商品因质量问题被B公司退回，A公司当日支付有关退货款。假定计算现金折扣时不考虑增值税，则A公司在2019年9月11日的会计处理正确的有（   ）。
   A. A公司应冲减当期主营业务收入100万元
   B. A公司应冲减主营业务成本60万元
   C. A公司应贷记财务费用2万元
   D. A公司应向B公司支付退货款113万元

三、判断题（正确的用"√"表示，错误的用"×"表示）

1. 商品流通企业在采购商品过程中发生的运杂费等进货费用应当计入存货采购成本，进货费用数额较小的，也可以在发生时直接计入当期费用。（   ）

2. 已完成销售手续但购买单位尚未提取的商品，企业应当作为代管商品，在代管商品备查簿中进行登记备查。（   ）

3. 商品流通企业采购商品过程中发生的进货费用应计入当期损益，不计入存货成本。（   ）

四、不定项选择题（下列每小题备选答案中有一个或一个以上符合题意的正确答案）

甲公司为增值税一般纳税人，适用的增值税税率为13%。商品销售价格不含增值税，在确认销售收入时逐笔结转销售成本。假定不考虑其他相关税费。2019

年 6 月份发生下列销售业务：

1. 3 日，向乙公司销售商品 1 000 件，每件商品的标价为 100 元，成本 50 元。为了鼓励多购商品，甲公司同意给予 A 公司 10% 的商业折扣。商品已发出，货款已收存银行。

2. 5 日，向丙公司销售商品一批，开出的增值税专用发票上注明的售价为 60 000 元，增值税税额为 7 800 元，商品实际成本 40 000 元，已计提存货跌价准备 5 000 元。甲公司为了及早收回货款，在合同中规定的现金折扣条件为：2/10，1/20，n/30。

3. 13 日，收到丙公司扣除享受现金折扣后的全部款项，并存入银行。假定计算现金折扣时不考虑增值税。

4. 15 日，向丁公司销售商品一批，开出的增值税专用发票上注明的售价为 100 000 元，增值税税额为 13 000 元。货款尚未收到。

5. 20 日，丁公司发现 15 日所购商品不符合合同规定的质量标准，要求甲公司在价格上给予 8% 的销售折让。甲公司经查明后，同意给予折让，开具红字增值税专用发票。

6. 25 日，因部分商品的规格与合同不符，乙公司退回所购商品 200 件。当日甲公司按规定向 A 公司开具红字增值税专用发票，销售退回允许抵减当期增值税销项税额，退回商品已验收入库，通过银行转账支付了退货款。

根据上述资料，不考虑其他因素，分析回答下列小题。

1. 根据资料 1，下列说法正确的是（　　）。
   A. 对于商业折扣应该按照扣除商业折扣后的金额确认收入
   B. 商业折扣应该按照折扣额计入财务费用
   C. 甲公司在发生商业折扣后实际收到的银行存款金额应该为 101 700 元
   D. 发生商业折扣后，结转商品成本时需要按折扣比例冲减成本

2. 根据资料 2、3，下列表述不正确的是（　　）。
   A. 甲公司确认的收入不考虑现金折扣金额
   B. 甲公司在结转商品成本的同时，应将存货跌价准备转出
   C. 甲公司应确认财务费用 1 200 元
   D. 应将发生的现金折扣直接冲减当期的主营业务收入

3. 根据资料 4、5，下列处理正确的是（　　）。
   A. 资料 4 中，甲公司应确认应收账款 113 000 元
   B. 已经确认收入的销售商品发生的销售折让应该冲减当期的主营业务收入
   C. 甲公司收到丁公司转来的增值税专用发票后应冲减 1 040 元的销项税额
   D. 已经确认收入的销售商品发生的销售折让应计入财务费用

4. 关于销售商品中产生的销售退回和销售折让，下列说法正确的是（　　）。
   A. 两者都需要冲减主营业务收入

B. 两者都需要冲减主营业务成本，并转回结转的商品

C. 两者都不冲减主营业务收入

D. 销售退回需要冲减主营业务成本即转回结转的商品成本

E. 销售折让无须冲减主营业务成本即无须转回结转的商品成本

5. 根据资料6，下列账务处理正确的是（　　）。

A. 借：主营业务收入　　　　　　　　　　　　　　　　18 000
　　　应交税费——应交增值税（销项税额）　　　　　 2 340
　　　贷：银行存款　　　　　　　　　　　　　　　　　　　　20 340

B. 借：主营业务收入　　　　　　　　　　　　　　　　18 000
　　　应交税费——应交增值税（进项税额）　　　　　 2 340
　　　贷：银行存款　　　　　　　　　　　　　　　　　　　　20 340

C. 借：管理费用　　　　　　　　　　　　　　　　　　10 000
　　　贷：库存商品　　　　　　　　　　　　　　　　　　　　10 000

D. 借：库存商品　　　　　　　　　　　　　　　　　　10 000
　　　贷：主营业务成本　　　　　　　　　　　　　　　　　　10 000

Ⅱ 巩固题

一、单项选择题（下列每小题备选答案中只有一个符合题意的正确答案）

1. 某企业采用毛利率法计算发出存货成本。该企业2015年4月份实际毛利率为20%，5月1日的存货成本为3 000万元，5月份购入存货成本为2 500万元，销售收入为3 000万元，销售退回为500万元。该企业5月末结存存货成本为（　　）万元。

A. 1 300　　　B. 1 900　　　C. 2 110　　　D. 3 500

2. 某商场采用售价金额核算法对库存商品进行核算。本月月初库存商品进价成本总额为30万元，售价总额为46万元；本月购进商品进价成本总额为40万元，售价总额为54万元；本月销售商品售价总额为80万元。不考虑相关税费，该商场本月销售商品的实际成本为（　　）万元。

A. 46　　　B. 56　　　C. 70　　　D. 80

3. 下列各项中，属于企业在产品的是（　　）。

A. 企业销售的自制半成品

B. 未经验收入库的在产品

C. 已经验收入库的外购材料

D. 已经完成全部生产过程并已验收入库的产品

4. 关于存货成本，下列表述不正确的是（　　）。

A. 汽车在运输煤炭过程中自然散落的部分应从成本中扣除
B. 企业采购商品的进货费用金额较小的,可以在发生时直接计入当期损益
C. 商品流通企业对于已售商品的进货费用,应将其计入当期损益
D. 企业为特定客户设计的产品直接发生的设计费用应计入产品成本

5. 某商场采用毛利率法计算期末存货成本,甲商品5月1日期初成本为3 600万元,本月购入成本为6 000万元,当月销售收入为6 800万元。该商品第一季度毛利率为25%。则该商品5月31日期末结存成本为( )万元。
A. 4 500 B. 2 800 C. 7 900 D. 5 400

二、多项选择题（下列每小题备选答案中有两个或两个以上符合题意的正确答案）

1. 下列关于毛利率法的说法,正确的是( )。
A. 毛利率 = 销售毛利/销售额 × 100%
B. 销售净额 = 商品销售收入 – 销售退回与折让
C. 销售毛利 = 销售额 × 毛利率
D. 销售成本 = 销售额 – 销售毛利

2. 下列关于售价金额核算法的说法,正确的是( )。
A. 商品进销差价率 = (期初库存商品进销差价 + 本期购入商品进销差价) ÷ (期初库存商品售价 + 本期购入商品售价)
B. 本期销售商品应分摊的商品进销差价 = 本期商品销售收入 × 商品进销差价率
C. 本期销售商品的成本 = 本期商品销售收入 – 本期销售商品应分摊的商品进销差价
D. 期末结转商品的成本 = 期初库存商品的进价成本 + 本期购进商品的进价成本 – 本期销售商品的成本

3. 对于商品流通企业在采购商品过程中发生的运输费、装卸费、保险费以及其他可归属于存货采购成本的费用,下列说法正确的有( )。
A. 可以先进行归集,期末再根据所购商品的存销情况分别进行分摊
B. 可以直接计入存货成本
C. 采购商品的进货费用金额较小的,也可在发生时直接计入当期损益
D. 如果先进行归集,则期末分摊时,将已售商品的进货费用计入当期损益;将未售商品的进货费用计入期末存货成本

三、判断题（正确的用"√"表示,错误的用"×"表示）

1. 如果企业的商品进销差价率各期之间是比较均衡的,也可以采用上期商品的进销差价率分摊本期的商品进销差价,但是年度终了应对商品进销差价进行核实调整。 ( )

2. 采用售价金额核算法核算库存商品时,期末结存商品的实际成本为本期商

品销售收入乘以商品进销差价率。   (   )

四、不定项选择题（下列每小题备选答案中有一个或一个以上符合题意的正确答案）

案例材料：

1. 某商场采用毛利率法进行核算，3月1日库存化妆品600万元，每箱成本3万元；本月购进2 700万元；本月销售收入为3 000万元，每箱售价5万元。

2. 某商场采用售价金额核算法进行核算，3月初库存化妆品的进价成本为60万元，售价金额为100万元，本月购进该商品的进价成本为150万元，售价总额为200万元，本月销售收入为180万元。

根据上述资料，回答下列问题。

1. 毛利率法适用于（   ）。
   A. 工业企业　　B. 商业批发企业　　C. 商业零售企业　　D. 中小企业

2. 售价金额核算法适用于（   ）。
   A. 工业企业　　B. 商业批发企业　　C. 商业零售企业　　D. 中小企业

3. 根据资料1，该商场的毛利率为（   ）。
   A. 40%　　　　B. 60%　　　　C. 30%　　　　D. 50%

4. 根据资料2，商品进销差价率的影响因素有（   ）。
   A. 期初库存商品进销差价　　　　B. 本期购入商品进销差价
   C. 期初库存商品售价　　　　　　D. 本期购入商品售价

5. 根据资料2，期末库存化妆品的成本是（   ）万元。
   A. 54　　　　B. 126　　　　C. 84　　　　D. 72

参考答案

第四节 存货清查与减值

Ⅰ 基础题

一、单项选择题（下列每小题备选答案中只有一个符合题意的正确答案）

1. A公司发出存货时采用先进先出法，2018年8月初库存商品N的账面余额为600万元，已提存货跌价准备60万元，本月购入N商品的成本为430万元，本月销售N商品结转成本500万元，期末结余存货的预计售价为500万元，预计销售税费为70万元，则当年末应计提存货跌价准备为（　　）万元。
   A. 85　　　　B. 51　　　　C. 90　　　　D. 80

2. 甲公司2018年12月1日库存商品借方余额为1 200万元，对应的存货跌价准备贷方余额为30万元，当期销售库存商品结转的成本为400万元，当期完工入库的库存商品成本为500万元。12月31日库存商品的可变现净值为1 290万元，则12月31日需要计提的存货跌价准备为（　　）万元。
   A. 20　　　　B. 0　　　　C. -20　　　　D. -10

3. 下列关于存货可变现净值的表述，正确的是（　　）。
   A. 可变现净值等于存货的市场销售价格
   B. 可变现净值等于销售存货产生的现金流入
   C. 可变现净值等于销售存货产生现金流入的现值
   D. 可变现净值是确认存货跌价准备的重要依据之一

4. 2018年12月1日，甲公司与乙公司签订了一项不可撤销的销售合同，约定甲公司于2019年1月12日以每吨2万元的价格（不含增值税）向乙公司销售M产品200吨。2018年12月，甲公司库存该产品300吨，单位成本为1.8万元，单位市场销售价格为1.5万元（不含增值税）。甲公司预计销售上述300吨库存产品将发生销售费用和其他相关税费30万元。不考虑其他因素，2018年12月31日，上述300吨库存产品的账面价值为（　　）万元。
   A. 560　　　　B. 520　　　　C. 540　　　　D. 500

5. 某企业是增值税一般纳税人，企业因火灾（管理不善引起）原因盘亏一批材料16 000元，增值税2 080元。收到各种赔款1 500元，残料入库100元。报经批准后，应计入管理费用的金额为（　　）元。
   A. 16 480　　　　B. 14 400　　　　C. 14 500　　　　D. 17 980

6. 某企业2018年12月31日库存零部件60套用于生产甲产品，每套零部件的账面成本为12万元，零部件市场价格为10万元。该批零部件可用于加工60件甲产品，将每套零部件加工成甲产品尚需投入10万元。甲产品2018年12月31日的市场价格为每件20万元，估计销售过程中每件将发生销售费用及相关税费2万元。该零部件此前未计提存货跌价准备，甲公司2018年12月31日对该配件应计提的存货跌价准备为（　　）万元。

    A. 120　　　　B. 0　　　　C. 240　　　　D. 100

7. 某企业本期期末盘亏原材料一批，已经查明原因属于自然损耗。经批准后，会计人员应编制的会计分录为（　　）。

    A. 借：待处理财产损溢　　　　B. 借：待处理财产损溢
       贷：原材料　　　　　　　　　　贷：管理费用
    C. 借：管理费用　　　　　　　D. 借：营业外支出
       贷：待处理财产损溢　　　　　　贷：待处理财产损溢

8. 对财产清查结果进行账务处理的主要目的是保证（　　）。

    A. 账表相符　　B. 账账相符　　C. 账实相符　　D. 账证相符

9. 企业财产清查时，发现存货账实不符。下列会计处理，正确的是（　　）。

    A. 直接计入管理费用　　　　　B. 先调整账面记录
    C. 不做任何调整，继续查明原因　　D. 直接计入营业外支出

10. 对于盘亏、毁损的存货，经批准后进行账务处理时，不可能涉及的借方账户有（　　）。

    A. 原材料　　B. 营业外支出　　C. 营业外收入　　D. 其他应收款

二、多项选择题（下列每小题备选答案中有两个或两个以上符合题意的正确答案）

1. 下列关于存货减值的表述正确的有（　　）。

    A. 资产负债表日，存货应当按成本与可变现净值孰低计量
    B. 可变现净值的特征表现为存货的预计未来净现金流量
    C. 以前减记存货价值的影响因素已经消失的，应在原计提存货跌价准备金额范围内转回
    D. 已计提减值准备的存货出售时，应将所匹配的存货跌价准备一并结转

2. 下列关于企业计提存货跌价准备的表述正确的有（　　）。

    A. 当存货的成本低于可变现净值时，存货按成本计价
    B. 企业计提存货跌价准备会减少企业当期营业利润
    C. 计提存货跌价准备的影响因素消失，价值恢复时应在原计提的跌价准备金额内转回
    D. 转回存货跌价准备时，将转回的金额计入管理费用中

3. 关于存货清查，下列表述正确的有（　　）。

    A. 盘盈的存货净收益一般应计入营业外收入
    B. 存货盘盈或盘亏均应通过"待处理财产损溢"科目

C. 管理不善造成存货盘亏的净损失应计入管理费用

D. 自然灾害造成存货盘亏的净损失应计入营业外支出

4. 企业对财产清查中发现的盘盈存货进行的会计处理，正确的有（　　）。

　　A. 发生存货盘盈首先进行调账，达到账实相符

　　B. 盘盈存货按管理权限报经批准后计入管理费用

　　C. 盘盈存货按管理权限报经批准后计入营业外收入

　　D. 盘盈存货会增加营业利润

5. 下列各项中，企业在判断存货成本与可变现净值孰低时，可作为存货成本确凿证据的有（　　）。

　　A. 外来原始凭证　　　　　　B. 生产成本资料

　　C. 生产预算资料　　　　　　D. 生产成本账簿记录

6. 下列各项业务中，会引起存货账面价值增减变动的有（　　）。

　　A. 委托外单位加工发出材料　　B. 发生的存货盘盈

　　C. 计提存货跌价准备　　　　　D. 转回存货跌价准备

7. 下列有关存货会计处理的表述，正确的是（　　）。

　　A. 随商品出售单独计价的包装物成本，计入其他业务成本

　　B. 一般纳税人进口原材料交纳的增值税，不计入相关原材料的成本

　　C. 结转商品销售成本时，将相关存货跌价准备调整主营业务成本

　　D. 资产负债表日，只要存货的可变现净值高于成本，就应将之前计提的存货跌价准备予以转回

8. 下列各项中，关于存货盘亏或毁损的处理，正确的有（　　）。

　　A. 因管理不善造成的存货净损失计入管理费用

　　B. 因自然灾害等非正常原因造成的存货净损失计入营业外支出

　　C. 因收发计量差错造成的存货净损失应计入管理费用

　　D. 因自然灾害造成的存货毁损，其进项税额应予以转出

9. 下列各项应在"待处理财产损溢"科目借方登记的有（　　）。

　　A. 财产物资盘亏、毁损的金额　　B. 财产物资盘盈的金额

　　C. 财产物资盘亏的转销额　　　　D. 财产物资盘盈的转销额

10. 下列关于"存货跌价准备"账户的说法，正确的是（　　）。

　　A. 属于资产备抵类账户　　　　B. 增加在贷方

　　C. 减少在借方　　　　　　　　D. 余额在贷方

三、判断题（正确的用"√"表示，错误的用"×"表示）

1. 企业外购原材料采用实际成本计价，月末如果货物已收到但发票账单未到应当在备查簿中进行登记以保证账实相符。（　　）

2. 企业购入材料在运输途中发生的合理损耗应从材料成本中扣除。（　　）

3. 存货的可变现净值是指存货的估计售价减去至完工时估计将要发生的成本、

估计的销售费用及税费后的金额。　　　　　　　　　　　　　　　（　　）

4. 可变现净值的特征表现为存货的售价或合同。　　　　　　　　（　　）

5. 企业已计提跌价准备的存货在结转销售成本时，应一并结转相关的存货跌价准备。　　　　　　　　　　　　　　　　　　　　　　　　　（　　）

6. 企业持有的存货发生减值的，减值损失一经确认，即使以后期间价值得以回升，也不得转回。　　　　　　　　　　　　　　　　　　　　　（　　）

7. 某企业期末发现盘盈一批饲料，未查明盘盈原因，则批准后应记入"营业外收入"。　　　　　　　　　　　　　　　　　　　　　　　　　　（　　）

8. 在财产物资的变动和结存实际情况与账簿记录不一致时，企业应依据盘点实有数量调整账面数量。　　　　　　　　　　　　　　　　　　　（　　）

9. 存货发生盘亏时，一般经营性损失或定额内损失，可以记入"营业外支出"账户。　　　　　　　　　　　　　　　　　　　　　　　　　　（　　）

10. 企业计提了存货跌价准备，如果其中有部分存货实现了销售，则企业在结转销售成本时，应同时结转其对应的存货跌价准备。如果按存货类别计提存货跌价准备的，可以不用结转。　　　　　　　　　　　　　　　　　（　　）

11. 企业持有存货的数量多于合同数量的，应以合同价格为基础确定其可变现净值，并与其相对应的成本进行比较，确定存货跌价准备的计提或转回金额。
　　　　　　　　　　　　　　　　　　　　　　　　　　　　　　（　　）

四、不定项选择题（下列每小题备选答案中有一个或一个以上符合题意的正确答案）

　　甲企业为增值税一般纳税人，增值税税率为13%。该企业生产主要耗用一种原材料，该材料按计划成本进行日常核算，计划单位成本为每千克20元。2019年6月初，该企业"银行存款"科目余额为300 000元，"原材料"和"材料成本差异"科目的借方余额分别为30 000元和6 152元。6月份发生如下经济业务：

　　1. 5日，从乙公司购入材料5 000千克，增值税专用发票上注明的销售价格为90 000元，增值税税额为11 700元，全部款项已用银行存款支付，材料尚未到达。

　　2. 8日，从乙公司购入的材料到达，验收入库时发现短缺50千克，经查明，短缺为运输途中合理损耗，按实际数量入库。

　　3. 10日，从丙公司购入材料3 000千克，增值税专用发票上注明的销售价格为57 000元，增值税税额为7 410元，材料已验收入库并且全部款项以银行存款支付。

　　4. 15日，从丁公司购入材料4 000千克，增值税专用发票上注明的销售价格为88 000元，增值税税额为11 440元，材料已验收入库，款项尚未支付。

　　5. 6月份，甲企业领用材料的计划成本总计为84 000元。

　　根据上述资料，假定不考虑其他因素，分析回答下列小题。

　　1. 根据资料1，下列各项中，甲企业向公司购入材料的会计处理结果正确的是

（   ）。

  A. 原材料增加 90 000 元   B. 材料采购增加 90 000 元

  C. 原材料增加 101 700 元   D. 应交税费增加 11 700 元

2. 根据资料 2，甲企业的处理结果正确的是（   ）。

  A. 发生节约差异 9 000 元   B. 发生超支差异 9 000 元

  C. 原材料增加 100 000 元   D. 原材料增加 99 000 元

3. 根据资料 3，下列各项中，甲企业会计处理正确的是（   ）。

  A. 借：原材料   60 000

    贷：材料采购   60 000

  B. 借：原材料   60 000

    应交税费——应交增值税（进项税额） 7 800

    贷：应付账款   67 800

  C. 借：材料采购   57 000

    应交税费——应交增值税（进项税额） 7 410

    贷：银行存款   64 410

  D. 借：材料采购   3 000

    贷：材料成本差异   3 000

4. 根据期初资料和资料 1 至 4，甲企业"原材料"科目借方余额为 269 000 元，下列关于材料成本差异的表述正确的是（   ）。

  A. 当月材料成本差异率为 3.77%

  B. "材料成本差异"科目的借方发生额为 8 000 元

  C. 当月材料成本差异率为 0.8%

  D. "材料成本差异"科目的贷方发生额为 19 000 元

5. 根据期初资料和资料 1 至 5，2019 年 6 月 30 日甲企业相关会计科目期末余额计算结果正确的是（   ）。

  A. "银行存款"科目为 166 110 元 B. "原材料"科目为 153 000 元

  C. "原材料"科目为 186 480 元 D. "银行存款"科目为 133 890 元

Ⅱ 巩固题

一、单项选择题（下列每小题备选答案中只有一个符合题意的正确答案）

1. 下列各项业务中，不会引起存货账面价值增减变动的有（   ）。

  A. 委托外单位加工发出材料 B. 发生的存货盘盈

  C. 计提存货跌价准备   D. 转回存货跌价准备

2. 下列有关存货会计处理的表述，不正确的是（   ）。

A. 随商品出售单独计价的包装物成本，计入其他业务成本

B. 一般纳税人进口原材料交纳的增值税，不计入相关原材料的成本

C. 结转商品销售成本时，将相关存货跌价准备调整主营业务成本

D. 资产负债表日，只要存货的可变现净值高于成本，就应将之前计提的存货跌价准备予以转回

3. 下列各项中，关于存货盘亏或毁损的处理，不正确的有（　　）。

A. 因管理不善造成的存货净损失计入管理费用

B. 因自然灾害等非正常原因造成的存货净损失计入营业外支出

C. 因收发计量差错造成的存货净损失应计入管理费用

D. 因自然灾害造成的存货毁损，其进项税额应予以转出

4. 某企业采用成本与可变现净值孰低法确定期末存货的价值。2018年年初"存货跌价准备"科目的余额为200元。假设2018年12月31日三种存货的成本和可变现净值分别为：甲存货成本6 000元，可变现净值6 000元；乙存货成本1 600元，可变现净值2 300元；丙存货成本6 000元，可变现净值5 600元。该企业12月31日记入"资产减值损失"科目的金额为（　　）元。

A. 借方400　　　B. 借方200　　　C. 贷方100　　　D. 0

5. 某企业采用成本与可变现净值孰低法确定期末存货的价值。2018年年初"存货跌价准备"科目的余额为200元。假设2018年12月31日三种存货的成本和可变现净值分别为：A存货成本6 000元，可变现净值6 000元；B存货成本1 600元，可变现净值1 500元；C存货成本6 000元，可变现净值5 600元。该企业12月31日记入"资产减值损失"科目的金额为（　　）元。

A. 借方300　　　B. 借方500　　　C. 贷方300　　　D. 贷方500

6. 下列各项中，关于企业原材料盘亏及毁损会计处理表述正确的是（　　）。

A. 保管员过失造成的损失，计入管理费用

B. 因台风造成的净损失，计入营业外支出

C. 应由保险公司赔偿的部分，记入营业外收入

D. 经营活动造成的净损失，计入其他业务成本

7. 某企业期末存货实际成本为100万元，可变现净值为90万元，期初"存货跌价准备"账户贷方余额为0，则本期期末计入"资产减值损失"科目的金额为（　　）万元。

A. 借方10　　　B. 0　　　C. 贷方10　　　D. 贷方20

8. 某企业期末存货实际成本为100万元，可变现净值为90万元，期初"存货跌价准备"账户贷方余额为20万元，则本期期末计入"资产减值损失"科目的金额为（　　）万元。

A. 借方10　　　B. 0　　　C. 贷方10　　　D. 贷方20

9. 某企业期末存货实际成本为100万元，可变现净值为80万元，期初"存货

跌价准备"账户贷方余额为20万元，则本期期末计入"资产减值损失"科目的金额为（　　）万元。

　　A. 借方10　　　B. 0　　　　C. 贷方10　　　　D. 贷方20

10. 某企业期末存货实际成本为100万元，可变现净值为70万元，期初"存货跌价准备"账户贷方余额为20万元，则本期期末计入"资产减值损失"科目的金额为（　　）万元。

　　A. 借方10　　　B. 0　　　　C. 贷方10　　　　D. 贷方20

二、多项选择题（下列每小题备选答案中有两个或两个以上符合题意的正确答案）

1. 关于存货的可变现净值的确定，下列各项中正确的有（　　）。
　　A. 备售产成品的可变现净值为该产品的估计售价
　　B. 备售产成品的可变现净值为该产品的估计售价减估计销售税费
　　C. 备售原材料的可变现净值为原材料的估计售价
　　D. 备售原材料的可变现净值为原材料的估计售价减估计销售税费

2. 某企业因自然灾害毁损材料一批，购进时支付价款16 000元，该批材料的进项税额为2 080元。收到保险公司赔款1 500元，残料入库价值100元。不考虑其他因素，下列关于该事项所做的会计分录正确的是（　　）。

　　A. 借：待处理财产损溢　　　　　　　　　　　　16 000
　　　　　贷：原材料　　　　　　　　　　　　　　　　　16 000
　　B. 借：其他应收款　　　　　　　　　　　　　　　1 500
　　　　　原材料　　　　　　　　　　　　　　　　　　100
　　　　　管理费用　　　　　　　　　　　　　　　　14 400
　　　　　贷：待处理财产损溢　　　　　　　　　　　　　16 000
　　C. 借：原材料　　　　　　　　　　　　　　　　16 000
　　　　　贷：待处理财产损溢　　　　　　　　　　　　　16 000
　　D. 借：其他应收款　　　　　　　　　　　　　　　1 500
　　　　　原材料　　　　　　　　　　　　　　　　　　100
　　　　　营业外支出　　　　　　　　　　　　　　　14 400
　　　　　贷：待处理财产损溢　　　　　　　　　　　　　16 000

3. 某公司2018年10月31日库存甲材料账面余额为100 000元，预计可变现净值为95 000元，12月21日该批材料账面余额为100 000元，预计可变现净值为98 000元，在此期间，甲材料没有发生购销业务。下列会计分录正确的有（　　）。

　　A. 10月31日：
　　　　借：管理费用　　　　　　　　　　　　　　　5 000
　　　　　贷：存货跌价准备　　　　　　　　　　　　　　5 000

B. 10月31日：
借：资产减值损失——计提的存货跌价准备　　　　5 000
　　贷：存货跌价准备　　　　　　　　　　　　　　　　　5 000
C. 12月31日：
借：存货跌价准备　　　　　　　　　　　　　　　3 000
　　贷：资产减值损失——计提的存货跌价准备　　　　　　3 000
D. 12月31日：
借：资产减值损失——计提的存货跌价准备　　　　2 000
　　贷：存货跌价准备　　　　　　　　　　　　　　　　　2 000

4. 对于盘亏、毁损的存货，经批准后进行账务处理时，可能涉及的借方账户有（　　）。
　　A. 原材料　　　B. 营业外支出　　　C. 营业外收入　　　D. 其他应收款

5. 下列各项应在"待处理财产损溢"科目贷方登记的有（　　）。
　　A. 财产物资盘亏、毁损的金额　　　B. 财产物资盘盈的金额
　　C. 财产物资盘盈的转销额　　　　　D. 财产物资盘亏的转销额

6. 下列各项中，企业可以采用的发出存货成本计价方法有（　　）。
　　A. 先进先出法　　　　　　　　　B. 移动加权平均法
　　C. 个别计价法　　　　　　　　　D. 成本与可变现净值孰低法

7. 下列各项中，影响企业资产负债表日存货的可变现净值的有（　　）。
　　A. 存货的账面价值
　　B. 销售存货过程中估计的销售费用及相关税费
　　C. 存货的估计售价
　　D. 存货至完工估计将要发生的成本

8. 对于在存货清查中发现的盘亏与毁损，下列会计处理正确的有（　　）。
　　A. 应通过"待处理财产损溢——待处理流动资产损溢"科目核算
　　B. 应在期末结账前查明原因，且在期末结账前处理完毕
　　C. 盘亏或毁损的净额其列支渠道应根据不同的原因，分别计入"管理费用""其他应收款""营业外支出"等科目
　　D. 期末没有经有关管理权限部门批准，"待处理财产损溢——待处理流动资产损溢"科目可能有的余额，应在对外提供财务报告中予以披露

9. 下列关于存货清查、存货减值的表述，正确的有（　　）。
　　A. 某增值税一般纳税企业被盗原材料一批，其成本为100万元，购进原材料时增值税进项税额为13万元；收回残料价值7万元，收到保险公司赔偿款60万元。假定不考虑其他因素，批准前的会计分录是：
　　　借：待处理财产损溢　　　　　　　　　　　　　113
　　　　贷：原材料　　　　　　　　　　　　　　　　　　100

　　　　　应交税费——应交增值税（进项税额转出）　　　　　　13
　　B. 选项 A 经批准后的会计分录是：
借：营业外支出　　　　　　　　　　　　　　　　　46
　　原材料　　　　　　　　　　　　　　　　　　　 7
　　其他应收款　　　　　　　　　　　　　　　　　60
　贷：待处理财产损溢　　　　　　　　　　　　　 113
　　C. 资产负债表日存货应按成本与可变现净值孰低计量，存货成本高于其可变现净值的，应当计提存货跌价准备，计入当期损益
　　D. 以前减记存货价值的影响因素已经消失的，减记的金额不能恢复
10. 在资产负债表日，采用成本与可变现净值孰低计量的是（　　）。
　　A. 原材料　　　B. 库存商品　　　C. 固定资产　　　D. 无形资产

三、判断题（正确的用"√"表示，错误的用"×"表示）

1. 增值税一般纳税人发生的存货的盘亏及毁损，其进项税额需要做转出处理。
　　　　　　　　　　　　　　　　　　　　　　　　　　　　　　（　　）

2. 企业对于已记入"待处理财产损溢"科目的存货盘亏及毁损事项进行会计处理时，对于自然灾害造成的存货净损失，应计入管理费用。　　　（　　）

3. 资产负债表日，对于为生产而持有的材料，不论其生产的产成品的可变现净值是否高于成本，都应将该材料的可变现净值与成本进行比较，确定材料是否发生减值。　　　　　　　　　　　　　　　　　　　　　　　　　（　　）

4. 对于直接用于出售的存货和用于继续加工的存货，企业在确定其可变现净值时应当考虑不同的因素。　　　　　　　　　　　　　　　　　（　　）

5. 存货的可变现净值即为市场的销售价格。　　　　　　　　　　（　　）

6. 存货发生减值时，要计提存货跌价准备，计提存货跌价准备后，当该存货被领用或出售时相应的存货跌价准备也应该转出。　　　　　　　（　　）

7. "待处理财产损溢"科目处理前的借方余额，反映企业尚待处理的财产物资的净溢余额。　　　　　　　　　　　　　　　　　　　　　　　　（　　）

8. 非正常原因造成的存货盘亏净损失批准后应该记入"营业外支出"账户。
　　　　　　　　　　　　　　　　　　　　　　　　　　　　　　（　　）

9. 企业在财产清查过程中，对于财产的盘盈盘亏，在处理建议得到批准前，不得进行任何账务处理。　　　　　　　　　　　　　　　　　　　（　　）

10. 若材料专门用于生产产品，当生产的产品没有减值，但材料可变现净值低于其成本，则期末材料应按照可变现净值计量。　　　　　　　　　（　　）

11. 如果企业销售合同所规定的商品尚未生产出来，但持有专门用于该商品生产的原材料，该原材料的可变现净值应当以其市场价格为基础计算。　（　　）

四、不定项选择题（下列每小题备选答案中有一个或一个以上符合题意的正确答案）

甲企业为增值税一般纳税人，增值税税率为13%，原材料按计划成本法核算。A材料计划单位成本为10元。该企业2019年12月初有关核算资料如下：

"原材料"账户月初借方余额为20 000元，"材料成本差异"账户月初贷方余额1 000元，"材料采购"账户月初借方余额50 000元，"存货跌价准备"账户的月初贷方余额为1 100元（假设上述账户核算的内容均为A材料）。2019年12月份发生如下业务：

1. 12月5日，企业上月已付款的购入A材料5 040千克如数收到，已验收入库，即期初材料采购全部入库。

2. 12月20日，从外地乙公司购入A材料8 000千克，增值税专用发票注明材料价款为80 000元，增值税税额10 400元，运费1 000元（不含税，按照9%计算增值税）。企业已用银行存款支付各种款项，材料尚未到达。

3. 12月25日，从乙公司购入的A材料运达，验收入库时发现短缺50千克，经查明为运输途中合理损耗（定额内自然损耗），按实收数量验收入库。

4. 12月30日，汇总本月发料凭证，共发出A材料9 000千克，全部用于产品生产。

5. 假设A材料本期末的可变现净值为60 000元。

根据上述资料，不考虑其他因素，分析回答下列小题。

1. 根据资料1，下列处理正确的是（　　）。

  A. 借：原材料 50 400
    贷：材料采购 50 000
      材料成本差异 400

  B. 借：材料采购 50 400
    贷：原材料 50 000
      材料成本差异 400

  C. "材料成本差异"在借方，超支400元

  D. "材料成本差异"在贷方，节约400元

2. 根据资料2，下列处理正确的是（　　）。

  A. 运费的进项税额为90元

  B. 借：原材料 81 000
     应交税费——应交增值税（进项税额） 10 490
    贷：银行存款 91 490

  C. 借：材料采购 80 910
     应交税费——应交增值税（进项税额） 10 490
    贷：银行存款 91 400

D. 借：材料采购　　　　　　　　　　　　　　81 000
　　　应交税费——应交增值税（进项税额）　　10 490
　　贷：银行存款　　　　　　　　　　　　　　　　　91 490

3. 根据资料3，下列处理不正确的是（　　）。

　A. 合理损耗不影响原材料的单位成本

　B. 合理损耗应计入实际采购成本中

　C. 合理损耗金额应由运输企业承担赔偿责任

　D. 原材料入账金额为 79 500 元

4. 根据资料4，发出材料的实际成本为（　　）元。（差异率保留4位小数）

　A. 89 849.99　　B. 90 060　　　C. 90 060.03　　D. 89 500

5. 根据资料1至5，下列关于月末的处理，正确的是（　　）。

　A. 期末需要计提减值准备

　B. 期末应冲减减值准备 60.03 元

　C. 期末应冲减减值准备 139.97 元

　D. 期末需计提减值准备 139.97 元

参考答案

第四章 固定资产

Ⅰ 基础题

一、单项选择题（下列每小题备选答案中只有一个符合题意的正确答案）

1. 下列各项中属于企业固定资产的是（　　）。
   A. 工业企业外购价值很低的生产工具
   B. 房地产开发企业开发待售的商品房
   C. 商贸企业销售的电脑
   D. 4S 店自用小汽车

2. 某企业为增值税一般纳税人，购入生产用设备一台，增值税专用发票上注明价款 10 万元，增值税 1.3 万元，发生运费取得增值税专用发票注明运费 0.5 万元，发生保险费取得增值税专用发票注明保险费 0.3 万元，则该设备取得时的成本为（　　）万元。
   A. 10　　B. 10.868　　C. 10.8　　D. 12.468

3. 某企业购入一台需要安装的生产设备，取得的增值税专用发票上注明的设备买价为 60 000 元，增值税款为 7 800 元，支付的运输费为 1 200 元，相关增值税为 108 元，设备安装时支付有关人员工资费用 2 500 元，则该项固定资产的成本为（　　）元。
   A. 60 000　　B. 69 600　　C. 70 800　　D. 63 700

4. 某企业以 400 万元购入 A、B、C 三项没有单独标价的固定资产，这三项资产的公允价值分别为 180 万元、140 万元和 160 万元，则 A 固定资产的入账成本为（　　）万元。
   A. 150　　B. 180　　C. 130　　D. 125

5. 下列各项中，需要计提折旧的是（　　）。
   A. 经营租入的设备　　B. 已交付但尚未使用的设备
   C. 提前报废的固定资产　　D. 已提足折旧仍继续使用的设备

6. 年数总和法下，年折旧率的计算公式是（　　）。
   A. 年折旧率 = 2 ÷ 预计使用寿命 × 100%
   B. 年折旧率 = 尚可使用年限 ÷ 预计使用年限的年数总和 × 100%

C. 年折旧率 =（1 - 预计净残值率）÷ 预计使用年限 × 100%

D. 年折旧率 = 固定资产原值 ×（1 - 预计净残值率）÷ 预计年总工作量

7. 某企业购进一台旧设备，该设备原账面价值为 100 万元，累计折旧 30 万元，原安装费用 10 万元。该企业支付购买价款 60 万元，支付运杂费 10 万元，另外发生安装调试费用 20 万元。购进该设备的入账价值为（　　）万元。

  A. 60　　　　B. 100　　　　C. 90　　　　D. 110

8. 某企业 2018 年 12 月购入需要安装的生产设备一台，价款 10 000 元，增值税 1 300 元，安装中领用生产用材料实际成本为 2 000 元，领用自产库存商品，实际成本 1 800 元，售价为 2 500 元，安装完毕达到预定可使用状态。该企业为一般纳税人，适用增值税税率为 13%。则该固定资产入账价值是（　　）元。

  A. 14 820　　B. 14 400　　C. 14 900　　D. 13 800

9. 购入需要安装的生产设备的增值税进项税额应计入（　　）。

  A. 应交税费　　　　　　　B. 固定资产

  C. 营业外支出　　　　　　D. 在建工程

10. 企业以一笔款项购入多项没有单独标价的固定资产，各项固定资产的成本应当按（　　）。

  A. 各项固定资产的公允价值确定

  B. 各项同类固定资产的历史成本确定

  C. 各项同类固定资产的历史成本比例对总成本进行分配后确定

  D. 各项固定资产的公允价值比例对总成本进行分配后确定

二、多项选择题（下列每小题备选答案中有两个或两个以上符合题意的正确答案）

1. 下列各项中应计入固定资产成本的是（　　）。

  A. 资产进行修理发生的薪酬费用

  B. 固定资产安装过程中领用原材料所负担的增值税

  C. 固定资产达到可使用状态前发生的专门借款利息

  D. 固定资产改扩建中领用的工程物资

2. 下列各项中，会引起固定资产账面价值发生变化的有（　　）。

  A. 固定资产经营性出租　　　B. 计提固定资产减值

  C. 固定资产报废　　　　　　D. 固定资产日常维修

3. 一般纳税人企业购入的生产用设备，其价值构成包括（　　）。

  A. 买价　　　　　　　　　　B. 支付的增值税税额

  C. 运输费　　　　　　　　　D. 安装调试费

4. 下列关于工业企业取得固定资产的会计核算表述正确的有（　　）。

  A. 企业应当按照取得固定资产的实际成本加相关费用作为固定资产的取得成本

B. 一般纳税人外购生产用动产设备负担的增值税不需计入取得成本

C. 外购需安装才能使用的固定资产须通过在建工程归集相关成本

D. 企业以一笔款项购入多项没有单独标价的固定资产，应按各项固定资产公允价值的比例对总成本进行分配

5. 下列税金中应计入一般纳税人生产用固定资产入账价值的有（　　）。

A. 印花税　　　B. 关税　　　C. 车辆购置税　　　D. 增值税

6. 企业持有的下列固定资产不需计提折旧的有（　　）。

A. 闲置的厂房　　　　　　　B. 单独计价入账的土地

C. 改扩建停用的机器设备　　D. 已提足折旧仍继续使用的办公电脑

7. 下列各项中，应计提固定资产折旧的有（　　）。

A. 经营租入的设备

B. 融资租入的办公楼

C. 已投入使用但未办理竣工决算的厂房

D. 已达到预定可使用状态但未投产的生产线

8. 下列关于固定资产折旧的表述正确的有（　　）。

A. 当月增加固定资产当月不提折旧，从下月起计提折旧

B. 提前报废的固定资产不需补提尚未提取的折旧

C. 暂估入账的固定资产办理竣工决算后不需要调整原已计提的折旧

D. 企业至少每年年末对固定资产的折旧方法进行复核

9. 按照现行会计制度的规定，企业可以采用的固定资产折旧方法有（　　）。

A. 工作量法　　　　　　B. 平均年限法

C. 年数总和法　　　　　D. 双倍余额递减法

10. 下列属于加速折旧法的是（　　）。

A. 平均年限法　　　　　B. 工作量法

C. 双倍余额递减法　　　D. 年数总和法

三、判断题（正确的用"√"表示，错误的用"×"表示）

1. 固定资产的入账价值构成应包括构建某项固定资产达到可使用状态前所发生的一切合理、必要支出。（　　）

2. 存放在企业的机器设备都应通过"固定资产"账户核算。（　　）

3. 固定资产是企业为生产产品、提供劳务、出租或经营管理而持有的资产，这是区别于无形资产的重要标志。（　　）

4. 企业外购需安装的固定资产应先通过在建工程归集安装项目的支出，待安装完成时将在建工程借方归集的金额转入固定资产中。（　　）

5. 企业购入不需安装的固定资产，应按实际支付的价款、相关税费以及使固定资产达到预定可使用状态前的合理必要支出作为固定资产的入账成本。（　　）

6. 企业以一笔款项购入多项没有单独标价的固定资产，应将各项资产单独确

认为固定资产,并按照各资产公允价值的比例对总成本进行分配,分别确定各项固定资产的成本。（　　）

7. 即使固定资产的不同组成部分能给企业带来经济利益的预期实现方式不同,也应作为一项固定资产处理。（　　）

8. 企业发生固定资产改扩建支出且符合资本化条件的,应计入相应在建工程成本。（　　）

9. 企业将固定资产对外出售,收取的增值税不会影响最终计入损益的金额。（　　）

10. 固定资产减值准备一经计提,以后期间不得转回。（　　）

四、不定项选择题（下列每小题备选答案中有一个或一个以上符合题意的正确答案）

甲公司为从事机械设备加工生产与销售的一般纳税人,适用的增值税税率为13%,2019年度至2020年度发生的有关固定资产业务如下:

1. 2019年12月20日,甲公司从乙公司一次购进三台不同型号且具有不同生产能力的A设备、B设备和C设备,共支付价款4 000万元,增值税税额为520万元,包装费及运杂费30万元,另支付A设备安装费18万元,B、C设备不需要安装,同时,支付购置合同签订、差旅费等相关费用2万元,全部款项已由银行存款支付,当月A设备安装完毕达到预定可使用状态。

2. 2019年12月28日三台设备均达到预定可使用状态,三台设备的公允价值分别为2 000万元、1 800万元和1 200万元。该公司按每台设备公允价值的比例对支付的价款进行分配,并分别确定其入账价值。

3. 三台设备预计的使用年限均为5年,预计净残值率为2%,使用双倍余额递减法计提折旧。

4. 2020年3月份,支付A设备、B设备和C设备日常维修费用分别为1.2万元、0.5万元和0.3万元。

5. 2020年12月31日,对固定资产进行减值测试,发现B设备实际运行效率和生产能力已完全达不到预计的状况,存在减值迹象,其预计可收回金额低于账面价值120万元,其他各项固定资产未发生减值迹象。

根据上述资料,不考虑其他因素,分析回答下列小题。

1. 根据资料1、2,下列各项中,关于固定资产取得的会计处理表述正确的是（　　）。

　　A. 固定资产应按公允价值进行初始计量
　　B. 支付的相关增值税额不应计入固定资产的取得成本
　　C. 固定资产取得成本与其公允价值差额应计入当期损益
　　D. 购买价款、包装费、运输费、安装费等费用应计入固定资产的取得成本

2. 根据资料1、2,下列各项中,计算结果正确的是（　　）。

A. A 设备的入账价值为 1 612 万元

B. B 设备的入账价值为 1 450.8 万元

C. C 设备的入账价值为 967.2 万元

D. A 设备分配购进固定资产总价款的比例为 40%

3. 根据资料 1、2，固定资产购置业务引起下列科目增减变动正确的是（　　）。

A. "银行存款"减少 4 050 万元

B. "管理费用"增加 2 万元

C. "制造费用"增加 2 万元

D. "应交税费"——应交增值税（进项税额）增加 520 万元

4. 根据资料 3，下列各项中，关于甲公司固定资产折旧表述正确的是（　　）。

A. 前 3 年计提折旧所使用的折旧率为 40%

B. A 设备 2019 年度应计提折旧额为 652 万元

C. B 设备 2019 年度应计提折旧额为 580.32 万元

D. 计提前 3 年折旧额时不需要考虑残值的影响

5. 根据资料 4，甲公司支付设备日常维修费引起下列科目变动正确的是（　　）。

A. "固定资产"增加 2 万元　　B. "管理费用"增加 2 万元

C. "在建工程"增加 2 万元　　D. "营业外支出"增加 2 万元

Ⅱ 巩固题

一、单项选择题（下列每小题备选答案中只有一个符合题意的正确答案）

1. 甲公司为增值税一般纳税人，2019 年 4 月 2 日购入需安装的生产用机器设备一台，支付价款 100 万元，增值税 13 万元。安装过程中领用本公司自产产品一批，该批产品成本为 5 万元，公允价值为 8 万元。2019 年 4 月 22 日安装结束，固定资产达到预定可使用状态。则甲公司该固定资产的入账金额为（　　）万元。

A. 105.85　　　　　　　　B. 105

C. 106.36　　　　　　　　D. 109.36

2. 增值税一般纳税企业自建仓库一幢，购入工程物资 200 万元，增值税税额为 26 万元，已全部用于建造仓库；耗用库存原材料 50 万元，购入时的增值税税额为 4.5 万元；支付建筑工人工资 36 万元。该仓库建造完成并达到预定可使用状态，其入账价值为（　　）万元。

A. 250　　　　　　　　　B. 294

C. 286　　　　　　　　　D. 326

3. 采用出包方式建造固定资产时,对于按合同规定预付的工程价款应借记的会计科目是( )。

　　A. 在建工程　　B. 固定资产　　C. 工程物资　　D. 预付账款

4. 下列关于企业计提固定资产折旧会计处理的表述,不正确的是( )。

　　A. 对管理部门使用的固定资产计提的折旧应计入管理费用

　　B. 对财务部门使用的固定资产计提的折旧应计入财务费用

　　C. 对生产车间使用的固定资产计提的折旧应计入制造费用

　　D. 对专设销售机构使用的固定资产计提的折旧应计入销售费用

5. 甲公司有货车1辆,采用工作量法计提折旧。原值为200 000元,预计使用10年,每年行驶里程60 000公里,净残值率为5%,当月行驶里程4 000公里,该运输车的当月折旧额为( )元。

　　A. 1 266.67　　B. 12 666.67　　C. 1 333.33　　D. 3 000

6. 一台设备原值350万元,预计使用年限5年,预计净残率为5%,采用双倍余额递减法计提折旧,则5年内计提折旧总额为( )万元。

　　A. 350　　B. 332.5　　C. 140　　D. 287

7. 某项固定资产原值为40 000元,预计净残值2 000元,折旧年限为4年,采用年数总和法计提折旧,则第三年折旧额为( )元。

　　A. 7 600　　B. 8 000　　C. 3 800　　D. 12 000

8. 企业扩建一条生产线,该生产线原价为1 000万元,已提折旧300万元,扩建生产线发生相关支出800万元,且满足固定资产确认条件,不考虑其他因素,该生产线扩建后的入账价值为( )万元。

　　A. 1 000　　B. 800　　C. 1 800　　D. 1 500

9. 下列企业设备更新改造的有关会计处理,说法不正确的是( )。

　　A. 更新改造时被替换部件的账面价值应当终止确认

　　B. 更新改造时发生的支出应当直接计入当期损益

　　C. 更新改造时替换部件的成本应当计入设备的成本

　　D. 更新改造时发生的支出符合资本化条件的应当予以资本化

10. 某企业出售一栋建筑物,账面原价2 100 000元,已提折旧210 000元,出售时发生清理费用21 000元,出售价格2 058 000元。不考虑相关税费,该企业出售此建筑物发生的净损益为( )元。

　　A. 45 150　　B. 44 100　　C. 147 000　　D. 168 000

二、多项选择题(下列每小题备选答案中有两个或两个以上符合题意的正确答案)

1. 企业固定资产是通过建造方式完成的,下列关于企业建造固定资产的表述正确的有( )。

　　A. 企业自行建造固定资产,应按建造固定资产达到预定可使用状态前所发

生的必要支出作为固定资产的入账成本

B. 企业自建固定资产项目领用本企业外购的原材料，按原材料成本计入工程成本

C. 企业建造固定资产采用出包方式的，在工程没有达到预定可使用状态前支付的出包款均应计入在建工程中

D. 建造固定资产过程中工程领用本企业自产产品，按产品成本计入工程成本

2. 在采用自营方式建造办公楼的情况下，下列项目中应计入办公楼成本的有（　　）。

A. 企业行政管理部门为组织和管理生产经营活动而发生的费用

B. 工程领用本企业自产产品涉及的增值税销项税额

C. 生产车间为工程提供的水、电等费用

D. 工程项目耗用的工程物资

3. 企业计提固定资产折旧时，下列会计分录正确的有（　　）。

A. 计提行政管理部门固定资产折旧：借记"管理费用"科目，贷记"累计折旧"科目

B. 计提生产车间固定资产折旧：借记"制造费用"科目，贷记"累计折旧"科目

C. 计提专设销售机构固定资产折旧：借记"销售费用"科目，贷记"累计折旧"科目

D. 计提自建工程使用的固定资产折旧：借记"在建工程"科目，贷记"累计折旧"科目

4. 下列各项中，影响固定资产折旧的因素有（　　）。

A. 固定资产原价　　　　　　B. 固定资产的预计使用寿命
C. 固定资产预计净残值　　　D. 已计提的固定资产减值准备

5. 下列各项中，关于工业企业固定资产折旧会计处理表述正确的是（　　）。

A. 基本生产车间使用的固定资产，其计提的折旧应计入制造费用

B. 经营租出的固定资产，其计提的折旧应计入其他业务成本

C. 建造厂房时使用的自有固定资产，其计提的折旧应计入在建工程成本

D. 行政管理部门使用的固定资产，其计提的折旧应计入管理费用

6. 下列有关固定资产折旧表述不正确的有（　　）。

A. 当月增加的固定资产，当月不提折旧，从下月起计提折旧；当月减少的固定资产，当月不提折旧

B. 固定资产的折旧方法一经确定，不得变更

C. 应计折旧额是指应当计提折旧的固定资产原价扣除其预计净残值后的金额，已计提减值准备的，还应当扣除减值准备的累计金额

D. 双倍余额递减法在计提折旧时不考虑预计净残值的影响因素

7. 某项设备原值为 100 000 元,净残值率为 5%,预计可使用 10 年。该设备采用双倍余额递减法和年数总和法计算的第二年折旧额分别为（　　）元。
   A. 16 000
   B. 15 390
   C. 15 200
   D. 15 542

8. 固定资产费用化的后续支出可以计入（　　）。
   A. 管理费用
   B. 制造费用
   C. 销售费用
   D. 财务费用

9. 下列业务需要通过"在建工程"账户核算的有（　　）。
   A. 不需安装的固定资产
   B. 需要安装的固定资产
   C. 房屋改扩建工程
   D. 费用化的固定资产后续支出

10. 下列各项中,应通过"固定资产清理"科目核算的有（　　）。
    A. 盘亏的固定资产
    B. 改扩建的固定资产
    C. 报废的固定资产
    D. 毁损的固定资产

三、判断题（正确的用"√"表示,错误的用"×"表示）

1. 企业以经营租赁方式租入的固定资产,应按租赁期与该固定资产剩余使用年限孰低原则计提折旧。（　　）

2. 固定资产提足折旧后,不论是否继续使用,均不再计提折旧,但是提前报废的固定资产需将尚未提足的折旧一次性提足。（　　）

3. 企业固定资产的使用寿命、预计净残值一经确定,不得变更。（　　）

4. 企业应当对已提足折旧外的所有的固定资产计提折旧。（　　）

5. 固定资产当月增加当月不提折旧,当月减少当月照常计提折旧。（　　）

6. 企业对经营租入的固定资产和融资租入的固定资产均应按照自有资产计提折旧。（　　）

7. 企业生产车间发生的固定资产日常修理费用应确认为制造费用。（　　）

8. 企业取得固定资产发生与之有关的员工培训费需要计入固定资产成本,但专业人员的服务费应当计入当期损益。（　　）

9. 固定资产在出包工程方式建造下,"在建工程"科目主要反映企业与建造承包商办理工程价款结算的情况。（　　）

10. 企业自营工程建造固定资产领用本企业自产产品,应当计算增值税销项税额,将其计入工程成本中。（　　）

四、不定项选择题（下列每小题备选答案中有一个或一个以上符合题意的正确答案）

甲公司（增值税一般纳税人）2019 年 10 月 18 日以银行转账方式购入需安装的生产用机器设备一台,取得增值税专用发票注明的价款为 3 000 万元,增值税税额为 390 万元,支付运费取得运费增值税专用发票注明的运费为 100 万元,增值税税额为9万元,支付保险费10万元。

1. 安装过程中发生安装费60万元,领用本企业原材料成本为100万元,领用本企业一批产品成本为180万元,该批产品的市场售价为200万元,发生安装人员薪酬50万元。

2. 2019年12月1日该机器设备达到预定可使用状态。甲公司预计该机器设备的使用年限为5年,预计净残值为175万元,采用年限平均法计提折旧。

3. 2020年12月31日该机器设备预计未来现金流量的现值为2 800万元,公允价值减去处置费用后的净额为2 780万元。甲公司对该设备的预计使用年限、预计净残值及折旧方法保持不变。

4. 2021年12月31日该机器设备预计未来现金流量现值为2 500万元,公允价值减去处置费用后的净额为2 580万元。

根据以上资料,不考虑其他因素,分析回答下列问题。(会计分录中金额单位用万元表示)

1. 甲公司购入该机器设备时的账务处理正确的是（　　）。

  A. 借：在建工程　　　　　　　　　　　　　　　　　　3 000
    应交税费——应交增值税（进项税额）　　　　　390
    贷：银行存款　　　　　　　　　　　　　　　　　　3 390

  B. 借：在建工程　　　　　　　　　　　　　　　　　　3 110
    应交税费——应交增值税　（进项税额）　　　　399
    贷：银行存款　　　　　　　　　　　　　　　　　　3 509

  C. 借：在建工程　　　　　　　　　　　　　　　　　　3 100
    应交税费——应交增值税（进项税额）　　　　　399
    贷：银行存款　　　　　　　　　　　　　　　　　　3 499

  D. 借：在建工程　　　　　　　　　　　　　　　　　　3 119
    应交税费——应交增值税（进项税额）　　　　　390
    贷：银行存款　　　　　　　　　　　　　　　　　　3 509

2. 下列关于甲公司在机器设备安装过程中的会计处理表述不正确的是(　　)。

  A. 甲公司领用本企业外购原材料用于机器设备的安装应当将原材料负担的增值税进行转出处理

  B. 甲公司领用本企业生产的产品用于机器设备的安装应当直接按产品的成本计入在建工程中

  C. 甲公司固定资产的入账价值为3 500万元

  D. 甲公司固定资产的入账价值为3 675万元

3. 甲公司对该机器设备2019年应计提的折旧金额为（　　）万元。

  A. 656.25　　　　　　　　　　　　B. 665
  C. 700　　　　　　　　　　　　　　D. 668.4

4. 甲公司对该机器设备2020年应计提的折旧金额为（　　）万元。
   A. 668.4　　　　　　　　B. 651.25
   C. 665　　　　　　　　　D. 656.25
5. 下列关于甲公司对该机器设备持有期间的会计处理表述正确的是（　　）。
   A. 固定资产计提折旧的金额应计入制造费用
   B. 固定资产在资产负债表日的可收回金额应按该固定资产预计未来现金流量现值与公允价值减去处置费用后的净额孰高原则确认
   C. 固定资产减值准备经确认在以后会计期间不得转回
   D. 固定资产发生减值后应重新估计固定资产的预计使用年限、预计净残值和折旧方法

参考答案

第五章 投资

第一节 交易性金融资产

Ⅰ 基础题

一、单项选择题（下列每小题备选答案中只有一个符合题意的正确答案）

1. 企业取得交易性金融资产时，按其（ ）借记"交易性金融资产"账户。

   A. 历史成本　　B. 公允价值　　C. 可变现净值　　D. 重置成本

2. 企业购入股票作为交易性金融资产核算时，支付的价款中包含的已宣告但尚未发放的现金股利应记入（ ）科目核算。

   A. 投资成本　　B. 投资收益　　C. 应收股利　　D. 应收利息

3. 甲公司2019年2月2日将持有的交易性金融资产全部出售，出售前交易性金融资产的账面价值为3 200万元（其中成本2 800万元，公允价值变动400万元），出售价款为3 500万元，款项已收并存入银行。不考虑增值税等相关因素，该交易对当月损益的影响金额为（ ）万元。

   A. 400　　B. 700　　C. 300　　D. 0

4. 甲公司购入交易性金融资产，支付的价款为100万元（其中包含已到期但尚未领取的利息5万元），另支付交易费用3万元，则该项交易性金融资产的入账价值为（ ）万元。

   A. 92　　B. 95　　C. 100　　D. 105

5. 关于交易性金融资产的计量，下列说法正确的是（ ）。

   A. 应当按取得该金融资产的公允价值和相关交易费用之和作为初始确认金额

   B. 应当按取得该金融资产公允价值作为确认金额，相关交易费用在发生时计入当期损益

   C. 资产负债表日，企业应将金融资产的公允价值变动计入当期所有者权益

   D. 处置该金融资产时，其公允价值与初始入账金额之间的差额应确认为投

资收益，不调整公允价值变动损益

6. 甲公司于2019年1月31日从证券市场购入乙公司发行在外的股票100万股作为交易性金融资产，每股支付价款10元（含已宣告但尚未发放的现金股利2元），另支付相关费用15万元，则甲公司交易性金融资产取得时的入账价值为（　　）万元。

  A. 1 000　　　　B. 1 015　　　　C. 800　　　　D. 815

7. 企业发生的下列事项中，影响"投资收益"科目金额的是（　　）。

  A. 期末，交易性金融资产公允价值大于账面余额

  B. 交易性金融资产在持有期间取得的现金股利

  C. 期末，交易性金融资产公允价值小于账面价值

  D. 交易性金融资产持有期间收到的包含在买价当中的现金股利

8. 企业在发生以公允价值计量且其变动计入当期损益的金融资产的下列有关业务时，不应贷记"投资收益"的是（　　）。

  A. 收到持有期间获得的现金股利

  B. 收到持有期间获得的债券利息

  C. 资产负债表日，持有的股票市价大于其账面价值的差额

  D. 企业转让交易性金融资产收到的价款大于其账面价值的差额

9. 公司2019年3月1日购入A上市公司股票180万股，并划分为交易性金融资产，支付款项2 830万元（其中包括已宣告但尚未发放的现金股利126万元），另外支付相关交易费用4万元，则该交易性金融资产的入账价值为（　　）万元。

  A. 2 700　　　　B. 2 704　　　　C. 2 830　　　　D. 2 834

10. 企业取得一项交易性金融资产，在持有期间，被投资单位宣告分派股票股利，下列做法正确的是（　　）。

  A. 按企业应分得的金额计入当期投资收益

  B. 按分得的金额计入营业外收入

  C. 被投资单位宣告分派股票股利，投资单位无须进行账务处理

  D. 企业应当在实际收到时才进行账务处理

二、多项选择题（下列每小题备选答案中有两个或两个以上符合题意的正确答案）

1. 下列各项中，关于交易性金融资产的会计处理表述正确的有（　　）。

  A. 持有期间发生的公允价值变动计入公允价值变动损益

  B. 持有期间被投资单位宣告发放的现金股利计入投资收益

  C. 取得时支付的价款中包含的应收股利计入初始成本

  D. 取得时支付的相关交易费用计入投资收益

2. 企业取得交易性金融资产支付总价款中，下列不应当计入交易性金融资产入账价值的有（　　）。

A. 取得时已宣告但尚未发放的现金股利

B. 支付代理机构的手续费

C. 取得时已到期但尚未领取的债券利息

D. 支付给咨询公司的佣金

3. 下列各项，不会反映在交易性金融资产初始入账金额中的有（　　）。

  A. 债券买入时的公允价值　　B. 支付的手续费

  C. 支付的印花税　　D. 已到付息期但尚未领取的利息

4. 下列关于交易性金融资产的表述，正确的有（　　）。

  A. 企业取得交易性金融资产时支付的价款中包括的交易费用应作为投资收益处理

  B. 交易性金融资产在持有期间取得的股票股利应作为投资收益核算

  C. 交易性金融资产在资产负债表日的公允价值变动会影响营业利润

  D. 处置交易性金融资产时应将持有期间公允价值变动的金额转入投资收益

5. 下列关于交易性金融资产的表述正确的有（　　）。

  A. 企业取得交易性金融资产应当按照取得时的公允价值作为初始入账金额入账

  B. 交易性金融资产在持有期间收到的现金股利全部计入当期损益

  C. 交易性金融资产在持有期间公允价值的波动会对当期损益造成影响

  D. 处置时要将原计入公允价值变动损益的金额转入投资收益

6. 下列各项中，会引起交易性金融资产账面余额发生变化的有（　　）。

  A. 收到原未计入应收项目的交易性金融资产的利息

  B. 期末交易性金融资产公允价值高于其账面余额的差额

  C. 期末交易性金融资产公允价值低于其账面余额的差额

  D. 出售交易性金融资产

7. 交易性金融资产科目借方登记的内容有（　　）。

  A. 交易性金融资产的取得成本

  B. 资产负债表日其公允价值高于账面余额的差额

  C. 取得交易性金融资产所发生的相关交易费用

  D. 资产负债表日其公允价值低于账面余额的差额

8. 下列说法正确的有（　　）。

  A. 购入的交易性金融资产实际支付的价款中包含的已宣告但尚未领取的现金股利或已到付息期但尚未领取的债券利息，应单独核算，不构成交易性金融资产的成本

  B. 为购入交易性金融资产所支付的相关费用，不计入该资产的成本

  C. 为购入交易性金融资产所支付的相关费用，应计入该资产的成本

  D. 交易性金融资产在持有期间收到的现金股利，应确认投资收益

9. 资产负债表日，交易性金融资产公允价值超过其账面余额的差额应（　　）。
    A. 借记"交易性金融资产——公允价值变动"科目
    B. 贷记"交易性金融资产——公允价值变动"科目
    C. 借记"公允价值变动损益"科目
    D. 贷记"公允价值变动损益"科目

10. 企业为了核算交易性金融资产的取得、收取现金股利或利息、处置等业务，可能涉及的科目有（　　）。
    A. 交易性金融资产　　　　B. 公允价值变动损益
    C. 投资收益　　　　　　　D. 应收股利

三、判断题（正确的用"√"表示，错误的用"×"表示）

1. 企业为取得交易性金融资产发生的交易费用应计入交易性金融资产初始确认金额。（　　）

2. 交易性金融资产持有期间，投资单位收到投资前被投资单位已宣告但尚未发放的现金股利时，应确认投资收益。（　　）

3. 企业出售交易性金融资产时，要将原计入公允价值变动损益的金额转入投资收益中。（　　）

4. 出售交易性金融资产的时候，确认的投资收益一定是出售价款和交易性金融资产账面价值之间的差额。（　　）

5. 交易性金融资产和可供出售金融资产的相同点是都按公允价值进行后续计量，且公允价值变动都计入当期损益。（　　）

6. 交易性金融资产在持有期间赚取的债券利息应调减交易性金融资产的账面价值。（　　）

7. "交易性金融资产"科目的期末借方余额，反映企业持有的交易性金融资产的成本与市价孰低值。（　　）

8. 以公允价值计量且其变动计入当期损益的金融资产，只包括交易性金融资产。（　　）

9. 交易性金融资产在持有期间获得的现金股利或债券利息收入计入投资收益。（　　）

四、不定项选择题（下列每小题备选答案中有一个或一个以上符合题意的正确答案）

M 公司 2019 年 1 月 1 日以银行存款 2 100 万元购入甲公司 2017 年 1 月 1 日发行的 5 年期公司债券，另以银行存款支付交易费用 2 万元。该债券面值为 2 000 万元，票面年利率为 5%，每年 1 月 20 日支付上年度利息，到期归还本金，M 公司将其划分为交易性金融资产。2019 年 1 月 20 日 M 公司收到上年度利息并存入银行；2019 年 3 月 31 日该债券的公允价值为 1 950 万元；2019 年 6 月 30 日该债券的公允价值为 1 930 万元；2019 年 9 月 30 日该债券的公允价值为 1 900 万元；2019

年 10 月 19 日 M 公司将该债券全部出售，取得价款 1 920 万元。

根据以上资料，不考虑增值税等其他因素，回答下列问题。（会计分录中金额单位用万元表示）

1. M 公司取得甲公司债券时，下列会计处理正确的是（　　）。

   A. 交易性金融资产的入账金额为 2 100 万元

   B. 支付的交易费用 2 万元应计入"投资收益"科目

   C. 支付的价款中含有的上年利息 100 万元不计入入账价值

   D. 银行存款减少 2 102 万元

2. M 公司 2019 年下列会计处理中不正确的是（　　）。

   A. 1 月 20 日：
   借：银行存款　　　　　　　　　　　　　　　　　　　100
   　　贷：投资收益　　　　　　　　　　　　　　　　　　　　100

   B. 3 月 31 日：
   借：公允价值变动损益　　　　　　　　　　　　　　　150
   　　贷：交易性金融资产——公允价值变动　　　　　　　　　150

   C. 6 月 30 日：
   借：公允价值变动损益　　　　　　　　　　　　　　　20
   　　贷：交易性金融资产——公允价值变动　　　　　　　　　20

   D. 9 月 30 日：
   借：公允价值变动损益　　　　　　　　　　　　　　　30
   　　贷：交易性金融资产——公允价值变动　　　　　　　　　30

3. 2019 年 10 月 19 日 M 公司将该债券全部出售时应确认的投资收益为（　　）万元。

   A. 180　　　　B. -180　　　　C. 20　　　　D. -20

4. 下列关于 M 公司出售债券表述正确的是（　　）。

   A. 出售债券时对当期损益的影响金额为 80 万元

   B. 出售债券时对当期损益的影响金额为 20 万元

   C. 出售债券时累计公允价值变动损益金额为 100 万元

   D. 出售债券时累计公允价值变动损益金额为 200 万元

5. 下列关于交易性金融资产表述正确的是（　　）。

   A. 支付价款中含有的已到付息期但尚未支付的利息计入应收利息

   B. 支付价款中含有的已宣告但尚未发放的现金股利计入应收股利

   C. 购入时支付的交易费用计入交易性金融资产的成本

   D. 资产负债表日产生的公允价值变动直接计入投资收益

Ⅱ 巩固题

一、单项选择题（下列每小题备选答案中只有一个符合题意的正确答案）

1. 2019年2月3日，甲公司以银行存款2 003万元（其中含相关交易费用3万元）从二级市场购入乙公司股票100万股，作为交易性金融资产核算。2019年7月10日，甲公司收到乙公司于当年5月25日宣告分派的现金股利40万元，2019年12月31日，上述股票的公允价值为2 800万元。不考虑其他因素，该项投资使甲公司2019年营业利润增加的金额为（　　）万元。
　　A. 797　　　　B. 800　　　　C. 837　　　　D. 840

2. 某股份有限公司于2019年1月31日，以每股12元的价格购入某上市公司股票50万股，将其划分为交易性金融资产，购买该股票支付手续费10万元。5月22日，收到该上市公司按每股0.5元发放的现金股利。12月31日该股票的市价为每股11元。2019年12月31日该交易性金融资产的账面价值为（　　）万元。
　　A. 550　　　　B. 575　　　　C. 585　　　　D. 610

3. 2019年12月10日，甲公司购入乙公司股票10万股，将其划分为交易性金融资产，购买日支付价款249万元，另支付交易费用0.6万元，2019年12月31日，该股票的公允价值为258万元。不考虑其他因素，甲公司2019年度利润表"公允价值变动收益"项目本期金额为（　　）万元。
　　A. 9　　　　B. 9.60　　　　C. 0.60　　　　D. 8.40

4. 2019年3月20日，甲公司从证券交易所购买乙公司股票100万股，将其划分为交易性金融资产，购买价格为每股8元，另支付相关交易费用25 000元。6月30日，该股票公允价值为每股10元，则当日该交易性金融资产的账面价值应确认为（　　）万元。
　　A. 802.50　　　B. 800　　　C. 1 000　　　D. 1 000.50

5. A公司2019年6月2日从证券交易市场购入B公司发行在外的普通股股票1 000万股作为交易性金融资产核算，每股支付购买价款4元，另支付相关交易费用5万元。2019年6月30日，该股票的公允价值为4.3元/股，则A公司购入该项金融资产对当期损益的影响金额为（　　）万元。
　　A. 295　　　　B. 300　　　　C. 0　　　　D. 305

6. 甲公司2019年3月15日购入M公司发行在外的普通股股票作为交易性金融资产核算。购买时支付价款1 200万元（其中包括已宣告但尚未发放的现金股利100万元，交易费用20万元），至2019年6月30日，该股票的公允价值为1 200万元。2019年8月19日甲公司将持有的M公司的股票全部出售，收取价款为1 210万元，则在处置时应当确认的投资收益为（　　）万元。

A. 10　　　　B. 110　　　　C. 80　　　　D. 130

7. 甲公司将其持有的交易性金融资产全部出售，售价为3 000万元。出售前该金融资产的账面价值为2 800万元（其中成本2 500万元，公允价值变动300万元）。假定不考虑增值税等其他因素，甲公司对该交易应确认的投资收益为（　　）万元。

A. 200　　　　B. -200　　　　C. 500　　　　D. -500

8. 甲公司2019年7月1日购入乙公司2019年1月1日发行的债券，支付价款为2 100万元（含已到付息期但尚未领取的债券利息40万元），另支付交易费用15万元。该债券面值为2 000万元，票面年利率为4%（票面利率等于实际利率），每半年付息一次，甲公司将其划分为交易性金融资产。甲公司2019年度该项交易性金融资产应确认投资收益为（　　）万元。

A. 25　　　　B. 40　　　　C. 65　　　　D. 80

9. 2019年1月8日，A企业以赚取差价为目的从二级市场购入一批债券作为交易性金融资产核算，面值总额为2 000万元，票面年利率为4%，3年期，每年付息一次。该债券为2018年1月1日发行，A企业取得债券的购买价款为2 100万元（含已到付息期但尚未领取的2018年度的利息），另支付交易费用20万元，全部价款以银行存款支付。A企业取得该交易性金融资产的入账价值为（　　）万元。

A. 2 100　　　　B. 2 000　　　　C. 2 020　　　　D. 2 040

10. 甲企业于3月31日购入A公司股票4 000股，作为交易性金融资产。A公司3月20日宣告分派股利（3月31日尚未支付），每股0.2元。企业以银行存款支付股票价款48 000元，另付手续费400元，增值税进项税额24元。该交易性金融资产入账价值为（　　）元。

A. 48 400　　　　B. 48 000　　　　C. 47 200　　　　D. 40 000

二、多项选择题（下列每小题备选答案中有两个或两个以上符合题意的正确答案）

1. 交易性金融资产科目借方登记的内容有（　　）。

    A. 交易性金融资产的取得成本
    B. 资产负债表日其公允价值高于账面余额的差额
    C. 取得交易性金融资产所发生的相关交易费用
    D. 资产负债表日其公允价值低于账面余额的差额

2. 下列事项发生时，影响"投资收益"科目金额的是（　　）。

    A. 期末交易性金融资产公允价值大于账面余额
    B. 交易性金融融资产在持有期间取得的现金股利
    C. 交易性金融资产处置时取得的款项与账面价值的差额
    D. 交易性金融资产持有期间收到的包含在买价当中的现金股利

3. 下列各项资产中，取得时发生的交易费用应当计入初始入账价值的有（   ）。
  A. 长期股权投资　　　　　　B. 交易性金融资产
  C. 持有至到期投资　　　　　D. 可供出售金融资产
4. 下列关于金融资产的说法，正确的有（   ）。
  A. 可供出售金融资产取得时发生的相关交易费用计入初始确认金额
  B. 持有至到期投资应当采用实际利率法，按照摊余成本进行后续计量
  C. 交易性金融资产计提的减值损失在以后期间可以转回
  D. 持有至到期投资计提的减值损失，应当计入当期损益
5. 下列各项中，影响企业当期营业利润的是（   ）。
  A. 固定资产的日常修理费用　　B. 固定资产减值损失
  C. 出租无形资产的收入　　　　D. 交易性金融资产的处置收益
6. 以公允价值计量且其变动计入当期损益的金融资产，正确的会计处理方法有（   ）。
  A. 企业划分为以公允价值计量且其变动计入当期损益的金融资产，应当按照取得时的公允价值和相关的交易费用作为初始确认金额
  B. 支付的价款中包含已宣告发放的现金股利或债券利息，应当单独确认为应收项目
  C. 企业在持有期间取得的利息或现金股利，应当确认为投资收益
  D. 资产负债表日，公允价值变动计入当期损益
7. 下列各项中，会引起交易性金融资产账面价值发生变化的有（   ）。
  A. 交易性金融资产账面价值与公允价值的差额
  B. 出售部分交易性金融资产
  C. 确认分期付息债券利息
  D. 被投资单位宣告分派现金股利
8. 企业核算确认和收到交易性金融资产现金股利时，可能涉及的会计科目有（   ）。
  A. 投资收益　　　　　　　　B. 交易性金融资产
  C. 应收股利　　　　　　　　D. 货币资金——存出投资款
9. 企业在购入公司债券作为交易性金融资产时可能用到的借方科目有（   ）。
  A. 交易性金融资产　　　　　B. 应收利息
  C. 财务费用　　　　　　　　D. 投资收益

三、判断题（正确的用"√"表示，错误的用"×"表示）
1. 资产负债表日，交易性金融资产应当按照公允价值计量，公允价值与账面价值之间的差额计入公允价值变动损益科目。　　　　　　　　　　　　（   ）
2. 企业取得的交易性金融资产为债券投资的，应当按照面值，借记"交易性

金融资产——成本"科目。   (   )

3. 企业应当在资产负债表日对所有的金融资产的账面价值进行检查,金融资产发生减值的,应当计提减值准备。   (   )

4. 企业取得某项投资,将其划分为交易性金融资产,初始取得时支付的相关交易费用计入当期财务费用中。   (   )

5. 资产负债表日,交易性金融资产按照公允价值计量,公允价值与账面余额之间的差额计入当期损益,计入公允价值变动损益科目。   (   )

6. 企业将一项以公允价值计量且其变动计入当期损益的金融资产重分类为以摊余成本计量的金融资产的,应当以其在重分类日的公允价值作为新的账面余额。
                                                              (   )

7. 交易性金融资产持有期间收到的现金股利一定会影响投资收益。 (   )

8. 企业出售交易性金融资产时,应将其出售时实际收到的款项与其账面价值之间的差额计入当期投资损益,同时将原计入该金融资产的公允价值变动计入当期投资损益。   (   )

四、不定项选择题（下列每小题备选答案中有一个或一个以上符合题意的正确答案）

甲公司为一家上市公司,相关经济业务如下:

1. 2018年4月17日,购入A上市公司股票200万股,每股8.10元（含已宣告发放的现金股利0.10元）,另发生相关的交易费用2万元,增值税税额0.12万元,并将该股票划分为交易性金融资产。

2. 2018年7月20日,甲公司收到包含在买价中的现金股利。

3. 2018年8月1日,A公司宣告发放现金股利,9月1日,甲公司收到现金股利100万元。

4. 2018年12月31日,该股票在证券交易所的收盘价格为每股8.8元。

5. 2019年4月20日,A公司宣告发放现金股利,甲公司应确认50万元。

6. 2019年4月27日,甲公可收到现金股利。

7. 2019年5月10日,甲公司将所持有的该股票全部出售,所得价款1 800万元,款项已存入银行,转让金融商品应交增值税税率为6%。

根据上述资料,回答下列问题。

1. 下列说法,正确的是（   ）。
   A. 购入交易性金融资产时发生的交易费用计入其成本
   B. 交易性金融资产的入账价值是1 600万元
   C. 购入交易性金融资产时发生的交易费用计入投资收益
   D. 交易性金融资产的入账价值是1 400万元

2. 2018年7月20日,甲公司收到现金股利,借记"其他货币资金"科目,贷记（   ）科目。

A. 投资收益 B. 应收股利
C. 公允价值变动损益 D. 交易性金融资产

3. 2018年8月1日，A公司宣告发放现金股利时，甲公司借记"其他货币资金"科目，贷记（　　）科目。

A. 投资收益 B. 应收股利
C. 公允价值变动损益 D. 交易性金融资产

4. 下列说法正确的是（　　）。

A. 交易性金融资产以公允价值计量
B. 2018年年末，确认公允价值变动损益160万元
C. 2018年年末，该交易性金融资产的账面价值是1 760万元
D. 2018年年末，确认公允价值变动损益260万元

5. 关于2019年的会计处理，下列说法正确的是（　　）。

A. 处置时应确认的投资收益是40万元
B. 2019年A公司宣告发放现金股利应确认的投资收益是50万元
C. 处置时应确认的投资收益是188.68万元
D. 处置时应确认的投资收益是200万元

参考答案

第二节 持有至到期投资

Ⅰ 基础题

一、单项选择题（下列每小题备选答案中只有一个符合题意的正确答案）

1. 企业持有的持有至到期投资为一次还本付息债券的，资产负债表日确认当期应收未收的利息应计入的会计科目是（　　）。
   A. 持有至到期投资——应计利息　　B. 应收利息
   C. 其他应收款　　D. 长期应收款

2. 债券到期时，"持有至到期投资"账户的账面价值反映的是（　　）。
   A. 债券面值　　B. 债券的历史成本
   C. 债券的市场价格　　D. 债券面值或债券面值加应计利息

3. 企业购入"持有至到期投资"账户的利息收入，应（　　）。
   A. 于债券到期还本付息时计息
   B. 于债券到期前一个月一次计息
   C. 按权责发生制原则核算，按期计息
   D. 按照收付实现制核算，不需按期计息

4. 企业购入持有至到期投资，实际支付的价款中包含已到付息期但尚未领取的债券利息，企业应将这部分利息记入（　　）账户。
   A. 应收账款　　B. 应收利息
   C. 持有至到期投资　　D. 其他应收款——应收利息

5. 甲公司2019年1月20日购入面值为2 000万元，票面年利率为4%的A公司债券。取得时支付价款2 030万元（含已到期限但尚未领取的利息80万元），另支付交易费用5万元。甲公司将其划分为持有至到期投资核算，则甲公司取得该债券的入账价值为（　　）万元。
   A. 2 035　　B. 2 000　　C. 2 005　　D. 1 955

6. 资产负债表日，持有至到期投资在持有期间应当按照（　　）计算确认利息收入，作为投资收益进行会计处理。
   A. 摊余成本和实际利率　　B. 面值和实际利率
   C. 摊余成本和票面利率　　D. 面值和票面利率

7. 甲公司2018年1月1日按每张980元的价格购入乙公司于2018年1月1日发行的期限为2年、面值为1 000元、票面年利率为3%的普通债券1 000张，将其划分为持有至到期投资。发生交易费用8 000元，以银行存款支付。该债券的实际利率为4%，2018年12月31日按照摊余成本和实际利率确认的投资收益为39 520元，则2018年年末持有至到期投资的摊余成本为（　　）元。

A. 980 000　　　B. 988 000　　　C. 978 480　　　D. 997 520

8. 2019年1月1日，甲公司购入乙公司当日发行的面值总额为1 000万元的债券，期限为5年，到期一次还本付息。票面利率8%，支付价款1 080万元，另支付相关税费10万元，甲公司将其划分为持有至到期投资。甲公司应确认"持有至到期投资——利息调整"的金额为（　　）万元。

A. 70　　　　　B. 80　　　　　　C. 90　　　　　　D. 110

9. 企业取得的可供出售金融资产，在持有期间被投资单位宣告分配的现金股利，应计入的会计科目是（　　）。

A. 其他综合收益　　　　　　　B. 投资收益
C. 营业外收入　　　　　　　　D. 应收利息

10. M公司从上海证券交易所购入A公司股票100万股（占A公司总股份的0.01%），实际支付价款530万元，另支付交易费用3万元。M公司将其划分为可供出售金融资产核算。至年末该股票的公允价值为5.6元/股，则此时可供出售金融资产的账面价值为（　　）万元。

A. 530　　　　　B. 533　　　　　C. 560　　　　　D. 557

二、多项选择题（下列每小题备选答案中有两个或两个以上符合题意的正确答案）

1. 下列关于持有至到期投资的表述，正确的有（　　）。

   A. 该投资到期日固定、回收金额固定或可确定
   B. 企业有明确意图和能力持有至到期
   C. 期限短于1年的债券投资不可以划分为持有至到期投资
   D. 该投资属于非衍生金融资产

2. 企业持有至到期投资的特点包括（　　）。

   A. 到期日固定、回收金额固定或可确定
   B. 发生市场利率变化、流动性需要变化等情况时，将出售该金融资产
   C. 有明确意图持有至到期
   D. 有能力持有至到期

3. 企业发生的下列事项中，不影响"公允价值变动损益"科目金额的有（　　）。

   A. 交易性金融资产持有期间的公允价值变动
   B. 可供出售金融资产持有期间的公允价值变动
   C. 持有至到期投资（债券）持有期间产生的利息
   D. 长期股权投资按权益法后续计量时被投资方实现的盈利

4. 下列各项中，关于持有至到期投资的账务处理表述错误的有（　　）。

   A. 实际支付的价款中包含的交易费用应计入"投资收益"科目

B. "持有至到期投资——利息调整"科目仅反映债券折溢价，不包括佣金、手续费等

C. 持有至到期投资减值准备一经计提，以后期间不得转回

D. 处置持有至到期投资时，应将所取得价款与该投资账面价值之间的差额计入资本公积

5. 已确认的减值损失，应当在原已确认的减值损失范围内转回的有（　　）。

A. 固定资产　　　　　　　　B. 存货

C. 持有至到期投资　　　　　D. 可供出售金融资产

6. 摊余成本是指金融资产的初始确认金额经过一定调整后的结果，下列各项中属于调整内容的是（　　）。

A. 扣除已偿还的本金　　　　B. 减去溢价的摊销额

C. 加上折价的摊销额　　　　D. 扣除已发生的减值损失

7. 下列关于持有至到期投资在持有期间和出售时的会计处理表述正确的是（　　）。

A. 持有至到期投资在持有期间应当按期初摊余成本和实际利率计算确定投资收益

B. 持有至到期投资在持有期间无须进行减值测试

C. 持有至到期投资出售时应当将取得的价款与账面价值之间的差额作为投资收益处理

D. 如果对持有至到期投资计提了减值准备，还应同时结转减值准备

三、判断题（正确的用"√"表示，错误的用"×"表示）

1. 持有至到期投资减值准备一经计提，在以后持有期间不得转回。（　　）

2. 已计提减值准备的持有至到期投资价值以后又得以恢复的，应当在原已计提的减值准备金额范围内予以转回。转回的金额计入投资收益。（　　）

3. 处置持有至到期投资时，应将所取得价款与该投资账面价值之间的差额计入资本公积。（　　）

4. 购入的股权投资因其没有固定的到期日，不符合持有至到期投资的条件，不能划分为持有至到期投资。（　　）

5. 企业购入持有至到期投资，若在实际支付的价款中包括已到付息期但尚未领取的债券利息，则应将其计入投资成本。（　　）

6. 持有至到期投资的摊余成本就是其账面价值。（　　）

7. 如果有客观证据表明持有至到期投资按实际利率计算的各期利息收益与名义利率计算的相差很小，也可以采用名义利率替代实际利率使用。（　　）

四、不定项选择题（下列每小题备选答案中有一个或一个以上符合题意的正确答案）

甲公司2019年1月1日购入某公司发行的5年期公司债券，以银行存款支付

购买价款1 040万元（其中包括已到期但尚未领取的利息40万元），另支付交易手续费20万元。该债券面值为1 000万元，票面年利率为4%，该债券分期付息、到期还本，每年年末计提债券利息。已知同类债券的市场年利率为3.4%。甲公司将其划分为持有至到期投资核算。

根据以上资料，不考虑其他因素，分析回答下列问题。（答案中金额单位用万元表示）

1. 甲公司购入该债券时的会计处理正确的是（　　）。

  A. 借：持有至到期投资——成本　　　　　　　　　　1 000
     应收利息　　　　　　　　　　　　　　　　　40
    贷：银行存款　　　　　　　　　　　　　　　　1 040

  B. 借：持有至到期投资——成本　　　　　　　　　　1 000
        ——利息调整　　　　　　　　　　20
     应收利息　　　　　　　　　　　　　　　　　40
    贷：银行存款　　　　　　　　　　　　　　　　1 060

  C. 借：持有至到期投资——成本　　　　　　　　　　1 020
     应收利息　　　　　　　　　　　　　　　　　40
    贷：银行存款　　　　　　　　　　　　　　　　1 060

  D. 借：持有至到期投资——成本　　　　　　　　　　1 000
        ——利息调整　　　　　　　　　　60
    贷：银行存款　　　　　　　　　　　　　　　　1 060

2. 2019年12月31日，该债券的摊余成本为（　　）万元。

  A. 994.68　　　B. 985.32　　　C. 1 020　　　D. 1 014.68

3. 摊余成本是指金融资产的初始确认金额经过一定调整后的结果，下列各项中属于调整内容的是（　　）。

  A. 扣除已偿还的本金　　　　　B. 减去溢价的摊销额
  C. 加上折价的摊销额　　　　　D. 扣除已发生的减值损失

4. 2019年甲公司因持有该债券应当确认的实际利息收益为（　　）万元。

  A. 40　　　B. 34.5　　　C. 40.58　　　D. 5.5

5. 下列关于持有至到期投资在持有期间和出售时的会计处理表述正确的是（　　）。

  A. 持有至到期投资在持有期间应当按摊余成本和实际利率计算确定投资收益
  B. 持有至到期投资在持有期间无须进行减值测试
  C. 持有至到期投资出售时应当将取得的价款与账面价值之间的差额作为投资收益处理
  D. 如果对持有至到期投资计提了减值准备，还应同时结转减值准备

Ⅱ 巩固题

一、单项选择题（下列每小题备选答案中只有一个符合题意的正确答案）

1. 甲公司2019年1月1日以每张980元的价格购入乙公司于2019年1月1日发行的期限为2年，面值为1 000元，票面年利率为3%，分期付息、到期还本的债券1 000张，将其划分为持有至到期投资核算，发生交易费用8 000元，票款以银行存款支付。该债券的实际年利率为3.63%，2019年12月31日按照摊余成本和实际利率确认的投资收益为35 864.4元，则2019年年末持有至到期投资的摊余成本为（　　）元。

　　A. 980 000　　B. 988 000　　C. 978 480.40　　D. 993 864.40

2. 甲公司2019年5月2日将一项持有至到期投资对外出售，取得转让价款2 000万元，支付交易费用2万元，出售时持有至到期投资的成本明细科目金额为1 800万元，利息调整明细科目金额为300万元（贷方），出售时应当确认的投资收益为（　　）万元。

　　A. 200　　B. 500　　C. 498　　D. 198

3. 甲公司2019年1月1日按每张1 050元的价格购入乙公司于2019年1月1日发行的期限为5年、面值为1 000元、票面年利率为5%的公司债券1 000张，将其划分为持有至到期投资，发生交易费用8 000元，均以银行存款支付。该债券的实际利率为4%，分期付息、到期还本。则2019年年末持有至到期投资的摊余成本为（　　）元。

　　A. 1 000 000　　B. 1 050 000　　C. 1 050 320　　D. 1 058 000

4. 2019年1月1日，甲公司以银行存款1 100万元购入乙公司当日发行的面值为1 000万元的5年期不可赎回债券，将其划分为持有至到期投资。该债券票面年利率为10%，每年付息一次，实际年利率为7.53%。2019年12月31日，该债券的公允价值上涨至1 150万元。假定不考虑其他因素，2019年12月31日甲公司该债券投资的账面价值为（　　）万元。

　　A. 1 082.83　　B. 1 150　　C. 1 182.53　　D. 1 200

5. 某企业于2019年1月1日购进当日发行的面值为2 400万元的公司债券。债券的买价为2 700万元，另支付相关税费20万元。该公司债券票面年利率为8%，期限为5年，一次还本付息。企业将其划分为持有至到期投资。则购入该公司债券时企业计入"持有至到期投资——利息调整"科目的金额为（　　）万元。

　　A. 300　　B. 20　　C. 280　　D. 320

6. 甲公司于2019年1月2日从证券市场上购入乙公司于2017年1月1日发行的到期一次还本付息债券，该债券期限为3年、票面年利率为6%，到期日为2020

年1月1日。甲公司购入债券的面值为1 000万元，实际支付价款为996.61万元，另支付相关交易费用15万元。甲公司购入后将其划分为持有至到期投资。购入债券的实际年利率为8%。2019年度甲公司应确认的投资收益为（　　）万元。

  A. 80　　　　　B. 81.20　　　　　C. 80.93　　　　　D. 76.13

  7. 2019年1月1日，甲公司自证券市场购入面值总额为2 000万元的债券。购入时实际支付价款2 044.75万元，另外支付交易费用10万元。该债券发行日为2019年1月1日，是到期一次还本付息债券，期限为5年，票面年利率为5%，实际年利率为4%。甲公司将该债券作为持有至到期投资核算。则2019年12月31日该项持有至到期投资的账面价值为（　　）万元。

  A. 2 018.42　　　B. 2 136.94　　　C. 2 222.42　　　D. 2 122.42

二、多项选择题（下列每小题备选答案中有两个或两个以上符合题意的正确答案）

1. 关于持有至到期投资，下列处理方法中正确的有（　　）。
   A. 企业从二级市场上购入的固定利率国债、浮动利率公司债券等，符合持有至到期投资条件的，可以划分为持有至到期投资
   B. 购入的股权投资也可能划分为持有至到期投资
   C. 持有至到期投资通常是具有长期性质，但期限较短（1年以内）的债券投资，符合持有至到期投资条件的，也可将其划分为持有至到期投资
   D. 持有至到期投资取得时支付的价款中包含的已到期但尚未领取的债券利息，应计入初始确认成本

2. 下列有关资产计提减值准备的处理，说法不正确的有（　　）。
   A. 可供出售金融资产发生减值的，按应减记的金额，借记"资产减值损失"科目，贷记"可供出售金融资产公允价值变动"科目，不需要转出持有期间计入其他综合收益的公允价值变动金额
   B. 持有至到期投资发生减值的，按应减记的金额，借记"资产减值损失"科目，贷记"持有至到期投资减值准备"科目。已计提减值准备的持有至到期投资价值在以后期间不得恢复
   C. 应收款项发生减值的，按应减记的金额，借记"资产减值损失"科目，贷记"坏账准备"科目
   D. 长期股权投资已计提的减值准备以后期间不得转回

3. "持有至到期投资"科目下可能设置的明细科目有（　　）。
   A. 成本　　　B. 公允价值变动　　C. 利息调整　　　D. 损益调整

4. 对于以摊余成本计量的金融资产，下列各项中影响摊余成本的有（　　）。
   A. 取得时所付价款中包含的应收未收利息
   B. 已偿还的本金
   C. 初始确认金额与到期日金额之间的差额按实际利率法摊销形成的累计摊

销额

D. 已发生的减值损失

5. 下列各项中，会引起持有至到期投资账面价值发生增减变动的有（　　）。

A. 计提持有至到期投资减值准备

B. 确认分期付息持有至到期投资利息

C. 确认到期一次付息持有至到期投资利息

D. 采用实际利率法摊销初始确认金额与到期日金额之间的差额

三、判断题（正确的用"√"表示，错误的用"×"表示）

1. 资产负债表日，对于持有至到期投资为分期付息、一次还本债券投资的，应按票面利率计算确定的应收未收利息，借记"持有至到期投资——应计利息"科目。（　　）

2. 持有至到期投资初始计量时，交易费用在"持有至到期投资——利息调整"科目中核算。（　　）

3. 采用实际利率法对分期付息的持有至到期投资进行核算时，如果摊余成本逐期递增，则每期"利息调整"摊销额也递增；如果摊余成本逐期递减，则每期"利息调整"摊销额也递减。（　　）

4. 满足一定的条件下，持有至到期投资可以重分类为可供出售金融资产。（　　）

5. 持有至到期投资转换为可供出售金融资产，可供出售金融资产按公允价值计量，公允价值与账面价值的差额计入投资收益。（　　）

6. 如果某项债务工具投资在活跃市场上没有报价，则企业不能将其划分为持有至到期投资。（　　）

7. 持有至到期投资，在当期计算利息时，应按名义利息与实际利息的差额作为利息调整。（　　）

四、不定项选择题（下列每小题备选答案中有一个或一个以上符合题意的正确答案）

A 公司于 2019 年 1 月 1 日支付价款 100 万元（含交易费用）从证券市场购入 B 公司于同日发行的 5 年期债券 12 500 份，债券面值 125 万元，票面利率 4.72%，债券到期一次还本付息。该债券实际利率为 9.05%，采用实际利率法对债券折价进行摊销。假定按年计提利息，利息不以复利计算。

根据以上资料，不考虑其他因素，分析回答下列问题（会计分录中金额单位用万元表示）。

1. 2019 年购入债券时，下列说法正确的是（　　）。

A. 如果购入的是股票，则不可划分为持有至到期投资

B. 购入时支付的交易费用计入投资收益科目

C. 购入时支付的交易费用计入持有至到期投资的初始入账价值

D. 购入时持有至到期投资的账面价值是 100 万元

2. 2019 年年末，关于该持有至到期投资相关说法不正确的是（　　）。

　　A. 持有至到期投资——应计利息的金额为 5.9 万元

　　B. 分摊的折价为 3.15 万元

　　C. 实际利息收入 9.05 万元

　　D. 实际利息收入 5.9 万元

3. 该持有至到期投资在 2020 年年底的账务处理正确的是（　　）。

　　A. 借：持有至到期投资——应计利息　　　　　5.9
　　　　　　　　　　　　　　——利息调整　　　　3.969
　　　　　　贷：投资收益　　　　　　　　　　　　9.869 0

　　B. 借：应收利息　　　　　　　　　　　　　　5.9
　　　　　　持有至到期投资——利息调整　　　　4.862 2
　　　　　　贷：投资收益　　　　　　　　　　　　10.762 2

　　C. 借：银行存款　　　　　　　　　　　　　　5.9
　　　　　　贷：应收利息　　　　　　　　　　　　5.9

　　D. 借：银行存款　　　　　　　　　　　　　　5.9
　　　　　　贷：持有至到期投资——应计利息　　　5.9

4. 下列关于持有至到期投资说法正确的是（　　）。

　　A. 持有至到期投资到期可收回金额可确定

　　B. 购入分期付息、到期还本的债券，每期期末确定的应收利息计入"持有至到期投资——应计利息"账户

　　C. 购入到期一次还本付息的债券，每期期末确定的应收利息计入"应收利息"账户

　　D. 不同的还本付息方式不影响持有至到期投资的摊余成本

5. 下列关于 2023 年债券到期时的相关说法正确的是（　　）。

　　A. 2023 年年底计算债券利息和分摊折价的方法与前 4 年完全一致

　　B. 2023 年年底计算债券利息和分摊折价时采用尾插调整的方法，以调整误差造成的计算结果不准确的现象

　　C. 到期时债券的账面价值是 125 万元

　　D. 到期时债券的账面价值是 154.5 万元

参考答案

第三节 长期股权投资

Ⅰ 基础题

一、单项选择题（下列每小题备选答案中只有一个符合题意的正确答案）

1. 成本法核算的长期股权投资，被投资单位宣告分派现金股利时，投资单位按享有的份额应记入（　　）科目。

   A. 长期股权投资　　　　　B. 投资收益
   C. 资本公积　　　　　　　D. 营业外收入

2. A公司以2 000万元取得B公司30%的股权，取得投资时被投资单位可辨认净资产的公允价值为6 000万元。如A公司能够对B公司施加重大影响，则A公司计入长期股权投资的金额为（　　）万元。

   A. 2 000　　B. 1 800　　C. 6 000　　D. 4 000

3. A公司以2 000万元取得B公司30%的股权，取得投资时被投资单位可辨认净资产的公允价值为7 000万元。如A公司能够对B公司施加重大影响，则A公司计入长期股权投资的金额为（　　）万元。

   A. 2 000　　B. 2 100　　C. 6 000　　D. 5 000

4. 甲公司取得乙公司有表决权股份的30%，能够对乙公司实施重大影响。2019年2月14日乙公司宣告分派股票股利1 000万股，则下列说法中正确的是（　　）。

   A. 甲公司应当确认投资收益300万元
   B. 甲公司应当在实际收到时再进行账务处理
   C. 甲公司不进行账务处理，实际收到时在备查簿中登记
   D. 公司应当调整长期股权投资的账面价值

5. 甲公司2019年9月30日以银行存款2 000万元购买乙公司40%的表决权股份，从而能够对乙公司实施重大影响。投资当日乙公司可辨认净资产的账面价值（等于公允价值）为5 500万元，甲公司同时支付相关税费20万元。则甲公司长期股权投资的账面价值为（　　）万元。

   A. 2 020　　B. 2 000　　C. 2 200　　D. 2 040

6. 下列各项中，应当确认为投资收益的是（　　）。

   A. 长期股权投资减值损失
   B. 长期股权投资处置净损益
   C. 期末交易性金融资产公允价值变动的金额

D. 支付与取得长期股权投资直接相关的费用

7. 甲公司取得乙公司有表决权股份的80%，能够对乙公司实施控制，2019年2月14日乙公司宣告分派股票股利1 000万股，则下列说法正确的是（　　）。

　　A. 甲公司应当确认投资收益800万元

　　B. 甲公司应当在实际收到时再进行账务处理

　　C. 甲公司不进行账务处理，实际收到时在备查簿中登记

　　D. 甲公司应当调整长期股权投资的账面价值

8. 2019年1月15日，甲公司购买乙公司发行的股票8 000万股准备长期持有，拥有乙公司60%的股份且能够实施控制，每股买入价为5元，款项已支付。当年乙公司实现净利润500万元，宣告分配现金股利200万元，不考虑其他因素，2019年12月31日，甲公司该长期股权投资的账面余额为（　　）万元。

　　A. 40 000　　　B. 40 255　　　C. 40 102　　　D. 40 153

9. 企业采用权益法核算长期股权投资，被投资单位宣告分派股票股利，投资企业应进行的账务处理为（　　）。

　　A. 按持股比例增加长期股权投资　　B. 应确认投资收益

　　C. 无须进行账务处理　　　　　　　D. 增加资本公积

二、多项选择题（下列每小题备选答案中有两个或两个以上符合题意的正确答案）

1. 下列属于长期股权投资核算内容的有（　　）。

　　A. 对子公司股权投资　　　　B. 对合营企业股权投资

　　C. 对共同经营股权投资　　　D. 对联营企业股权投资

2. 下列各项中，能引起权益法核算的长期股权投资账面价值发生变动的有（　　）。

　　A. 被投资单位实现净利润

　　B. 被投资单位宣告分配股票股利

　　C. 被投资单位宣告分配现金股利

　　D. 被投资单位除净损益、其他综合收益等以外的所有者权益其他变动

3. 长期股权投资采用成本法核算，关于持有股权期间的会计处理，下列说法正确的有（　　）。

　　A. 按获得的现金股利确认投资收益

　　B. 按应享受的收益份额确认投资收益

　　C. 被投资方无论盈亏均不需要进行相应处理

　　D. 投资发生减值应减记投资的账面价值

4. 下列关于长期股权投资的处置的说法，表述正确的有（　　）。

　　A. 企业处置长期股权投资时，应将出售价款与处置长期股权投资账面价值之间的差额计入营业外收入

B. 企业处置长期股权投资时，应将出售价款与处置长期股权投资账面价值之间的差额计入投资收益
C. 采用权益法核算时，原计入资本公积的金额，在处置时不应相应地予以结转
D. 采用权益法核算时，原计入其他综合收益的金额，在处置时应相应地予以结转

5. 下列各项中，关于被投资单位宣告发放现金股利或分配利润时，正确的会计处理有（　　）。
   A. 交易性金融资产持有期间，被投资单位宣告发放现金股利或利润时确认投资收益
   B. 长期股权投资采用成本法核算，被投资单位宣告发放现金股利或利润时确认投资收益
   C. 长期股权投资采用权益法核算，被投资单位宣告发放现金股利或利润时确认投资收益
   D. 长期股权投资采用权益法核算，被投资单位宣告发放现金股利或利润时冲减其账面价值

6. 下列关于长期股权投资会计处理的表述，正确的有（　　）。
   A. 对子公司长期股权投资应采用成本法核算
   B. 处置长期股权投资时应结转其已计提的减值准备
   C. 成本法下，按被投资方实现净利润应享有的份额确认投资收益
   D. 成本法下，按被投资方宣告发放现金股利应享有的份额确认投资收益

7. 下列各项中，权益法下会导致长期股权投资账面价值发生增减变动的有（　　）。
   A. 确认长期股权投资减值损失
   B. 投资持有期间被投资单位实现净利润
   C. 投资持有期间被投资单位提取盈余公积
   D. 投资持有期间被投资单位宣告发放现金股利

三、判断题（正确的用"√"表示，错误的用"×"表示）

1. 取得长期股权投资时，对于支付的对价中包含的应享有被投资单位已经宣告但尚未发放的现金股利应构成取得长期股权投资的初始投资成本。（　　）

2. 长期股权投资采用权益法核算，长期股权投资的初始投资成本大于投资时应享有被投资单位可辨认净资产公允价值份额的差额，应确认为商誉，并调整长期股权投资的初始投资成本。（　　）

3. 长期股权投资采用权益法核算，被投资单位宣告发放现金股利时，投资方应当确认投资收益。（　　）

4. 对于长期股权投资，无论采用成本法核算还是权益法核算，减值准备一经

确认，以后期间不得转回。   （ ）

5. 在权益法下，当被投资企业发生亏损时，投资企业一般不做账务处理；当被投资企业发生盈利时，投资企业应按持股比例计算应享有的份额并确认为投资收益。   （ ）

6. 长期股权投资采用成本法核算，被投资单位除净损益、其他综合收益和利润分配以外的所有者权益变动，投资企业应按其享有份额增加或减少资本公积。
                                                              （ ）

7. 除企业合并形成的长期股权投资外，以非现金资产支付对价的，应当以非现金资产的账面价值作为取得长期股权投资的初始投资成本。   （ ）

8. 企业采用成本法核算长期股权投资，投资后被投资单位宣告分派的以前年度的现金股利，投资单位应当冲减其投资成本。   （ ）

9. 长期股权投资计提减值准备后，如果减值迹象已经消失，应当在原计提范围内进行转回。   （ ）

10. 长期股权投资采用权益法核算，被投资单位除净损益、其他综合收益和利润分配以外的所有者权益变动，投资单位应按其持股比例相应地增加或减少长期股权投资的账面价值。   （ ）

四、不定项选择题（下列每小题备选答案中有一个或一个以上符合题意的正确答案）

中远公司2019年发生的与投资有关的经济业务如下：

1. 2月23日，支付5 000万元购入乙公司30%的股权，对乙公司具有重大影响。当日乙公司可辨认净资产的账面价值（与公允价值相同）为17 000万元。

2. 3月2日，从上海证券交易所购入甲公司股票100万股，每股支付买价5.6元（其中包括已宣告但尚未发放的现金股利0.2元/股），另支付交易费用2万元，中远公司将其划分为交易性金融资产。以上款项通过转账方式支付。

3. 4月18日，乙公司宣告分派现金股利500万元。

4. 6月30日，持有的甲公司股票公允价值为590万元，乙公司股票公允价值为5 100万元。

5. 7月1日，中远公司购入丙公司同日发行的4年期公司债券50万份，债券面值为100元/份，票面年利率为5%，每年1月8日支付上年度利息，到期归还本金。中远公司支付购买价款4 960万元，另支付相关交易费用20万元。中远公司将其划分为持有至到期投资核算。已知同类公司债券的市场利率为5.3%。

6. 9月4日，从深圳证券交易所购入戊公司股票800万股（占戊公司有表决权股份的2%），支付购买价款4 200万元。中远公司将其划分为可供出售金融资产核算。

7. 12月31日，持有的甲公司股票公允价值为600万元，乙公司股票的公允价值为5 010万元，戊公司股票的公允价值为4 500万元。

要求：根据上述资料，不考虑其他因素，分析回答下列问题。（答案中金额单位用万元表示）

1. 中远公司购入乙公司股权时的会计处理正确的是（　　）。
   A. 借：长期股权投资——投资成本　　　　　　　　　5 000
      　　贷：其他货币资金　　　　　　　　　　　　　　　　　5 000
   B. 借：长期股权投资——投资成本　　　　　　　　　100
      　　贷：营业外收入　　　　　　　　　　　　　　　　　　100
   C. 借：长期股权投资——投资成本　　　　　　　　　5 100
      　　贷：其他货币资金　　　　　　　　　　　　　　　　　5 100
   D. 借：长期股权投资——投资成本　　　　　　　　　5 100
      　　贷：其他货币资金　　　　　　　　　　　　　　　　　5 000
      　　　　利润分配——未分配利润　　　　　　　　　　　　100

2. 中远公司购入甲公司股票的入账金额为（　　）万元。
   A. 560　　　　B. 542　　　　C. 562　　　　D. 540

3. 中远公司购入丙公司债券作为持有至到期投资核算，其入账金额为（　　）万元。
   A. 4 960　　　B. 5 020　　　C. 5 000　　　D. 4 980

4. 中远公司12月31日的下列会计处理中不正确的是（　　）。
   A. 借：交易性金融资产——公允价值变动　　　　　10
      　　贷：公允价值变动损益　　　　　　　　　　　　　　　10
   B. 借：可供出售金融资产——公允价值变动　　　　300
      　　贷：其他综合收益　　　　　　　　　　　　　　　　300
   C. 借：交易性金融资产——公允价值变动　　　　　60
      　　贷：公允价值变动损益　　　　　　　　　　　　　　　60
   D. 借：投资收益　　　　　　　　　　　　　　　　90
      　　贷：长期股权投资损益调整　　　　　　　　　　　　90

5. 下列关于中远公司持有的各项金融资产表述正确的是（　　）。
   A. 乙公司宣告分派现金股利会导致长期股权投资的账面价值减少
   B. 取得甲公司股票支付的手续费应计入相关资产初始投资成本
   C. 12月31日长期股权投资的账面余额为4 950万元
   D. 可供出售金融资产发生减值的迹象如果消失，应当通过损益类科目转回

Ⅱ 巩固题

一、单项选择题（下列每小题备选答案中只有一个符合题意的正确答案）

1. 东方公司2019年3月对宏达公司进行股权投资，占宏达公司有表决权股份的20%，东方公司能够在宏达公司董事会中派出代表。2019年6月宏达公司宣告分派现金股利，分派方案为每10股派0.5元，东方公司可以分派到的现金股利为275万元，则东方公司的下列会计处理正确的是（　　）。

    A. 应当确认投资收益275万元
    B. 应当冲减长股权投资账面价值275万元
    C. 宣告时不做账务处理
    D. 此项业务需要在备查簿中进行登记

2. 甲公司2019年1月1日从二级市场购入乙公司股票500万股，每股支付购买价款22元，另支付相关交易费用200万元。甲公司购入乙公司股票后占乙公司总股份的25%，购买日乙公司账面净资产（等于公允价值）为35 000万元，甲公司能够对乙公司实施重大影响。2019年乙公司实现净利润2 000万元。2019年乙公司发生净亏损5 000万元。则2019年12月31日甲公司长期股权投资的账面价值为（　　）万元。

    A. 11 200　　　B. 9 950　　　C. 10 450　　　D. 8 000

3. 某企业2019年2月2日对甲公司进行投资，占甲公司30%的有表决权股份，对甲公司能够实施重大影响。实际支付购买价款2 000万元（与享有甲公司可辨认净资产的公允价值份额相等）。当年甲公司实现盈利600万元，宣告发放现金股利200万元，其他综合收益增加20万元。则2019年12月31日该企业的长期股权投资账面价值为（　　）万元。

    A. 2 120　　　B. 2 000　　　C. 2 186　　　D. 2 126

4. 甲公司2019年8月19日将其持有的一项长期股权投资出售。出售时该投资的账面价值为2 800万元（其中成本为3 000万元，损益调整为贷方500万元，其他综合收益为借方300万元）。出售价款为3 000万元。则甲公司因出售该项投资应当确认的投资收益为（　　）万元。

    A. 0　　　B. 200　　　C. 500　　　D. 300

5. 甲公司2019年3月30日从证券交易所购买乙公司发行的股票10 000万股准备长期持有，拥有乙公司表决权的比例为30%，对乙公司具有重大影响。每股购买价款为8.8元（其中包括乙公司已宣告但尚未发放的现金股利0.3元），另外支付购买股票发生的有关税费为26万元，款项已支付。则下列关于甲公司的账务处理表述中正确的是（　　）。

A. 甲公司应将该股票作为可供出售金融资产核算，其初始入账成本为 85 026 万元

B. 甲公司应将该股票作为长期股权投资核算，其初始入账成本为 85 026 万元

C. 甲公司应将该股票作为可供出售金融资产核算，其初始入账成本为 88 026 万元

D. 甲公司应将该股票作为长期股权投资核算，其初始入账成本为 88 026 万元

6. 某企业 2019 年 2 月 2 日对甲公司进行投资，占甲公司 30% 的有表决权股份，对甲公司能够实施重大影响。实际支付购买价款 2 000 万元（与享有甲公司可辨认净资产的公允价值份额相等）。当年甲公司实现盈利 600 万元，宣告发放现金股利 200 万元，其他综合收益增加 20 万元。则 2019 年 12 月 31 日长期股权投资账面价值为（   ）万元。

  A. 2 120 B. 2 000 C. 2 186 D. 2 126

7. 甲公司长期持有乙公司 30% 的股权，采用权益法核算。2019 年 1 月 1 日，该项投资账面价值为 1 300 万元。2019 年度乙公司实现公允净利润 2 000 万元，宣告发放现金股利 1 200 万元。假设不考虑其他因素，2019 年 12 月 31 日该项投资的账面价值为（   ）万元。

  A. 1 540 B. 1 380 C. 1 500 D. 1 620

8. 甲公司 2019 年 1 月 5 日支付价款 2 000 万元购入乙公司 30% 的股份，准备长期持有，另支付相关税费 20 万元，购入时乙公司可辨认净资产公允价值为 12 000 万元。甲公司取得投资后对乙公司具有重大影响。假定不考虑其他因素，甲公司因确认该项投资而影响利润的金额为（   ）万元。

  A. −20 B. 0 C. 1 580 D. 1 600

9. 长期股权投资采用成本法进行核算的，其在持有期间取得的被投资单位宣告发放的现金股利应计入（   ）。

  A. 公允价值变动损益 B. 投资收益

  C. 营业外收入 D. 财务费用

二、多项选择题（下列每小题备选答案中有两个或两个以上符合题意的正确答案）

1. 下列各项中，权益法下会导致长期股权投资账面价值发生增减变动的有（   ）。

  A. 确认长期股权投资减值损失

  B. 投资持有期间被投资单位实现净利润

  C. 投资持有期间被投资单位提取盈余公积

  D. 投资持有期间被投资单位宣告发放现金股利

2. 下列长期股权投资应当采用权益法核算的有（　　）。
    A. 对被投资单位具有控制
    B. 对被投资单位具有共同控制
    C. 对被投资单位具有重大影响
    D. 对被投资单位不具有控制、共同控制及重大影响

3. 下列关于长期股权投资会计处理的表述中，正确的有（　　）。
    A. 对合营企业的长期股权投资应采用权益法核算
    B. 长期股权投资减值准备一经确认，在以后会计期间不得转回
    C. 权益法下，按被投资方宣告发放现金股利应享有的份额确认投资收益
    D. 权益法下，按被投资方实现净利润应享有的份额确认投资收益

4. 甲公司对乙公司的长期股权投资采用成本法核算，下列各项中不会引起甲公司长期股权投资的账面价值发生增减变动的有（　　）。
    A. 乙公司宣告分派股票股利
    B. 乙公司宣告分派现金股利
    C. 乙公司实现盈利或发生亏损
    D. 对乙公司的投资发生减值

5. 长期股权投资采用权益法核算，下列说法正确的有（　　）。
    A. 被投资单位宣告分派现金股利，投资单位应当确认投资收益
    B. 被投资单位实现盈利，投资单位相应增加长期股权投资的账面价值
    C. 被投资单位发生亏损，投资单位相应地减少长期股权投资的账面价值，但应以其账面价值减记至零为限
    D. 被投资单位以资本公积转增资本，投资单位相应地增加长期股权投资的账面价值

6. 甲公司和乙公司共同设立丙公司，经双方协商各方的出资比例均为50%，股东按其出资比例行使对丙公司的各项表决权。下列有关上述业务的说法正确的有（　　）。
    A. 甲公司对丙公司的投资应作为长期股权投资核算
    B. 甲公司应当对此长期股权投资采用成本法核算
    C. 乙公司对丙公司的投资应作为长期股权投资核算
    D. 乙公司应当对此长期股权投资采用权益法核算

7. 下列关于成本法核算长期股权投资的表述正确的有（　　）。
    A. 被投资单位宣告分派现金股利计入投资收益中
    B. 被投资单位实现盈利或发生亏损，投资单位均不需作账务处理
    C. 被投资单位除净损益、其他综合收益和利润分配以外的其他所有者权益发生变动，投资单位无须进行账务处理
    D. 对子公司的投资在资产负债表日存在减值迹象的，其可收回金额低于账

面价值的差额应当确认为资产减值损失

8. 采用权益法核算的长期股权投资，下列交易或事项应当减少长期股权投资账面价值的有（　　）。

A. 被投资单位宣告分派股票股利

B. 被投资单位发生经营亏损

C. 被投资单位持有的可供出售金融资产公允价值暂时下降

D. 处置部分长期股权投资

9. 下列关于处置长期股权投资的说法不正确的有（　　）。

A. 采用成本法核算的长期股权投资，处置时应当将其账面价值与实际收到价款的差额计入投资收益中

B. 采用成本法核算的长期股权投资，处置时应当将其账面价值与实际收到价款的差额计入资本公积中

C. 采用权益法核算的长期股权投资，处置时应当将其账面价值与实际收到价款的差额计入投资收益中，同时将原计入其他综合收益（假定可转损益）的金额转入投资收益中

D. 采用权益法核算的长期股权投资，部分处置时应当将其对应的账面价值与实际收到价款的差额计入投资收益中，但将原计入其他综合收益金额待全部处置时一并转入投资收益中

10. 企业关于长期股权投资的下列处理中应当计入当期损益的有（　　）。

A. 采用权益法核算时，初始投资成本小于投资时应享有被投资单位可辨认净资产公允价值份额的部分

B. 采用成本法核算时，被投资单位宣告分派现金股利

C. 采用成本法核算时，处置长期股权投资其账面价值与实际收到价款的差额

D. 采用权益法核算时，被投资单位宣告分派现金股利

三、判断题（正确的用"√"表示，错误的用"×"表示）

1. 企业采用成本法核算长期股权投资的，投资后被投资单位宣告分派的现金股利，投资单位应当冲减其投资成本。（　　）

2. 长期股权投资计提减值准备后，如果减值迹象已经消失，应当在原计提减值范围内进行转回。（　　）

3. 长期股权投资采用权益法核算，被投资单位除净损益、其他综合收益和利润分配以外所有者权益的其他变动，投资单位应按其持股比例相应地增加或减少长期股权投资的账面价值。（　　）

4. 企业取得对联营企业的长期股权投资，被投资单位宣告分派现金股利，投资单位应当确认投资收益。（　　）

5. 采用权益法核算长期股权投资时，初始投资成本大于投资时应享有的被投

资单位可辨认净资产公允价值份额的部分不作账务处理。   （ ）

6. 甲公司出资 500 万元取得乙公司 40% 的股权，合同约定乙公司董事会 2/3 的人员由甲公司委派，则甲公司对该项长期股权投资应采用成本法核算。 （ ）

7. 长期股权投资采用权益法核算，被投资单位以资本公积转增资本，投资单位应当按其持股比例减少长期股权投资和资本公积——其他资本公积金额。 （ ）

8. 企业核算长期股权投资时，无论是采用成本法核算还是权益法核算，被投资单位宣告分派股票股利均不需进行账务处理。   （ ）

9. 处置长期股权投资时，其账面价值与实际取得价款的差额，应当计入当期损益。采用权益法核算的长期股权投资，因被投资单位除净损益以外所有者权益的其他变动而计入所有者权益的，处置该项投资时应当将原计入所有者权益的部分按相应比例转入当期损益。   （ ）

10. 以支付现金取得的长期股权投资，应当按照实际支付的购买价款作为初始投资成本。初始投资成本包括与取得长期股权投资直接相关的费用、税金及其他必要支出。   （ ）

四、不定项选择题（下列每小题备选答案中有一个或一个以上符合题意的正确答案）

甲公司 2019 年 1 月 1 日以在证券公司的存出投资款购入乙公司股份，购买价款为 5 200 万元，支付相关手续费 20 万元，占乙公司有表决权股份的 30%，甲公司能够对乙公司实施重大影响。投资当日乙公司可辨认净资产的账面价值为 15 000 万元（各项资产、负债的账面价值等于公允价值）。2019 年度乙公司实现盈利 3 000 万元；2019 年 3 月 18 日乙公司宣告分派现金股利 2 000 万元；2019 年 4 月 15 日甲公司收到乙公司分派的现金股利并存入投资款专户；2019 年 6 月 30 日乙公司一项可供出售金融资产公允价值下降了 800 万元；2019 年度乙公司发生亏损 2 000 万元。2020 年 2 月 15 日甲公司将持有的乙公司股份对外转让 40%（即乙公司全部股份的 12%），取得转让价款 2 000 万元已存入银行。转让后甲公司对乙公司仍具有重大影响。

要求：根据以上资料，不考虑其他因素，分析回答下列问题。（会计分录中的金额单位用万元表示）

1. 甲公司购入乙公司股份的下列说法中正确的是（   ）。
   A. 甲公司取得乙公司的长期股权投资入账成本应当为 5 200 万元
   B. 甲公司因能够对乙公司实施重大影响，所以该长期股权投资应当采用权益法核算
   C. 甲公司取得乙公司的长期股权投资入账成本应当为 5 220 万元
   D. 甲公司取得乙公司长期股权投资入账成本应当为 4 500 万元

2. 2019 年度乙公司实现盈利，甲公司应当编制的会计分录为（   ）。
   A. 无须进行账务处理

B. 借：长期股权投资——投资成本　　　　　　　　　900
　　　贷：投资收益　　　　　　　　　　　　　　　　900
C. 借：长期股权投资——损益调整　　　　　　　　　900
　　　贷：投资收益　　　　　　　　　　　　　　　　900
D. 借：长期股权投资——其他权益变动　　　　　　　900
　　　贷：投资收益　　　　　　　　　　　　　　　　900

3. 2019年3月18日乙公司宣告分派现金股利及2019年4月15日甲公司收到乙公司分派的现金股利的会计分录为（　　　）。

　　A. 借：应收股利　　　　　　　　　　　　　　　　600
　　　　贷：投资收益　　　　　　　　　　　　　　　　600
　　B. 借：应收股利　　　　　　　　　　　　　　　　600
　　　　贷：长期股权投资——损益调整　　　　　　　　600
　　C. 借：银行存款　　　　　　　　　　　　　　　　600
　　　　贷：应收股利　　　　　　　　　　　　　　　　600
　　D. 借：其他货币资金　　　　　　　　　　　　　　600
　　　　贷：应收股利　　　　　　　　　　　　　　　　600

4. 下列关于甲公司持有乙公司长期股权投资的表述正确的是（　　　）。

　　A. 乙公司可供出售金融资产公允价值下降800万元，甲公司应当确认减少长期股权投资的账面价值同时减少投资收益
　　B. 乙公司可供出售金融资产公允价值下降800万元，此笔业务不会影响甲公司当期损益
　　C. 乙公司发生经营亏损，甲公司应当按持股比例减少长期股权投资的账面价值
　　D. 乙公司发生经营亏损，此笔业务会影响甲公司当期损益

5. 甲公司将乙公司股份部分出售，下列会计处理的表述正确的是（　　　）。

　　A. 甲公司将持有的乙公司的长期股权投资对外出售后剩余的长期股权投资账面价值为2 808万元
　　B. 甲公同出售持有的乙公司长期股权投资对当月损益的影响为128万元
　　C. 甲公司出售持有的乙公司长期股权投资时应当确认的投资收益为32万元
　　D. 甲公司出售持有的乙公司长期股权投资后应继续采用权益法核算

参考答案

第四节 可供出售金融资产

Ⅰ 基础题

一、单项选择题（下列每小题备选答案中只有一个符合题意的正确答案）

1. 企业取得的可供出售金融资产，在持有期间被投资单位宣告分配的现金股利，应计入的会计科目是（　　）。
   A. 其他综合收益 B. 投资收益
   C. 营业外收入 D. 应收利息

2. 下列关于金融资产的表述不正确的是（　　）。
   A. 交易性金融资产初始取得时支付的交易费用计入当期损益
   B. 持有至到期投资在持有期间应当按期初摊余成本和实际利率计算当期投资收益
   C. 可供出售金融资产后续期间应当按照公允价值进行计量
   D. 可供出售金融资产发生减值通过其他综合收益核算

3. 下列各项中，关于可供出售金融资产会计处理表述不正确的有（　　）。
   A. 可供出售金融资产处置的净收益应计入投资收益
   B. 可供出售金融资产持有期间取得的现金股利应冲减投资成本
   C. 可供出售金融资产取得时发生的交易费用应计入初始投资成本
   D. 可供出售金融资产持有期间的公允价值变动额应计入所有者权益

4. 甲公司购入某上市公司2%的普通股股份，不准备随时变现，甲公司应将该项投资划分为（　　）。
   A. 交易性金融资产 B. 持有至到期投资
   C. 长期股权投资 D. 可供出售金融资产

5. 下列金融资产中，应作为可供出售金融资产的是（　　）。
   A. 企业从二级市场购入准备随时出售的普通股票
   B. 企业购入有意图和有能力持有至到期的公司债券
   C. 企业购入没有公开报价且不准备随时变现的A公司50%的股权
   D. 企业购入有公开报价但不准备随时变现的A公司5%的流通股票

6. 关于可供出售金融资产的计量，下列说法正确的是（　　）。
   A. 应当按取得该金融资产的公允价值和相关交易费用之和作为初始确认金额
   B. 应当按取得该金融资产的公允价值作为初始确认金额，相关交易费用计

入当期损益

C. 持有期间取得的利息或现金股利,应当冲减成本

D. 可供出售金融资产持有期间公允价值变动计入资本公积

7. A 公司于 2019 年 10 月 5 日从证券市场上购入 B 公司发行在外的股票 100 万股作为可供出售金融资产,每股支付价款 5 元,另支付相关费用 10 万元。2019 年 12 月 31 日,这部分股票的公允价值为 550 万元,A 公司 2019 年 12 月 31 日应确认的公允价值变动损益为( )万元。

  A. 0   B. 收益 50   C. 收益 40   D. 损失 40

8. 2019 年 1 月 1 日,甲公司购入 5 年期的公司债券,该债券于 2018 年 7 月 1 日发行,面值为 2 000 万元,票面利率为 5%,债券利息于每年年初支付。甲公司将其划分为可供出售金融资产,支付价款为 2 100 万元(其中包含已到付息期但尚未领取的债券利息),另支付交易费用 30 万元。甲公司该可供出售金融资产的入账价值为( )万元。

  A. 2 000   B. 2 080   C. 2 050   D. 2 130

二、多项选择题(下列每小题备选答案中有两个或两个以上符合题意的正确答案)

1. 关于可供出售金融资产,下列说法正确的有( )。

  A. 可供出售金融资产应当按取得该金融资产的公允价值和相关交易费用之和作为初始确认金额

  B. 可供出售金融资产持有期间取得的利息或现金股利,应当计入投资收益

  C. 资产负债表日,可供出售金融资产应当以公允价值计量,且公允价值变动计入当期损益

  D. 可供出售金融资产发生减值的,在确认减值损失时,应当将原直接计入所有者权益的公允价值下降形成的累计损失一并转出,计入减值损失

2. 下列可供出售金融资产的表述,正确的有( )。

  A. 可供出售金融资产发生的减值损失应计入当期损益

  B. 可供出售金融资产的公允价值变动应计入当期损益

  C. 取得可供出售金融资产发生的交易费用应直接计入投资收益

  D. 处置可供出售金融资产时,以前期间因公允价值变动计入其他综合收益的金额应转入当期损益

3. 关于可供出售金融资产,下列说法错误的是( )。

  A. 可供出售金融资产,应当采用实际利率法,按照摊余成本进行计量

  B. 可供出售金融资产,应当按照公允价值进行计量,且不扣除将来处置该金融资产时可能发生的交易费用

  C. 可供出售金融资产,应当按照公允价值进行计量,且要扣除将来处置该金融资产时可能发生的交易费用

D. 可供出售金融资产，应当按照公允价值进行计量，公允价值变化则应当计入当期损益

4. 下列各项中，影响可供出售金融资产债务工具摊余成本的有（　　）。
   A. 公允价值变动　　　　　　B. 分期收回的本金
   C. 利息调整的累计摊销额　　　D. 分期收回的利息

5. 下列有关可供出售金融资产的说法，正确的有（　　）。
   A. 可供出售权益工具投资发生的减值损失，不得通过损益转回
   B. 可供出售金融资产发生减值时，原直接计入其他综合收益中的因公允价值下降形成的累计损失应当予以转出，计入当期损益
   C. 可供出售金融资产发生减值时，原直接计入其他综合收益中的因公允价值下降形成的累计损失不必转出
   D. 对于已确认减值损失的可供出售债务工具，在随后的会计期间公允价值已上升且客观上与原减值损失确认后发生的事项有关的，原确认的减值损失应当予以转回，计入当期损益

6. 2019年2月8日，甲公司从证券市场购入乙公司发行的股票100万股，成交价为每股3.20元（含已宣告但尚未发放的现金股利0.3元），另支付交易费用2万元，作为可供出售金融资产核算；2019年3月5日，甲公司收到购买价款中包含的现金股利；2019年12月31日，乙公司股票市价为每股3.4元。2020年1月10日，甲公司将持有乙公司的股票全部出售，成交价为每股4.2元，另支付相关税费2.6万元，甲公司将处置价款扣除相关税费后的净额存入银行。不考虑其他因素，则甲公司的相关会计处理正确的有（　　）。
   A. 可供出售金融资产的入账价值为292万元
   B. 2019年3月5日收到现金股利时应确认投资收益30万元
   C. 2019年12月31日应确认其他综合收益48万元
   D. 2020年1月10日处置时应确认投资收益125.4万元

7. 企业可供出售金融资产的下列事项中影响当期损益的是（　　）。
   A. 可供出售金融资产发生减值　　B. 持有期间取得的现金股利
   C. 可供出售权益性工具减值的转回　D. 可供出售债务工具减值的转回

8. 企业取得的下列投资中，可以将其划分为可供出售金融资产核算的有（　　）。
   A. 对联营企业的股权投资
   B. 重大影响以下的股权投资
   C. 购买某公司发行的普通公司债券进行长期投资，但企业无力将其持有至到期
   D. 对合营企业的股权投资

9. 下列关于可供出售金融资产的表述正确的有（　　）。
   A. 企业将购买的公司债券作为可供出售金融资产核算的，后续期间应当采

用摊余成本乘以实际利率来进行计量

B. 企业将权益投资划分为可供出售金融资产核算，后续期间应当按照公允价值进行计量

C. 企业取得可供出售金融资产支付的交易费用应当计入取得成本

D. 可供出售金融资产计提减值准备后，如果减值迹象消失可以在原计提的范围内转回

10. 下列关于可供出售金融资产初始取得时的表述正确的有（　　）。

A. 可供出售金融资产应当按照取得时公允价值和相关交易费用之和作为初始确认金额

B. 购入债券作为可供出售金融资产核算的，应当按照债券的面值记入"可供出售金融资产——成本"科目中

C. 企业购入可供出售金融资产的价款中包括已宣告但尚未发放的股票股利的，应单独作为应收股利处理

D. 企业购入可供出售金融资产的价款中包括已到付息期但尚未领取的债券利息的，应单独计入应收利息。

11. 下列关于可供出售金融资产处置时的表述不正确的有（　　）。

A. 企业出售可供出售金融资产时，应当将取得的价款与账面价值之间的差额作为投资收益处理

B. 将原计入其他综合收益的金额一并结转到投资收益中

C. 如果是债券投资的可供出售金融资产应当将出售价款和摊余成本差额计入投资收益

D. 如果对可供出售金融资产计提了减值准备，应当将减值的金额计入所有者权益

三、判断题（正确的用"√"表示，错误的用"×"表示）

1. 企业取得的可供出售金融资产为股权投资的，相关交易费用计入"可供出售金融资产——利息调整"科目。（　　）

2. 可供出售金融资产应当按取得该金融资产的公允价值和相关交易费用之和作为初始确认金额。支付的价款中包含的已到付息期但尚未领取的债券利息或已宣告但尚未发放的现金股利也作为初始确认金额计入成本。（　　）

3. 可供出售金融资产期末按公允价值计量，因此期末不能计提减值准备。
（　　）

4. 可供出售权益工具投资发生的减值损失，不得通过损益转回。（　　）

5. 可供出售金融资产发生减值时，原直接计入所有者权益的因公允价值下降形成的累计损失，应当予以转出，计入当期损益。（　　）

6. 企业取得的可供出售金融资产为债权投资的，相关交易费用计入"可供出售金融资产——利息调整"科目。（　　）

7. 可供出售权益工具和债权工具的公允价值变动都是权益工具和债权工具本期末与上期末的公允价值的差额。   （ ）

四、不定项选择题（下列每小题备选答案中有一个或一个以上符合题意的正确答案）

M公司2019年2月3日分别以银行存款1 300万元和3 500万元购买甲公司和乙公司的普通股股票,另支付相关手续费分别为20万元和50万元。M公司将购买的甲公司的股票投资作为可供出售金融资产核算。因购买乙公司股票达到其有表决权股份的20%,能够对乙公司实施重大影响,所以M公司将购入乙公司股票投资作为长期股权投资核算。投资当日乙公司可辨认净资产的账面价值为18 000万元（与各项资产负债的公允价值相同）。2019年3月2日甲公司宣告分派现金股利,M公司按持股比例可分得150万元。2019年3月18日,乙公司宣告派现金股利2 000万元。2019年4月5日和4月19日M公司分别收到甲公司和乙公司分派的现金股利,并已存入银行。2019年度甲公司发生亏损2 000万元,乙公司实现盈利3 000万元。2019年12月31日对甲公司投资的公允价值为1 250万元。2020年2月1日,M公司将持有的甲公司股票全部转让,取得转让价款1 320万元已存入银行。

要求：根据以上资料,不考虑其他因素,回答下列问题。（答案中会计分录的金额单位用万元表示）

1. 下列关于M公司购入甲公司和乙公司股票的说法正确的是（   ）。
   A. 可供出售金融资产的入账价值为1 300万元
   B. 可供出售金融资产的入账价值为1 320万元
   C. 长期股权投资的入账价值为3 550万元
   D. 长期股权投资的入账价值为3 600万元

2. 下列关于M公司在3月2日和3月18日的会计处理正确的是（   ）。
   A. 贷：应收股利   150
      贷：投资收益   150
   B. 借：应收股利   400
      贷：投资收益   400
   C. 借：应收股利   150
      贷：可供出售金融资产——公允价值变动   150
   D. 借：应收股利   400
      贷：长期股权投资——损益调整   400

3. 下列关于2019年12月31日M公司的账务处理正确的是（   ）。
   A. 甲公司发生经营亏损,M公司应按持股比例减少可供出售金融资产的账面价值
   B. 资产负债表日对甲公司投资的公允价值下降应减少可供出售金融资产的

账面价值

C. 乙公司实现盈利，M公司应按持股比例增加长期股权投资的账面价值

D. 资产负债表日应按对乙公司投资的公允价值来调整长期股权投资的账面价值

4. 2019年12月31日M公司持有的可供出售金融资产和长期股权投资的账面价值分别为（　　）万元。

A. 1 300、3 800　　　　　　B. 1 250、3 600

C. 1 250、3 800　　　　　　D. 1 300、3 600

5. 2020年2月1日M公司将持有的甲公司股票全部转让，应确认投资收益为（　　）万元。

A. 50　　B. 0　　C. -50　　D. 100

Ⅱ 巩固题

一、单项选择题（下列每小题备选答案中只有一个符合题意的正确答案）

1. 甲公司2019年1月1日购买乙公司同日发行的5年期公司债券，支付价款950万元。甲公司将其划分为可供出售金融资产核算。该债券面值为1 000万元，票面利率为4%，该债券是分期付息到期还本债券。同类债券的市场利率为5.16%，则2019年12月31日该债券的摊余成本为（　　）万元。

A. 959.02　　B. 954.02　　C. 995.02　　D. 945.02

2. M公司从上海证券交易所购入A公司股票100万股（占A公司总股份的0.01%），实际支付价款530万元，另支付交易费用3万元。M公司将其划分为可供出售金融资产核算。至年末该股票的公允价值为5.6元/股，则年末可供出售金融资产的账面价值为（　　）万元。

A. 530　　B. 533　　C. 560　　D. 557

3. 已经确认减值损失的可供出售金融资产，在随后会计期间内公允价值上升且客观上与确认原减值损失的事项有关，在原已确认的减值损失范围内转回的金额应借记的会计科目是（　　）。

A. 资产减值损失　　　　　　B. 其他综合收益

C. 可供出售金融资产——减值准备　　D. 可供出售金融资产——利息调整

4. 甲公司2019年11月9日取得某项股权投资并将其划分为可供出售金融资产核算，取得投资支付价款2 000万元，另支付交易费用20万元。至2019年12月31日，该股权投资的公允价值为1 500万元（非暂时性下跌）。则下列处理正确的是（　　）。

A. 初始取得成本为2 000万元

B. 公允价值下降应计入其他综合收益 500 万元

C. 应当确认资产减值损失 520 万元

D. 公允价值的下降不会影响当期损益

5. 甲公司 2019 年 8 月 8 日支付 3 000 万元取得一项股权投资作为可供出售金融资产核算，支付价款中包括已宣告但尚未发放的现金股利 30 万元，另支付交易费用 20 万元，则甲公司该项可供出售金融资产的入账价值为（　　）万元。

　　A. 3 000　　B. 2 970　　C. 2 990　　D. 3 020

6. 某企业出售一项可供出售金融资产，实际取得价款 2 980 万元。该可供出售金融资产的账面价值为 2 800 万元（其中成本为 2 000 万元，公允价值变动为 800 万元），则出售时应当计入投资收益的金额为（　　）万元。

　　A. 180　　B. 980　　C. 880　　D. 800

7. 甲公司 2019 年 3 月 1 日购入乙公司发行的面值为 2 000 万元的公司债券，实际支付价款 2 000 万元（其中包括已到期但尚未领取的利息 50 万元），另支付相关交易费用 12 万元。甲公司将其划分为可供出售金融资产。则甲公司入账时"可供出售金融资产——利息调整"科目的金额为（　　）万元。

　　A. 50　　B. 38　　C. 62　　D. 0

二、多项选择题（下列每小题备选答案中有两个或两个以上符合题意的正确答案）

1. 企业取得的下列投资中，可以将其划分为可供出售金融资产核算的有（　　）。

　　A. 对联营企业的股权投资

　　B. 重大影响以下的股权投资

　　C. 购买某公司发行的普通公司债券进行长期投资，但企业无力将其持有至到期

　　D. 对合营企业的股权投资

2. 下列关于可供出售金融资产的表述正确的有（　　）。

　　A. 企业将购买的公司债券作为可供出售金融资产核算的，后续期间应当采用摊余成本乘以实际利率来进行计量

　　B. 企业将权益投资划分为可供出售金融资产核算，后续期间应当按照公允价值进行计量

　　C. 企业取得可供出售金融资产支付的交易费用应当计入取得成本

　　D. 可供出售金融资产计提减值准备后，如果减值迹象消失可以在原计提减值范围内转回

3. 下列关于可供出售金融资产初始取得时的表述正确的有（　　）。

　　A. 可供出售金融资产应当按照取得时公允价值和相关交易费用之和作为初始确认金额

B. 购入债券作为可供出售金融资产核算的，应当按照债券面值记入"可供出售金融资产——成本"科目中
C. 企业购入可供出售金融资产的价款中包括已宣告但尚未发放的股票股利的，应单独作为应收股利处理
D. 企业购入可供出售金融资产的价款中包括到付息期但尚未领取的债券利息的，应单独作为应收利息处理

4. 下列关于可供出售金融资产处置时的表述不正确的有（　　）。
   A. 企业出售可供出售金融资产时，应当将取得的价款与账面价值之间的差额作为投资收益处理
   B. 将原计入其他综合收益的金额一并结转到投资收益中
   C. 如果是债券投资的可供出售金融资产应当将出售价款和摊余成本差额计入投资收益
   D. 如果对可供出售金融资产计提了减值准备，应当将减值的金额计入所有者权益

5. 下列关于可供出售金融资产的表述，正确的有（　　）。
   A. 可供出售金融资产发生的减值损失应计入当期损益
   B. 可供出售金融资产的公允价值变动应计入当期损益
   C. 取得可供出售金融资产发生的交易费用应直接计入资本公积
   D. 处置可供出售金融资产时，以前期间因公允价值变动计入其他综合收益的金额应转入当期损益

6. 下列各项中，关于可供出售金融资产会计处理表述正确的有（　　）。
   A. 可供出售金融资产处置的净收益应计入投资收益
   B. 可供出售金融资产持有期间取得的现金股利应冲减投资成本
   C. 可供出售金融资产取得时发生的交易费用应计入初始投资成本
   D. 可供出售金融资产持有期间的公允价值变动额应计入所有者权益

7. 可供出售金融资产在减值恢复时可能涉及的会计科目有（　　）。
   A. 资产减值损失　　　　　　B. 公允价值变动损益
   C. 其他综合收益　　　　　　D. 可供出售金融资产——减值准备

8. 下列关于可供出售金融资产的会计处理表述不正确的有（　　）。
   A. 可供出售金融资产后续期间应当按期初摊余成本乘以实际利率进行计量
   B. 可供出售金融资产期末公允价值变动计入当期损益
   C. 可供出售金融资产减值转回金额计入当期损益
   D. 可供出售金融资产处置时应当将原计入该金融资产公允价值的变动转出计入当期损益

9. 下列关于可供出售金融资产的表述，不正确的有（　　）。
   A. 可供出售金融资产公允价值变动计入当期损益

B. 可供出售金融资产减值计入当期损益

C. 可供出售金融资产取得时的入账金额中不包括已宣告但尚未发放的现金股利

D. 可供出售金融资产取得时发生的交易费用计入当期损益

10. 下列关于可供出售金融资产的表述，正确的是（　　）。

A. 可供出售金融资产应当按照取得时公允价值和相关交易费用之和作为初始确认金额

B. 可供出售金融资产持有期间取得的利息或现金股利，应当计入投资收益

C. 资产负债表日，可供出售金融资产应当以公允价值计量，且公允价值变动计入其他综合收益

D. 可供出售金融资产处置时，确认的投资收益为取得的价款与该金融资产账面价值之间的差额

三、判断题（正确的用"√"表示，错误的用"×"表示）

1. 企业将某债权投资划分为可供出售金融资产核算的，实际支付的价款中包括交易费用，应当将此部分交易费用计入当期损益。（　　）

2. 可供出售金融资产处置时应当将取得的价款与账面价值的差额记入"投资收益"科目中，同时按照应从所有者权益中转出的公允价值累计变动额，借记或贷记"其他综合收益"科目，贷记或借记"投资收益"科目。（　　）

3. 可供出售金融资产发生减值后原减值因素消失的，可以在原已确认减值损失的范围内转回，同时调整资产减值损失。（　　）

4. 对于已确认减值损失的可供出售金融资产，在随后会计期间内公允价值已上升且客观上与确认原减值损失事项有关的，应当在原已确认的减值损失范围内转回，同时调整资产减值损失或所有者权益。（　　）

5. 可供出售金融资产应当按取得该金融资产的公允价值和相关交易费用之和作为初始确认金额。支付的价款中包含的已到付息期但尚未领取的债券利息或已宣告但尚未发放的现金股利，应单独确认为应收项目。（　　）

6. 对于可供出售权益工具投资，如果其公允价值低于其成本，则说明可供出售权益工具投资已发生减值。（　　）

7. 可供出售金融资产发生减值时，即使该金融资产没有终止确认，原直接计入所有者权益中的因公允价值下降形成的累计损失，也应当予以转出，计入当期损益。（　　）

四、不定项选择题（下列每小题备选答案中有一个或一个以上符合题意的正确答案）

甲公司 2019 年 1 月 12 日以银行存款购入乙公司于 2018 年 1 月 1 日发行的公司债券，支付购买价款 3 230 万元（其中包括 2018 年度已到付息期但尚未领取的

债券利息180万元及交易手续费20万元)。该债券面值为3 000万元,票面利率6%,期限为4年。每年1月22日支付上年度利息。同类债券的市场利率为5.6%。甲公司将其划分为可供出售金融资产核算。2019年1月22日甲公司收到乙公司上年度债券利息180万元并存入银行。2019年12月31日,该债券的市场公允价值为3 100万元。

要求:根据以上资料,不考虑其他因素,分析回答下列问题。

1. 甲公司购入乙公司发行的公司债券,下列表述正确的是(   )。

    A. 甲公司可供出售金融资产的入账成本为3 050万元

    B. 甲公司购入该债券发生的手续费计入可供出售金融资产的入账价值

    C. 甲公司购入债券时应当确认应收利息180万元

    D. 甲公司购入该债券时应当确认的"可供出售金融资产——利息调整"为50万元

2. 甲公司2019年12月31日可供出售金融资产的摊余成本为(   )万元。

    A. 3 040.80   B. 3 050   C. 3 100   D. 2 870

3. 甲公司2019年12月31日可供出售金融资产的账面价值为(   )万元。

    A. 3 040.80   B. 3 050   C. 3 100   D. 2 870

4. 甲公司2019年12月31日应确认的投资收益为(   )万元。

    A. 170.80   B. 180   C. 168   D. 169.68

5. 下列关于甲公司持有乙公司债券的说法正确的是(   )。

    A. 甲公司持有乙公司债券在资产负债表日应当按公允价值进行计量

    B. 甲公司在2019年12月31日应当确认的"其他综合收益"为59.2万元

    C. 甲公司不可以在该债券到期前将其出售

    D. 甲公司持有乙公司债券在资产负债表日应按摊余成本对可供出售金融资产进行计量

参考答案

第六章 无形资产

第一节 无形资产

Ⅰ 基础题

一、单项选择题（下列每小题备选答案中只有一个符合题意的正确答案）

1. A 公司为甲、乙两个股东共同投资设立的股份有限公司。经营一年后，甲、乙股东之外的另一个投资者丙要求加入 A 公司。经协商，甲、乙同意丙以一项非专利技术投入，三方确认该非专利技术的价值是 100 万元。该项非专利技术在丙公司的账面余额为 120 万元，市价为 100 万元。那么该项非专利技术在 A 公司的入账价值为（　　）万元。

　　A. 100　　　　B. 120　　　　C. 0　　　　D. 150

2. 由投资者投资转入无形资产，应按合同或协议约定的价值（假定该价值是公允的），借记"无形资产"科目，按其在注册资本中所占的份额，贷记"实收资本"科目，按其差额计入下列科目的是（　　）。

　　A. 资本公积——资本（或股本）溢价

　　B. 营业外收入

　　C. 资本公积——其他资本公积

　　D. 最低租赁付款额

3. 企业在研发阶段发生的研发无形资产的相关支出应先计入（　　）科目。

　　A. 无形资产　　B. 管理费用　　C. 研发支出　　D. 累计摊销

4. 企业购入或支付土地出让金取得的土地使用权，用于建造厂房等地上建筑物时，通常作为（　　）科目核算。

　　A. 固定资产　　B. 在建工程　　C. 无形资产　　D. 长期待摊费用

5. "无形资产"账户期末借方余额，反映企业无形资产的（　　）。

　　A. 历史成本　　B. 摊余价值　　C. 账面价值　　D. 可收回金额

6. 甲公司出售所拥有的无形资产一项，价款 300 万元，增值税 18 万元。该无形资产取得时实际成本为 400 万元，已摊销 120 万元，已计提减值准备 50 万元。

甲公司出售该项无形资产应计入当期损益的金额为（　　）万元。

  A. 20   B. -70   C. -20   D. 70

7. 企业摊销自用的、使用寿命确定的无形资产时，借记"管理费用"科目，贷记（　　）科目。

  A. 无形资产   B. 累计摊销

  C. 累计折旧   D. 无形资产减值准备

8. 在会计期末，股份有限公司所持有的无形资产的账面价值高于其可收回金额的差额，应当计入（　　）科目。

  A. 管理费用 B. 资产减值损失 C. 其他业务成本 D. 营业外支出

9. 甲公司以235万元（不含税）的价格对外转让一项专利权。该项专利权系甲公司以500万元（不含税）的价格购入，购入时该专利权预计使用年限为10年，法律规定的有效使用年限为12年。转让时该专利权已使用5年。转让该专利权应交的增值税为30万元，该无形资产按直线法摊销，预计净残值为零。假定不考虑其他相关税费。该专利权在第5年年末预计可收回金额240万元。甲公司转让该专利权所获得的净收益为（　　）万元。

  A. 0   B. 5   C. -5   D. -35

10. 甲公司购入一项财务软件用于企业财务部门，甲公司将此软件作为无形资产核算，则甲公司计提摊销时应计入的会计科目是（　　）。

  A. 管理费用 B. 销售费用 C. 财务费用 D. 其他业务成本

二、多项选择题（下列每小题备选答案中有两个或两个以上符合题意的正确答案）

1. 下列可以确认为无形资产的有（　　）。

  A. 计算机公司购入的为客户开发的软件

  B. 高级专业技术人才

  C. 企业通过行政划拨无偿取得的土地使用权

  D. 购买的商标权

2. 外购无形资产的成本，包括（　　）。

  A. 购买价款

  B. 支付的增值税

  C. 其他相关税费

  D. 直接归属于使该项资产达到预定用途所发生的其他支出

3. 下列有关无形资产的后续计量中，说法不正确的是（　　）。

  A. 使用寿命不确定的无形资产，其应摊销的金额应该按照10年进行摊销

  B. 无形资产的摊销方法必须采用直线法进行摊销

  C. 使用寿命不确定的无形资产应该按照系统合理的方法摊销

  D. 企业无形资产的摊销方法应当反映与该项无形资产有关的经济利益的预

期实现方式

4. 下列有关无形资产的会计处理中，说法不正确的是（   ）。
   A. 转让无形资产使用权所取得的收入应计入营业外收入
   B. 使用寿命不确定的无形资产，不应该进行价值摊销
   C. 转让无形资产所有权产生的净损益应计入营业外收支
   D. 购入但尚未投入使用的、使用寿命确定的无形资产不应进行价值摊销

三、判断题（正确的用"√"表示，错误的用"×"表示）

1. 无形资产是指企业拥有或控制的没有实物形态的非货币性长期资产。（   ）
2. 使用寿命不确定的无形资产不用进行摊销，也不用进行减值测试计提减值准备。（   ）
3. 无形资产在使用过程中，其使用寿命及摊销方法无须进行复核。（   ）
4. 对自行开发并按法律程序申请取得的无形资产，按在研究与开发过程中发生的材料费用、直接参与开发人员的薪酬、开发过程中发生的租金、借款费用，以及注册费、聘请律师费等费用作为无形资产的实际成本。（   ）
5. 各种无形资产的残值都为零。（   ）
6. 工业企业为建造生产车间而购入的土地使用权在生产车间正式动工建造之前应作为工程物资核算。（   ）
7. 企业的无形资产均应按照直线法进行摊销。（   ）
8. 使用寿命确定的无形资产的摊销应计入管理费用。（   ）
9. 无形资产摊销时，应该冲减无形资产的实际成本。（   ）
10. "无形资产"科目的期末借方余额，反映企业无形资产的账面价值。（   ）
11. 资产负债表中的"无形资产"项目的期末余额，反映期末无形资产的账面价值。（   ）
12. 无法区分研究阶段支出和开发阶段支出，应当将其所发生的研发支出全部计入当期损益。（   ）
13. 无形资产预期不能为企业带来经济利益的，应将无形资产的账面价值转入"管理费用"科目。（   ）
14. 由于出售无形资产属于企业的日常活动，因此出售无形资产所取得的收入应通过"其他业务收入"科目核算。（   ）
15. 土地使用权均作为企业的无形资产进行核算。（   ）

四、不定项选择题（下列每小题备选答案中有一个或一个以上符合题意的正确答案）

甲公司无形资产相关业务如下：

1. 2017 年 1 月 1 日，外购一项管理用无形资产 A，实际支付的价款为 100 万元，增值税 6 万元。A 无形资产的预计使用寿命为 5 年。
2. 2018 年 12 月 31 日，由于与 A 无形资产相关的经济因素发生不利变化，致使

A 无形资产发生减值。甲企业估计其可收回金额为 48 万元,剩余使用寿命为 3 年。

3. 2020 年 12 月 31 日,甲公司发现,导致 A 无形资产在 2015 年发生减值损失的不利经济因素已全部消失,且此时估计 A 无形资产的可收回金额为 20 万元。

要求:根据上述资料,不考虑其他因素,回答下列问题。

1. 下列关于无形资产摊销说法正确的是(　　)。
   A. 当月取得的无形资产当月开始摊销
   B. 当月取得的无形资产当月不摊销,下月开始摊销
   C. 所有的无形资产都需要摊销
   D. 无形资产净残值一定为 0

2. 2017 年无形资产的摊销额为(　　)万元。
   A. 10　　　B. 20　　　C. 25　　　D. 30

3. 2018 年应计提的减值准备为(　　)万元。
   A. 18　　　B. 62　　　C. 12　　　D. 42

4. 2019 年无形资产的摊销额为(　　)万元。
   A. 6　　　B. 20　　　C. 16　　　D. 10

5. 2020 年 12 月 31 日应计提的无形资产减值准备为(　　)万元。
   A. -42　　　B. 0　　　C. -62　　　D. -19

Ⅱ 巩固题

一、单项选择题(下列每小题备选答案中只有一个符合题意的正确答案)

1. 下列各项中,关于企业无形资产的表述不正确的是(　　)。
   A. 使用寿命不确定的无形资产不应摊销
   B. 研究阶段和开发阶段的支出应全部计入无形资产成本
   C. 无形资产应当按照成本进行初始计量
   D. 出租无形资产的摊销额应计入其他业务成本

2. 下列各项中,关于无形资产摊销的表述不正确的是(　　)。
   A. 使用寿命不确定的无形资产不应摊销
   B. 出租无形资产的摊销额应计入管理费用
   C. 使用寿命有限的无形资产处置当月不再摊销
   D. 无形资产的摊销方法主要有直线法和生产总量法

3. 下列各项中不属于企业无形资产的是(　　)。
   A. 商标权　　B. 非专利技术　　C. 商誉　　D. 土地使用权

4. 下列各项中不构成无形资产入账价值的是(　　)。
   A. 购买价款　　B. 相关税费　　C. 推广费　　D. 注册费

5. 甲公司 2019 年 7 月 4 日购入一项商标权，支付购买价款 200 万元，增值税 12 万元，支付相关过户手续费 10 万元，为推广以该商标权所生产的产品发生的宣传费 20 万元，支付注册登记费 18 万元。则甲公司购入无形资产的入账成本为（　　）万元。

　　A. 200　　　　B. 212　　　　C. 228　　　　D. 250

6. 2019 年 7 月 28 日 A 公司从 B 公司购入一项土地使用权，支付购买价款 2 000 万元，支付契税 80 万元，支付过户登记费 2 万元。A 公司预计该土地使用权尚可使用 30 年，采用直线法摊销。则 A 公司 2019 年应计提摊销的金额为（　　）万元。

　　A. 28.92　　　B. 34.70　　　C. 34.67　　　D. 28.89

7. 某企业自行研发一项非专利技术，截至 2019 年 3 月共计发生研发支出 2 000 万元。经测试该非专利技术完成了研究阶段。从 2019 年 4 月 1 日开始进入开发阶段，截至 2019 年 11 月 9 日研发活动结束，共计发生研发支出 1 500 万元（假定全部符合资本化条件）。企业预计该非专利技术可以使用 8 年，采用直线法计提摊销。则 2019 年对该非专利技术应计提的摊销为（　　）万元。

　　A. 15.63　　　B. 31.25　　　C. 36.46　　　D. 72.92

8. 2019 年 8 月 10 日，甲公司购买一项专利权，支付购买价款 200 万元，支付增值税 12 万元，支付注册费 1 万元。该专利权合同约定使用年限为 10 年，相关法律法规规定使用 8 年，采用直线法计提摊销。则甲公司 2019 年对该专利权计提的摊销金额为（　　）万元。

　　A. 10.47　　　B. 8.46　　　C. 6.77　　　D. 9.33

9. 甲公司 2019 年 12 月将一项自行研发的非专利技术对外转让，取得转让价款 300 万元，增值税 18 万元。已知该非专利技术的成本为 300 万元，已摊销 30 万元。不考虑相关税费，下列说法正确的是（　　）。

　　A. 计入营业外收入 30 万元　　　B. 计入营业外支出 30 万元
　　C. 计入其他业务收入 30 万元　　　D. 计入资产处置损益 30 万元

10. 企业出租无形资产使用权取得的收入应计入（　　）。

　　A. 营业外收入　　　　B. 主营业务收入
　　C. 其他业务收入　　　D. 投资收益

11. 甲公司 2019 年 9 月 2 日以 1 300 万元价格对外转让一项商标权。该商标权系甲公司 2015 年 1 月 9 日以 2 000 万元购入，购入时该商标权预计使用 8 年，法律规定有效期 10 年。甲公司采用直线法对无形资产计提摊销。假定不考虑相关税费，则甲公司在转让无形资产时的损益为（　　）万元。

　　A. 266.67　　　B. 446.67　　　C. 290.64　　　D. 220.45

12. 2019 年年初远通公司自行研发一项非专利技术，截至 2019 年 7 月 31 日，发生的各项研究支出合计为 350 万元，经测试，该项研发活动完成了研究阶段，从 2019 年 8 月 1 日起进入开发阶段。2019 年 11 月 5 日开发完成，远通公司形成一项非专利技术，共计发生开发支出 180 万元（符合资本化条件），远通公司无法可靠预计该项非专利技术的使用寿命。则下列说法不正确的是（   ）。

A. 发生的研究阶段支出 350 万元应计入管理费用中
B. 发生的开发阶段支出 180 万元应计入无形资产中
C. 该非专利技术当年需按 2 个月进行摊销
D. 远通公司在 12 月 31 日应当对该非专利技术进行减值测试

二、多项选择题（下列每小题备选答案中有两个或两个以上符合题意的正确答案）

1. 下列关于无形资产会计处理的表述，正确的有（   ）。
   A. 无形资产均应确定预计使用年限并分期摊销
   B. 有偿取得的自用土地使用权应确认为无形资产
   C. 内部研发项目开发阶段支出应全部确认为无形资产
   D. 无形资产减值损失一经确认后在以后会计期间不得转回

2. 下列各项中属于无形资产摊销可能计入的科目有（   ）。
   A. 制造费用　　B. 管理费用　　C. 其他业务成本　　D. 研发支出

3. 下列各项中属于无形资产特征的有（   ）。
   A. 不具有实物形态　　　　　B. 具有可辨认性
   C. 具有非货币性　　　　　　D. 能够为企业带来经济利益

4. 下列各项中可以认定为企业无形资产的有（   ）。
   A. 外购的商标权　　　　　　B. 自行研发的非专利技术
   C. 企业合并形成的商誉　　　D. 已出租的土地使用权

5. 下列关于企业内部研发形成无形资产的表述中正确的有（   ）。
   A. 应当区分研究阶段和开发阶段
   B. 研究阶段的支出一律费用化
   C. 开发阶段的支出一律资本化
   D. 无法区分研究阶段支出和开发阶段支出的一律费用化

6. 下列关于无形资产处置的表述正确的有（   ）。
   A. 应当按实际收到的金额计入银行存款科目中
   B. 按应支付的相关税费计入应交税费科目中
   C. 处置价款大于无形资产账面价值和出售相关税费的差额计入营业外收入
   D. 处置价款小于无形资产账面价值和出售相关税费的差额计入营业外支出

7. 对使用寿命有限的无形资产，下列说法正确的有（   ）。
   A. 其摊销期限应当自无形资产可供使用时起至不再作为无形资产确认时止
   B. 其应摊销金额应当在使用寿命内系统、合理摊销
   C. 无形资产的应摊销金额为其成本扣除预计残值后的金额，已计提减值准备的无形资产，还应扣除已计提的无形资产减值准备累计金额

D. 其摊销期限应当自无形资产可供使用的下个月起至不再作为无形资产确认时止

8. 下列各项中会引起无形资产账面价值发生增减变动的有（　　）。
   A. 内部研发无形资产研究阶段的支出
   B. 无形资产计提减值准备
   C. 摊销无形资产
   D. 出售无形资产

9. 下列各项资产计提减值准备后，在持有期间减值损失不得转回的有（　　）。
   A. 固定资产　　　　　　　　B. 长期股权投资
   C. 可供出售金融资产　　　　D. 存货

10. 下列关于无形资产摊销的说法，正确的有（　　）。
    A. 企业出租无形资产的摊销价值应该计入营业外支出
    B. 无形资产应当自可供使用当月起开始进行摊销
    C. 当月达到预定用途的无形资产，当月不摊销，下月开始摊销
    D. 企业并不是所有的无形资产都要进行摊销

三、判断题（正确的用"√"表示，错误的用"×"表示）

1. 使用寿命有限的无形资产应自取得的次月起摊销。（　　）
2. 企业无法可靠区分研究阶段和开发阶段支出的，应将其所发生的研发支出全部资产化计入无形资产成本。（　　）
3. 专门用于生产某产品的无形资产，其所包含的经济利益通过所生产的产品实现的，该无形资产的摊销额应计入产品成本。（　　）
4. 商誉不具有实物形态，所以企业应当将其划分为无形资产核算。（　　）
5. 企业无形资产的取得方式主要有外购和自行研发等。（　　）
6. 企业自行研发的无形资产如果不能合理预计其使用寿命，则应当按5年来摊销。（　　）
7. 企业选择的摊销方法应当反映与该资产有关的经济利益预期实现的方式。（　　）
8. 资产负债表日应当对所有的无形资产进行减值测试。（　　）
9. 无形资产减值损失一经确认，在以后期间不得转回。（　　）
10. 企业处置无形资产的净收益应当计入营业外收入中。（　　）
11. 企业对无形资产计提的摊销额一定会对企业当期损益产生影响。（　　）

四、不定项选择题（下列每小题备选答案中有一个或一个以上符合题意的正确答案）

甲企业为增值税一般纳税人，2018年度至2020年度发生的与无形资产有关业务如下：

1. 2018年1月10日，甲企业开始自行研发一项行政管理用非专利技术，截

至2018年5月31日，用银行存款支付外单位协作费74万元，领用本单位原材料成本26万元，经测试，该项研发活动已完成研究阶段。

2. 2018年6月1日研发活动进入开发阶段，该阶段发生研究人员的薪酬支出35万元，领用材料成本85万元，全部符合资本化条件。2018年12月1日，该项研发活动结束，最终开发形成一项非专利技术投入使用，该非专利技术预计可使用年限为5年，预计净残值为零，采用直线法摊销。

3. 2019年1月1日，甲企业将该非专利技术出租给乙企业，双方约定租赁期限为2年，每月末以银行转账结算方式收取租金1.5万元。

4. 2020年12月31日，租赁期限届满，经减值测试，该非专利技术的可收回金额为52万元。

要求：根据上述资料，不考虑其他因素，分析回答下列小题。（答案中会计分录的金额单位用万元表示）

1. 根据资料1和2，甲企业自行研究开发无形资产的入账价值是（　　）万元。
  A. 100　　　　B. 120　　　　C. 146　　　　D. 220

2. 根据资料1至3，下列各项中，关于甲企业该非专利技术摊销的会计处理表述正确的是（　　）。
  A. 应当自可供使用的下月起开始摊销
  B. 应当自可供使用的当月起开始摊销
  C. 该非专利技术出租前的摊销额应计入管理费用
  D. 摊销方法应当反映与该非专利技术有关的经济利益的预期实现方式

3. 根据资料3，下列各项中，甲企业2019年1月出租无形资产和收取租金的会计处理正确的是（　　）。
  A. 借：其他业务成本　　2　　　　B. 借：管理费用　　　　2
    贷：累计摊销　　　　2　　　　 贷：累计摊销　　　　2
  C. 借：银行存款　　1.5　　　　　D. 借：银行存款　　　　1.5
    贷：其他业务收入1.5　　　　 贷：营业外收入　　　1.5

4. 根据资料4，甲企业非专利技术的减值金额是（　　）万元。
  A. 0　　　　B. 18　　　　C. 20　　　　D. 35.6

5. 根据资料1至4，甲企业2020年12月31日应列入资产负债表"无形资产"项目的金额是（　　）万元。
  A. 52　　　　B. 70　　　　C. 72　　　　D. 88

参考答案

第二节 其他资产

一、单项选择题（下列每小题备选答案中只有一个符合题意的正确答案）

1. 下列各项中，应计入长期待摊费用的是（　　）。
   A. 生产车间固定资产日常修理
   B. 生产车间固定资产更新改造支出
   C. 经营租赁方式租入固定资产改良支出
   D. 融资租赁方式租入固定资产改良支出

2. 企业一年内到期的长期待摊费用，应当在资产负债表中的（　　）列示。
   A. 长期应收款
   B. 应收账款
   C. 其他长期资产
   D. 流动资产中一年内到期的非流动资产

3. 某企业以经营租赁方式租入一栋厂房，该厂房发生改良支出应计入（　　）科目中。
   A. 管理费用　　B. 在建工程　　C. 制造费用　　D. 长期待摊费用

二、多项选择题（下列每小题备选答案中有两个或两个以上符合题意的正确答案）

下列各项支出应计入长期待摊费用的有（　　）。
A. 经营租赁设备的改良支出　　B. 自有设备的改良支出
C. 企业发生的开办费　　D. 经营租入办公楼的装修费

三、判断题（正确的用"√"表示，错误的用"×"表示）

如果"长期待摊费用"项目不能在以后会计期间受益的，应当将尚未摊销的该项目的摊余价值全部转入当期损益。（　　）

参考答案

第七章 流动负债

第一节 短期借款

Ⅰ 基础题

一、单项选择题（下列每小题备选答案中只有一个符合题意的正确答案）

1. 下列各项中，对企业在生产经营期间的资产负债表日，按合同利率计算的短期借款利息费用的会计处理正确的是（   ）。
   A. 借记"财务费用"科目，贷记"短期借款"科目
   B. 借记"财务费用"科目，贷记"其他应付款"科目
   C. 借记"财务费用"科目，贷记"应付利息"科目
   D. 借记"短期借款"科目，贷记"应付利息"科目

2. 2018年7月1日，某企业向银行借入一笔经营周转资金100万元，期限为6个月，到期一次还本付息，年利率为6%，借款利息按月计提，则2018年12月31日偿还该短期借款前，其账面价值为（   ）万元。
   A. 120.5   B. 102.5   C. 100   D. 102

3. 短期借款账户应该按照（   ）设置明细账。
   A. 借款种类   B. 债权人   C. 借款的性质   D. 借款的时间

4. 短期借款利息数额不大，可以直接支付、不预提，在实际支付时直接记入（   ）账户。
   A. 财务费用   B. 管理费用   C. 应付利息   D. 销售费用

5. 短期借款的期限通常在（   ）。
   A. 一年以上
   B. 一年以下（含一年）
   C. 一个经营周期以内
   D. 一年或一个经营周期以内

6. 假设企业每月末计提利息，企业每季度末收到银行寄来的短期借款利息付款通知单时，应贷记（   ）科目。
   A. 库存现金   B. 银行存款   C. 财务费用   D. 应付利息

二、多项选择题（下列每小题备选答案中有两个或两个以上符合题意的正确答案）

1. 下列各项中，属于流动负债的有（　　）。
   A. 预收账款　　　　　　　　B. 其他应付款
   C. 预付账款　　　　　　　　D. 一年内到期的非流动负债

2. 企业核算短期借款利息时，可能会涉及的会计科目有（　　）。
   A. 短期借款　　B. 财务费用　　C. 应付利息　　D. 银行存款

3. 企业核算短期借款时，可能会涉及的会计科目有（　　）。
   A. 短期借款　　B. 财务费用　　C. 应付利息　　D. 银行存款

三、判断题（正确的用"√"表示，错误的用"×"表示）

1. 企业到期无力偿付的银行承兑汇票，应按其账面余额转入"资本公积"。（　　）

2. 短期借款的利息可以预提，也可以在实际支付时直接记入当期损益。（　　）

3. 企业的借款通常按照其流动性或偿还时间的长短，划分为短期借款和长期借款。（　　）

4. 到期还本付息的短期借款，如果利息金额不大，可以不预提，而在实际支付时直接计入当期损益。（　　）

Ⅱ 巩固题

一、单项选择题（下列每小题备选答案中只有一个符合题意的正确答案）

1. 2018年1月1日，某企业向银行借入资金600 000元，期限为6个月，年利率为5%，借款利息分月计提，季末交付，本金到期归还。下列各项中，2018年6月30日，该企业交付借款利息的会计处理正确的是（　　）。

   A. 借：财务费用　　5 000　　　　B. 借：财务费用　　7 500
   　　应付利息　　2 500　　　　　　　贷：银行存款　　7 500
   　　贷：银行存款　　7 500
   C. 借：应付利息　　5 000　　　　D. 借：财务费用　　2 500
   　　贷：银行存款　　5 000　　　　　　应付利息　　5 000
   　　　　　　　　　　　　　　　　　　　贷：银行存款　　7 500

2. 按现行会计制度规定，短期借款发生的利息，一般应记入的会计科目是（　　）。
   A. 管理费用　　B. 投资收益　　C. 财务费用　　D. 营业外支出

3. 下列属于短期借款的有（　　）。

A. 固定资产投资借款　　　　　　B. 更新改造借款

C. 科研开发借款　　　　　　　　D. 生产经营周转借款

4. 如果企业开出的银行承兑汇票不能如期支付，应在票据到期且未签发新的票据时，将应付票据账面价值转入（　　）账户。

A. 短期借款　　B. 应收账款　　C. 坏账准备　　D. 应付账款

5. 短期借款核算时不涉及的账户是（　　）。

A. 管理费用　　B. 应付利息　　C. 财务费用　　D. 银行存款

二、多项选择题（下列每小题备选答案中有两个或两个以上符合题意的正确答案）

下列各项中，应列入资产负债表"应付利息"项目的有（　　）。

A. 计提的短期借款利息

B. 计提的一次还本付息债券利息

C. 计提的分期付息到期还本债券利息

D. 计提的分期付息到期还本长期借款利息

三、判断题（正确的用"√"表示，错误的用"×"表示）

企业向银行或其他金融机构借入的各种款项所发生的利息应当计入财务费用。

（　　）

参考答案

第二节 应付款项

Ⅰ 基础题

一、单项选择题（下列每小题备选答案中只有一个符合题意的正确答案）

1. 预收货款业务不多的企业，可以不设置"预收账款"科目，其所发生的预收货款，可以通过（　　）核算。
   A. "应收账款"科目借方　　B. "应付账款"科目借方
   C. "应收账款"科目贷方　　D. "应付账款"科目贷方

2. 企业发生赊购商品业务，下列各项中不影响应付账款入账金额的是（　　）。
   A. 商品价款　　　　　　　B. 增值税进项税额
   C. 现金折扣　　　　　　　D. 销货方代垫运杂费

3. 企业对确实无法支付的应付账款，应转入的会计科目是（　　）。
   A. 其他业务收入　　　　　B. 资本公积
   C. 盈余公积　　　　　　　D. 营业外收入

4. 下列各项中，企业无力支付到期的银行承兑汇票，应将应付票据账面余额转入的会计科目是（　　）。
   A. 长期借款　　　　　　　B. 短期借款
   C. 其他应付款　　　　　　D. 应付账款

5. 某企业为增值税一般纳税人，于2019年4月2日从甲公司购入一批产品并已验收入库。增值税专用发票上注明该批产品的价款为150万元，增值税税额为19.5万元，合同中规定的现金折扣条件为"2/10，1/20，n/30"，假定计算现金折扣时不考虑增值税。该企业在2019年5月11日付清货款，则该企业购买产品时应付账款的入账价值为（　　）万元。
   A. 147　　　　　　　　　　B. 150
   C. 175.5　　　　　　　　　D. 169.5

6. 下列各项中，关于应付票据的利息核算，说法正确的是（　　）。
   A. 通过"应付利息"科目核算　　B. 通过"财务费用"科目核算
   C. 通过"应付账款"科目核算　　D. 通过"应付票据"科目核算

7. 下列各项中，应通过"其他应付款"科目核算的是（　　）。
   A. 应付现金股利　　　　　B. 应交教育费附加
   C. 代扣职工房租　　　　　D. 代垫职工医药费

8. 2018年3月1日某企业购入一批球衣，开出一张面值为23 400元，期限为

3个月的商业承兑汇票。2018年6月1日当该企业无力支付票款时，下列会计处理正确的是（　　）。

A. 借：应付票据　　23 400
　　　贷：短期借款　　23 400

B. 借：应付票据　　23 400
　　　贷：其他应付款　23 400

C. 借：应付票据　　23 400
　　　贷：应付账款　　23 400

D. 借：应付票据　　23 400
　　　贷：预付账款　　23 400

9. 关于预收账款，下列说法不正确的是（　　）。

A. 预收账款所形成的负债，一般不是以货币偿付，而是以货物清偿

B. "预收账款"科目借方登记企业向购货方发货后冲销的预收账款数额和退回购货方多付账款的数额。

C. 预收货款业务不多的企业，可以不单独设置"预收账款"科目，其所发生的预收货款，可通过"预付账款"科目核算

D. 预收账款属于企业的短期债务

二、多项选择题（下列每小题备选答案中有两个或两个以上符合题意的正确答案）

1. 下列各项中，影响应付账款入账金额的有（　　）。

A. 购买商品的价款　　B. 现金折扣
C. 增值税进项税额　　D. 销货方代垫的运费

2. 下列各项中，影响应付账款入账金额的有（　　）。

A. 购买商品的价款　　B. 现金折扣
C. 增值税销项税额　　D. 销货方代垫的运费

3. 企业因购买材料、商品或接受劳务等开出的商业承兑汇票，应当按其票面余额作为应付票据的入账金额。下列各项中，可能记在借方的有（　　）。

A. 材料采购　　B. 原材料
C. 库存商品　　D. 应付票据

4. 下列各项中，应通过"其他应付款"科目核算的有（　　）。

A. 应付的租入包装物租金　　B. 应交的教育费附加
C. 应付的客户存入保证金　　D. 应付的经营租入固定资产租金

5. 下列关于应付账款的处理中，正确的是（　　）。

A. 货物与发票账单同时到达，待货物验收入库后，按发票账单登记入账
B. 货物已到但发票账单未同时到达，待月份终了时暂估入账
C. 现金折扣不影响应付账款的确认金额
D. 应付账款包括购入原材料时应支付的增值税

6. 下列各项中，计入其他应付款的有（　　）。

A. 根据法院判决应支付的合同违约金
B. 租入包装物应支付的租金

C. 根据购销合同预收的货款

D. 租入包装物支付的押金

三、判断题（正确的用"√"表示，错误的用"×"表示）

1. 预收账款不多的企业，可以不设置"预收账款"科目。企业预收客户货款时，直接将其记入"其他应收款"科目的贷方。（　　）

2. 预收账款不多的企业，可以不设置"预收账款"科目。企业预收客户货款时，直接将其记入"应收账款"科目的贷方。（　　）

3. 企业股东大会宣告分配现金股利时，在实际支付前应借记"利润分配"，贷记"应付股利"。（　　）

4. "其他应付款"科目核算企业应付其他单位或个人的货款、股利及其他款项。（　　）

5. 预收账款不多的企业，可以不设置"预收账款"科目。企业预收客户货款时，直接将其记入"应收账款"科目的借方。（　　）

Ⅱ 巩固题

一、单项选择题（下列每小题备选答案中只有一个符合题意的正确答案）

1. 银行承兑汇票到期，企业无力支付票款的，按应付票据的账面价值，借记"应付票据"科目，贷记（　　）科目。

　　A. 应付账款　　　　　　　B. 短期借款

　　C. 其他应付款　　　　　　D. 预付账款

2. 下列关于应付票据会计处理的说法，不正确的是（　　）。

　　A. 企业到期无力支付的商业承兑汇票，应按账面余额转入"短期借款"

　　B. 企业支付的银行承兑汇票手续费，记入当期"财务费用"

　　C. 企业到期无力支付的银行承兑汇票，应按账面余额转入"短期借款"

　　D. 企业开出商业汇票，应当按其票面金额作为应付票据的入账金额

3. 企业转销无法支付的应付账款时，应将该应付账款的账面余额转入（　　）科目。

　　A. 管理费用　　　　　　　B. 其他应付款

　　C. 营业外收入　　　　　　D. 资本公积

4. 下列事项中，不计入"其他应付款"科目的是（　　）。

　　A. 无力支付到期的银行承兑汇票　　B. 销售商品收取的包装物押金

　　C. 应付租入包装物的租金　　　　　D. 应付经营租赁固定资产租金

5. 某企业用一张期限为6个月的带息商业承兑汇票支付货款，票面价值为100万元，票面年利率为4%。该票据到期时，企业应支付的金额为（　　）万元。

A. 100 B. 102
C. 104 D. 140

6. 下列各项中，关于应付票据的利息核算，说法正确的是（　　）。

　　A. 通过"应付利息"科目核算　　B. 通过"应付票据"科目核算

　　C. 通过"应付账款"科目核算　　D. 通过"其他应付款"科目核算

二、多项选择题（下列每小题备选答案中有两个或两个以上符合题意的正确答案）

1. 下列关于应付账款说法正确的有（　　）。

　　A. 企业预付账款业务不多时，可以不设置"预付账款"科目，直接通过"应付账款"科目核算企业的预付账款

　　B. 在所购货物已经验收入库，但发票账单尚未到达，待月末暂估入账时应该贷记"应付账款"科目

　　C. 企业在购入资产时形成的应付账款账面价值是已经扣除了商业折扣和现金折扣后的金额

　　D. 确实无法支付的应付账款，直接转入"营业外收入"科目

2. 下列各项中，不应通过"其他应付款"科目核算的有（　　）。

　　A. 应交教育费附加　　　　B. 应付销售人员工资

　　C. 应付现金股利　　　　　D. 应付租入包装物租金

3. 下列关于应付账款的表述，正确的有（　　）。

　　A. 购入商品需支付的应付账款包括增值税的金额

　　B. 应付账款按照扣除现金折扣后的金额入账

　　C. 企业开出商业汇票通过"应付账款"核算

　　D. 无法支付的应付账款按其账面余额记入"营业外收入"

4. 在不单设预付账款的情况下，甲公司向乙公司预付材料款，甲公司在进行账务处理时，可能涉及的科目有（　　）。

　　A. 借记"银行存款"　　　　B. 贷记"银行存款"

　　C. 借记"应付账款"　　　　D. 贷记"应付账款"

5. 下列关于应付账款的处理，正确的有（　　）。

　　A. 货物与发票账单同时到达，待货物验收入库后，按发票账单登记入账

　　B. 货物已到，但至月末时发票账单还未到达，应在月份终了时暂估入账

　　C. 应付账款一般按到期时应付金额的现值入账

　　D. 企业采购业务中形成的应付账款，在确认其入账价值时不需要考虑将要发生的现金折扣

三、判断题（正确的用"√"表示，错误的用"×"表示）

1. 其他应付款是指企业除应付票据、应付账款、预收账款、应付职工薪酬、应交税费、应付股利等经营活动以外的其他各项应付、暂收的款项，包括应付经

营租赁固定资产和包装物的租金等,但是不包括存入保证金。　　　(　　)

2. 应付账款一般按到期应付金额的现值入账。　　　　　　　　(　　)

3. 应付账款附有现金折扣的,应按照扣除现金折扣前的应付账款总额入账。因在折扣期限内付款而获得的现金折扣,应在偿付应付账款时冲减财务费用。
　　　　　　　　　　　　　　　　　　　　　　　　　　　　(　　)

4. 应付账款附有现金折扣的,应按应付款总额扣除现金折扣后的金额作为应付账款的入账金额。　　　　　　　　　　　　　　　　　　　　(　　)

参考答案

第三节　应付职工薪酬

Ⅰ 基础题

一、单项选择题（下列每小题备选答案中只有一个符合题意的正确答案）

1. 下列各项中，不属于职工薪酬的是（　　）。
    A. 支付职工的工资、奖金及津贴　　B. 按规定计提的职工教育经费
    C. 向职工发放的防暑降温费　　　　D. 向职工发放的劳动保护用品

2. A公司为高管租赁公寓免费使用，按月以银行存款支付，应编制的会计分录是（　　）。
    A. 借记"管理费用"科目，贷记"银行存款"科目
    B. 借记"管理费用"科目，贷记"应付职工薪酬"科目
    C. 借记"管理费用"科目，贷记"应付职工薪酬"科目；同时，借记"应付职工薪酬"科目，贷记"银行存款"科目
    D. 借记"资本公积"科目，贷记"银行存款"科目；同时，借记"应付职工薪酬"科目，贷记"资本公积"科目

3. 某企业作为福利为高级管理人员配备汽车，对这些汽车计提折旧时，应编制的会计分录是（　　）。
    A. 借记"累计折旧"科目，贷记"固定资产"科目
    B. 借记"管理费用"科目，贷记"固定资产"科目
    C. 借记"管理费用"科目，贷记"应付职工薪酬"科目；同时，借记"应付职工薪酬"科目，贷记"累计折旧"科目
    D. 借记"管理费用"科目，贷记"固定资产"科目；同时，借记"应付职工薪酬"科目，贷记"累计折旧"科目

4. 某公司向职工发放自产的加湿器作为福利，该产品的成本为每台150元，计税价格为200元，增值税税率为13%。该公司共有职工500人，每人发放一台，则计入该公司应付职工薪酬的金额为（　　）元。
    A. 113 000　　B. 75 000　　C. 100 000　　D. 92 000

5. 甲公司为一般纳税人，适用的增值税税率为13%，年末将20台本公司自产的空调作为福利发给本公司职工，该空调的生产成本为1 000元/台，市场售价为2 000元/台（不含增值税），则甲公司实际发放时应计入应付职工薪酬借方的金额为（　　）元。
    A. 40 000　　B. 22 600　　C. 43 400　　D. 45 200

6. A 企业为管理人员提供自有住房免费使用，计提折旧时，应编制的会计分录为（　　）。

　　A. 借记"管理费用"，贷记"累计折旧"

　　B. 借记"累计折旧"，贷记"固定资产"

　　C. 借记"管理费用"，贷记"应付职工薪酬"；同时，借记"应付职工薪酬"，贷记"累计折旧"

　　D. 借记"管理费用"，贷记"累计折旧"；同时，借记"应付职工薪酬"，贷记"固定资产"

7. 甲企业结算本月管理部门人员的应付职工工资共 500 000 元，代扣该部门职工个人所得税 30 000 元，实发工资 470 000 元，下列该企业会计处理中，不正确的是（　　）。

　　A. 借：管理费用　　　　　　　　　　　　　500 000
　　　　贷：应付职工薪酬　　　　　　　　　　　　500 000

　　B. 借：应付职工薪酬　　　　　　　　　　　　30 000
　　　　贷：应交税费——应交个人所得税　　　　　30 000

　　C. 借：其他应收款　　　　　　　　　　　　　30 000
　　　　贷：应交税费——应交个人所得税　　　　　30 000

　　D. 借：应付职工薪酬　　　　　　　　　　　　470 000
　　　　贷：银行存款　　　　　　　　　　　　　　470 000

8. 企业将自有房屋无偿提供给本企业行政管理人员使用，下列各项中，关于计提房屋折旧的会计处理表述正确的是（　　）。

　　A. 借记"其他业务成本"科目，贷记"累计折旧"科目

　　B. 借记"其他应收款"科目，贷记"累计折旧"科目

　　C. 借记"营业外支出"科目，贷记"累计折旧"科目

　　D. 借记"管理费用"科目，贷记"应付职工薪酬"科目；同时借记"应付职工薪酬"科目，贷记"累计折旧"科目

二、多项选择题（下列每小题备选答案中有两个或两个以上符合题意的正确答案）

1. 下列各项中，应通过"应付职工薪酬"科目核算的有（　　）。

　　A. 支付职工的工资、奖金及津贴　　B. 按规定计提的职工教育经费

　　C. 向职工发放的防暑降温费　　　　D. 职工出差报销的差旅费

2. 下列各项中，应计入应付职工薪酬的有（　　）。

　　A. 为职工支付的培训费

　　B. 为职工支付的补充养老保险

　　C. 因解除职工劳动合同支付的补偿款

　　D. 为职工进行健康检查而支付的体检费

三、判断题（正确的用"√"表示，错误的用"×"表示）

1. 资产负债表日企业按工资总额的一定比例计提的基本养老保险属于设定提存计划，应确认为应付职工薪酬。（ ）
2. 应付职工未按期领取的工资应该通过"其他应付款"科目核算。（ ）
3. 以商业保险形式提供给职工的各种保险待遇，不属于职工薪酬。（ ）
4. 企业按工资总额的一定比例计提的基本养老保险属于设定提存计划，通过"应付职工薪酬——非货币性福利——基本养老保险费"科目核算。（ ）
5. 企业按规定计算的代扣代交的职工个人所得税，借记"应付职工薪酬"科目，贷记"应交税费——应交个人所得税"科目。（ ）

四、不定项选择题（下列每小题备选答案中有一个或一个以上符合题意的正确答案）

（一）甲企业为增值税一般纳税人，适用的增值税税率为13%。2019年4月份该企业发生的有关职工薪酬的资料如下：

1. 当月应付职工工资总额为500万元，"工资费用分配汇总表"中列示的产品生产工人工资为350万元，车间管理人员工资为70万元，企业行政管理人员工资为50万元，专设销售机构人员工资为30万元。
2. 根据"工资结算汇总表"，本月企业应付职工工资总额为500万元，扣回代垫的职工家属医疗费6万元，按税法规定代扣代缴职工个人所得税共计15万元；企业以银行存款支付工资479万元。
3. 根据国家规定的计提基础和计提标准，当月应计提的基本养老保险费用为60万元，基本医疗保险费为50万元，其他保险费为40万元以及住房公积金为50万元。
4. 当月企业以其生产的电风扇作为福利发放给500名直接参加产品生产的职工，该型号电风扇市场销售价为每台600元，每台成本为400元。

要求：根据上述资料，不考虑其他因素，分析回答下列小题。（会计分录中的金额单位以万元表示）

1. 根据资料1，下列各项中，关于该企业分配工资费用会计处理正确的是（ ）。

   A. "制造费用"科目增加70万元　B. "生产成本"科目增加350万元
   C. "销售费用"科目增加30万元　D. "管理费用"科目增加50万元

2. 根据资料2，下列各项中，关于企业发放工资会计处理正确的是（ ）。

   A. 代扣个人所得税时：
   　借：应付职工薪酬　　　　　　　　　　　　15
   　　　贷：其他应付款　　　　　　　　　　　　　15
   B. 扣回代垫的家属医疗费时：
   　借：应付职工薪酬　　　　　　　　　　　　6

　　　　贷：其他应收款——代垫医疗费　　　　　　　　　　　　　6
　　C. 通过银行发放工资时：
　　　　借：应付职工薪酬　　　　　　　　　　　　　　　　　479
　　　　贷：银行存款　　　　　　　　　　　　　　　　　　　479
　　D. 代扣个人所得税时：
　　　　借：应付职工薪酬　　　　　　　　　　　　　　　　　15
　　　　贷：应交税费——应交个人所得税　　　　　　　　　　15
3. 根据资料 3，下列关于企业计提基本养老保险的会计处理表述正确的是（　　）。
　　A. 企业计提的基本养老保险费属于短期薪酬
　　B. 企业计提的基本养老保险费属于离职后福利
　　C. 应贷记"应付职工薪酬——社会保险——基本养老保险"科目 60 万元
　　D. 应贷记"应付职工薪酬——设定提存计划——基本养老保险"科目 60 万元
4. 根据资料 4，下列各项中，关于该企业会计处理结果正确的是（　　）。
　　A. 主营业务收入增加 30 万元　　B. 主营业务成本增加 20 万元
　　C. 生产成本增加 20 万元　　　　D. 应付职工薪酬增加 33.9 万元
5. 根据资料 1 至 4，下列各项中，该企业"应付职工薪酬"科目发生额是（　　）万元。
　　A. 700　　　　B. 733.9　　　　C. 679　　　　D. 735.1

（二）某棉纺企业为增值税一般纳税人，适用的增值税税率为 13%，2019 年 12 月该企业发生的有关交易或事项如下：

1. 5 日，计提专设销售机构职工免费使用的 10 辆小汽车的折旧，每辆小汽车每月折旧费为 1 000 元。

2. 14 日，以自产的毛巾作为非货币性福利发放给生产工人，该批毛巾的市场售价总额为 80 000 元（不含增值税），成本总额为 55 000 元。

3. 31 日，预计由于职工累积未使用的带薪休假权利而导致的预期支付的金额为 15 000 元。假定该企业实行累积带薪缺勤制度，使用范围仅限于中层以上管理人员。

4. 31 日，除上述职工薪酬外，本月确认的工资如下：生产车间人员工资 750 000 元，车间管理人员工资 400 000 元，行政管理人员工资 125 000 元，销售人员的工资 150 000 元。该企业职工基本医疗保险费和基本养老保险费计提的比例分别为工资总额的 10% 和 12%。

要求：根据上述资料，不考虑其他因素，分析回答下列小题。

1. 根据资料 1，下列对轿车计提折旧的账务处理正确的是（　　）。

A. 借:管理费用　　　10 000　　　　B. 借:销售费用　　　10 000
　　　贷:累计折旧　　10 000　　　　　　贷:应付职工薪酬　10 000
C. 借:销售费用　　　10 000　　　　D. 借:管理费用　　　10 000
　　　贷:累计折旧　　1 000　　　　　　　贷:应付职工薪酬　10 000

2. 根据资料2，下列各项中，该企业关于职工非货币性福利的处理正确的是（　　）。

A. 主营业务收入增加80 000元　　B. 生产成本增加93 600元
C. 主营业务成本增加55 000元　　D. 库存商品减少80 000元

3. 根据资料3，带薪缺勤应计入（　　）。

A. 设定的短期提存计划资金　　　B. 设定的长期的提存分享资金
C. 短期薪酬　　　　　　　　　　D. 离职后福利

4. 根据资料2至4，下列各项中，该企业关于"应付职工薪酬"处理结果正确的是（　　）。

A. 确认"应付职工薪酬——非货币性福利"90 400元
B. 确认"应付职工薪酬——社会保险费"313 500元
C. 确认"应付职工薪酬——设定提存计划"171 000元
D. 确认"应付职工薪酬——带薪缺勤"15 000元

5. 根据资料4，下列处理正确的是（　　）。

A. 生产成本确认金额165 000元　　B. 制造费用确认金额488 000元
C. 管理费用确认金额152 500元　　D. 销售费用确认金额183 000元

Ⅱ 巩固题

一、单项选择题（下列每小题备选答案中只有一个符合题意的正确答案）

1. 下列各项中，关于应付职工薪酬说法正确的是（　　）。

A. 为职工支付的住房公积金属于职工薪酬
B. 自产产品与外购产品发放给职工不属于职工薪酬
C. 因解除与职工的劳动关系给予的补偿不属于职工薪酬
D. 给员工买的商业保险不属于职工薪酬

2. 下列各项中，关于企业以自产产品作为福利发放给职工的会计处理表述不正确的是（　　）。

A. 按产品的账面价值确认主营业务成本
B. 按产品的公允价值确认主营业务收入
C. 按产品的账面价值加上增值税销项税额确认应付职工薪酬
D. 按产品的公允价值加上增值税销项税额确认应付职工薪酬

3. 某企业以现金支付财务人员生活困难补助 2 000 元，下列各项中，会计处理正确的是（   ）。

  A. 借：应付职工薪酬——职工福利　　　　　　　　　　2 000
    贷：库存现金　　　　　　　　　　　　　　　　　　　2 000
  B. 借：其他应付款　　　　　　　　　　　　　　　　　　2 000
    贷：库存现金　　　　　　　　　　　　　　　　　　　2 000
  C. 借：营业外支出　　　　　　　　　　　　　　　　　　2 000
    贷：库存现金　　　　　　　　　　　　　　　　　　　2 000
  D. 借：管理费用　　　　　　　　　　　　　　　　　　　2 000
    贷：库存现金　　　　　　　　　　　　　　　　　　　2 000

4. 某企业计提生产车间管理人员基本养老保险费 120 000 元，下列各项中，关于该事项的会计处理正确的是（   ）。

  A. 借：管理费用　　　　　　　　　　　　　　　　　　120 000
    贷：应付职工薪酬——设定提存计划——基本养老保险费
                  　120 000
  B. 借：制造费用　　　　　　　　　　　　　　　　　　120 000
    贷：应付职工薪酬——设定提存计划——基本养老保险费
                  　120 000
  C. 借：制造费用　　　　　　　　　　　　　　　　　　120 000
    贷：银行存款　　　　　　　　　　　　　　　　　　120 000
  D. 借：制造费用　　　　　　　　　　　　　　　　　　120 000
    贷：其他应付款　　　　　　　　　　　　　　　　　120 000

5. 下列关于非货币性职工薪酬的表述，正确的有（   ）。

  A. 企业将拥有的房屋等资产无偿提供给职工使用的，应当根据受益对象，按照该住房的公允价值计入相关资产成本或当期损益，同时确认应付职工薪酬
  B. 难以认定受益对象的非货币性福利，不应当直接计入当期损益和应付职工薪酬
  C. 企业租赁住房等资产供职工无偿使用的，应当根据受益对象，将每期应付的租金计入相关资产成本或当期损益，并确认应付职工薪酬
  D. 企业以其自产产品作为非货币性福利发放给职工的，应当根据受益对象，按照产品的账面价值，计入相关资产成本或当期损益，同时确认应付职工薪酬

6. 下列项目中不属于应付职工薪酬核算内容的是（   ）。

  A. 津贴和补贴　　B. 奖金　　　　　C. 退休金　　　　D. 社会保险费

7. 职工工资中代扣的职工房租，应借记的会计科目是（   ）。

A. 应付职工薪酬　　　　　　　B. 银行存款
C. 其他应收款　　　　　　　　D. 其他应付款

8. 甲公司结算本月管理部门人员的应付职工工资共 250 000 元，代扣该部门职工个人所得税 15 000 元，实发工资 235 000 元，该企业会计处理中，不正确的是（　　）。

A. 借：管理费用　　　　　　　　　　　　　　　250 000
　　　贷：应付职工薪酬——工资　　　　　　　　　　250 000
B. 借：应付职工薪酬——工资　　　　　　　　　15 000
　　　贷：应交税费——应交个人所得税　　　　　　　15 000
C. 借：其他应收款　　　　　　　　　　　　　　15 000
　　　贷：应交税费——应交个人所得税　　　　　　　15 000
D. 借：应付职工薪酬——工资　　　　　　　　　235 000
　　　贷：银行存款　　　　　　　　　　　　　　　　235 000

二、多项选择题（下列每小题备选答案中有两个或两个以上符合题意的正确答案）

1. 甲公司为增值税一般纳税人，适用的增值税税率为 13%。2019 年 12 月甲公司董事会决定将本公司生产的 100 件产品作为福利发放给 100 名管理人员，该批产品单件成本为 1.2 万元，市场销售价格为每件 2 万元（不含增值税），不考虑其他相关税费，则下列有关会计处理的表述正确的是（　　）。

A. 应计入管理费用的金额为 226 万元
B. 确认主营业务收入 200 万元
C. 确认主营业务成本 120 万元
D. 不通过"应付职工薪酬"科目核算

2. 企业以自产的产品作为福利向本企业职工发放时，可能涉及的科目有（　　）。

A. 主营业务收入　　　　　　　B. 应交税费
C. 应付职工薪酬　　　　　　　D. 应付账款

3. 企业在支付职工工资、奖金、津贴和补贴代扣个人所得税时，可能涉及的会计科目有（　　）。

A. 应付职工薪酬　　　　　　　B. 银行存款
C. 库存现金　　　　　　　　　D. 应交税费——应交个人所得税

4. 下列选项中，可以纳入职工薪酬的有（　　）。

A. 非货币性福利　　　　　　　B. 住房公积金
C. 职工福利费　　　　　　　　D. 养老保险费

5. 下列各项中，应作为职工薪酬计入相关资产成本的有（　　）。

A. 设备采购人员差旅费　　　　B. 公司总部管理人员的工资

C. 生产职工的伙食补贴　　　　　D. 材料入库前挑选整理人员的工资

三、判断题（正确的用"√"表示，错误的用"×"表示）

1. 企业应当在职工提供了服务从而增加了其未来享有的带薪缺勤权利时，确认与非累积带薪缺勤相关的职工薪酬。（　　）

2. 企业为职工缴纳的基本养老保险金、补充养老保险费，以及为职工购买的商业养老保险，均属于企业提供的职工薪酬。（　　）

3. 只有企业在职工劳动合同到期之前解除与职工的劳动关系的情况下，职工才可以享受辞退福利。（　　）

4. 企业因解除与职工的劳务关系而给予的补偿应该通过"应付职工薪酬"科目核算。（　　）

5. 企业因解除与职工的劳务关系应给予职工的补偿不应通过"应付职工薪酬"科目核算。（　　）

参考答案

第四节 应交税费

I 基础题

一、单项选择题（下列每小题备选答案中只有一个符合题意的正确答案）

1. 某企业本期实际应交增值税 1 100 000 元，城镇土地使用税 200 000 元，消费税 500 000 元，土地增值税 350 000 元，城市维护建设税税率为 7%，下列关于城市维护建设税的处理，正确的是（　　）。

  A. 借：管理费用　　　　　　　　　　　　　　　112 000
    贷：应交税费——应交城市维护建设税　　　112 000
  B. 借：管理费用　　　　　　　　　　　　　　　150 500
    贷：应交税费——应交城市维护建设税　　　150 500
  C. 借：税金及附加　　　　　　　　　　　　　　112 000
    贷：应交税费——应交城市维护建设税　　　112 000
  D. 借：税金及附加　　　　　　　　　　　　　　150 500
    贷：应交税费——应交城市维护建设税　　　150 500

2. 增值税一般纳税人企业为建造仓库购进工程物资而负担的增值税额一般应当计入（　　）。

  A. 应交税费——应交增值税（进项税额）、应交税费——待抵扣进项税额
  B. 工程物资
  C. 营业外支出
  D. 管理费用

3. 某企业为增值税一般纳税人，2019 年应交各种税金为：增值税 350 万元，消费税 150 万元，城市维护建设税 35 万元，房产税 10 万元，车船税 5 万元，所得税 250 万元。上述各项税金应计入管理费用的金额为（　　）万元。

  A. 5　　　　　B. 15　　　　　C. 50　　　　　D. 185

4. 甲公司为增值税一般纳税人，适用的增值税税率为 13%。2019 年 4 月甲公司董事会决定将本公司生产的 500 件产品作为福利发放给公司管理人员。该批产品的单件成本为 1.2 万元，市场销售价格为每件 2 万元（不含增值税）。不考虑其他税费，甲公司在 2019 年因该项业务应计入管理费用的金额为（　　）万元。

  A. 600　　　　B. 770　　　　C. 1 000　　　　D. 1 130

5. 增值税一般纳税人发生的下列事项中，不需要视同销售确认增值税销项税额的是（　　）。

A. 将自产产品用于自建厂房

B. 将自产产品用于对外投资

C. 将外购的生产用原材料用于对外捐赠

D. 将自产产品用于职工个人福利

二、多项选择题（下列每小题备选答案中有两个或两个以上符合题意的正确答案）

1. 下列各项中，关于相关税金的会计处理，正确的有（　　）。

   A. 拥有产权房屋交纳的房产税计入房屋成本

   B. 企业应交的城市维护建设税计入税金及附加

   C. 签订购销合同缴纳的印花税计入主营业务成本

   D. 商用货物缴纳的车船税计入税金及附加

2. "应交增值税"明细账内设置的科目包括（　　）。

   A. 进项税额　　B. 已交税金　　C. 出口退税　　D. 进项税额转出

3. 下列各项中，属于增值税视同销售行为的有（　　）。

   A. 自产产品分配给股东　　　　B. 自产产品用于非应税项目

   C. 自产的原材料用于建造生产线　D. 自产的原材料用于建造厂房

4. 企业实际交纳本期应交增值税，不应通过（　　）科目核算。

   A. 应交税费——应交增值税（销项税额）

   B. 应交税费——应交增值税（进项税额）

   C. 应交税费——应交增值税（进项税额转出）

   D. 应交税费——应交增值税（已交税金）

5. 企业按规定计算的代扣代缴的职工个人所得税，应通过（　　）科目核算。

   A. 管理费用　　　　　　　　B. 应付职工薪酬

   C. 税金及附加　　　　　　　D. 应交税费——应交个人所得税

三、判断题（正确的用"√"表示，错误的用"×"表示）

1. 企业代扣代缴的个人所得税，不通过"应交税费"科目进行核算。（　　）

2. 企业购进的货物发生非常损失，以及将购进货物改变用途，用于非应税项目、集体福利，但不包括个人消费的情况的，应做进项税额转出处理。（　　）

3. 委托加工应税消费品物资收回后直接出售的，应将受托方代收代缴的消费税计入委托加工物资成本。（　　）

4. 企业只有在对外销售消费税应税产品时才应交纳消费税。（　　）

5. 委托加工货物用于对外投资、分配给股东、无偿赠送他人的，其进项税额应做转出处理。（　　）

Ⅱ 巩固题

一、单项选择题（下列每小题备选答案中只有一个符合题意的正确答案）

1. 某增值税一般纳税企业因管理不善毁损库存材料一批，该批原材料实际成本为10 000元，收回残料价值为500元，保险公司和责任人赔偿6 000元，则该批毁损原材料造成的非常损失净额为（　　）元。

　　A. 5 200　　　B. 4 800　　　C. 4 000　　　D. 9 500

2. 应交消费税的委托加工物资收回后用于连续生产应税消费品的，按规定准予抵扣的由受托方代收代缴的消费税，应当计入（　　）。

　　A. 生产成本　　B. 应交税费　　C. 主营业务成本　　D. 委托加工物资

3. 下列各项中，关于相关税金的会计处理，正确的是（　　）。

　　A. 拥有产权房屋交纳的房产税计入房屋成本

　　B. 企业应交的城市维护建设税计入税金及附加

　　C. 签订购销合同缴纳的印花税计入主营业务成本

　　D. 商用货物缴纳的车船税计入管理费用

4. 下列各项中，进项税不需要做转出处理的是（　　）。

　　A. 购进货物用于集体福利

　　B. 购进货物由于管理不善发生非常损失

　　C. 购进货物用于个人消费

　　D. 购进货物用于对外捐赠

5. 某增值税一般纳税人企业适用增值税税率为13%，因洪灾毁损原材料一批，该批原材料的实际成本是10 000元，收回残料价值200元，保险公司赔偿2 000元，则该批毁损材料造成的损失净额是（　　）元。

　　A. 6 100　　　B. 7 800　　　C. 8 200　　　D. 9 500

二、多项选择题（下列每小题备选答案中有两个或两个以上符合题意的正确答案）

1. 下列经济业务对于一般纳税企业而言要计算增值税销项税额的有（　　）。

　　A. 将自产产品用于集体福利设施建设

　　B. 将自产产品对外捐赠

　　C. 原材料发生自然灾害损失

　　D. 以自产产品对外投资

2. 下列有关增值税的表述，正确的有（　　）。

　　A. 增值税是一种流转税

　　B. 从海关取得的完税凭证上注明的增值税额可以抵扣

C. 企业购进不动产所支付的增值税额，应计入固定资产的成本
D. 小规模纳税企业不享有进项税额的抵扣权

3. 企业销售商品交纳的下列各项税费，计入"税金及附加"科目的有（   ）。
    A. 消费税   B. 增值税
    C. 教育费附加   D. 城市维护建设税

4. 企业在"应交税费——应交增值税"科目贷方设置的专栏有（   ）。
    A. 销项税额   B. 进项税额转出   C. 进项税额   D. 已交税金

5. 下列各项中，属于视同销售行为的有（   ）。
    A. 将自产的产品用于建造办公楼   B. 将自产的产品分配给股东
    C. 将外购的材料用于建造厂房   D. 将自产的产品用于集体福利

三、判断题（正确的用"√"表示，错误的用"×"表示）

1. 一般纳税人自2016年5月1日后取得并按固定资产核算的不动产，其进项税额自取得之日起分2年从销项税额中抵扣，每年抵扣50%。（   ）
2. 企业只有在对外销售应税消费品时才交纳消费税。（   ）
3. 企业进口应缴纳的消费税，计入应交税费的借方。（   ）
4. 企业按规定计算的代扣代缴的职工个人所得税，借记"管理费用"科目，贷记"应交税费——应交个人所得税"科目。（   ）
5. "应交税费"科目，贷方登记应交纳的各种税费等，借方登记实际交纳的税费，期末余额一般在贷方，反映企业尚未交纳的税费。（   ）

四、不定项选择题（下列每小题备选答案中有一个或一个以上符合题意的正确答案）

甲公司为增值税一般纳税人，适用的增值税税率为13%，原材料采用实际成本法进行日常核算。该公司2019年4月30日"应交税费——应交增值税"科目借方余额为4万元，该借方余额可用下月的销项税额抵扣。5月份发生如下涉及增值税的经济业务：

1. 购买原材料一批，增值税专用发票上注明价款为60万元，增值税税额为7.8万元，公司已开出商业承兑汇票，该原材料已验收入库。
2. 用一批原材料对外投资，作为长期股权投资核算。该批原材料的成本为36万元，计税价格为41万元，应交纳的增值税税额为5.33万元。
3. 销售产品一批，销售价格为100万元（不含增值税税额），实际成本为80万元，提货单和增值税专用发票已交购货方，货款尚未收到。该销售符合收入确认条件。
4. 建造生产用设备领用外购原材料一批，该批原材料实际成本为30万元，应由该批原材料负担的增值税税额为3.9万元。
5. 因管理不善丢失原材料一批，该批原材料的实际成本为10万元，增值税税

额为 1.3 万元，尚未经批准处理。

6. 用银行存款交纳本月增值税 2.5 万元。

要求：根据上述资料，不考虑其他因素，分析回答下列小题。

1. 针对资料 2，下列说法正确的是（　　）。
   A. 长期股权投资的成本应为 46.33 万元
   B. 长期股权投资的成本应为 41.33 万元
   C. 以原材料对外投资时，在确认长期股权投资的同时应确认收入
   D. 由于原材料用作对外投资，应作进项税额转出

2. 甲公司 2019 年 5 月份发生的销项税额为（　　）万元。
   A. 3.4　　　　B. 5.33　　　　C. 13　　　　D. 18.33

3. 甲公司 2019 年 5 月份发生的进项税额为（　　）万元。
   A. 7.8　　　　B. 6.5　　　　C. 9　　　　D. 9.1

4. 甲公司 2019 年 5 月应交增值税为（　　）万元。
   A. 8.97　　　B. 7.83　　　C. 11.83　　　D. 10.53

5. 甲公司 2019 年 5 月应交未交的增值税为（　　）万元。
   A. 8.03　　　B. 5.33　　　C. 9.33　　　D. 4

参考答案

第八章 非流动负债

第一节 长期借款

I 基础题

一、单项选择题（下列每小题备选答案中只有一个符合题意的正确答案）

1. 1月1日向银行借入资金500万元，期限3年，年利率6%，年末计息，下年初支付利息，到期还本并支付最后一年利息，12月31日，该长期借款账面价值为（　）万元。
   A. 500　　　　B. 590　　　　C. 560　　　　D. 530

2. 为建造固定资产而发生的长期借款费用，在固定资产交付使用后，应计入（　）。
   A. 当期损益　　B. 固定资产价值　　C. 开办费　　D. 清算损益

3. 甲公司于2018年1月1日从银行借入资金800万元，借款期限为2年，年利率为6%，利息于每年年初支付，到期时归还本金及最后一年利息，所借款项已存入银行。2018年12月31日该长期借款的账面价值为（　）万元。
   A. 48　　　　B. 896　　　　C. 848　　　　D. 800

4. 企业到期偿还长期借款，应该借记（　）。
   A. 银行存款　　B. 长期借款　　C. 短期借款　　D. 应付账款

5. 长期借款计提利息时，贷方应计入（　）科目。
   A. 财务费用　　B. 银行存款　　C. 其他应付款　　D. 应付利息

6. 企业发生长期借款利息的情况下，借方不可能涉及的科目是（　）。
   A. 财务费用　　B. 应付利息　　C. 管理费用　　D. 在建工程

7. 企业计提分期付息的长期借款的利息时贷方计入的会计科目是（　）。
   A. 短期借款　　B. 财务费用　　C. 应付利息　　D. 应收利息

二、多项选择题（下列每小题备选答案中有两个或两个以上符合题意的正确答案）

1. 下列对长期借款利息的会计处理，正确的有（　）。

A. 筹建期间的借款利息计入管理费用
B. 筹建期间的借款利息计入长期待摊费用
C. 日常生产经营活动的借款利息计入财务费用
D. 符合资本化条件的借款利息计入相关资产成本

2. 下列关于长期借款的表述，正确的有（　　）。
　　A. 在生产经营期间，达到预定可使用状态后，不符合资本化条件的利息支出应计入财务费用
　　B. 一次还本付息的，计提的利息应记入"长期借款——应计利息"科目
　　C. 筹建期间，不符合资本化条件的利息计入财务费用
　　D. 分期付息的，计提的利息计入应付利息

3. 长期借款一般用于（　　）。
　　A. 固定资产的购建　　　　B. 改扩建工程
　　C. 大修理工程　　　　　　D. 对外投资

4. 长期借款计息所涉及的账户有（　　）。
　　A. 管理费用　　B. 财务费用　　C. 在建工程　　D. 应付利息

5. 非流动负债包括（　　）。
　　A. 长期借款　　B. 应付职工薪酬　　C. 应付债券　　D. 应付账款

三、判断题（正确的用"√"表示，错误的用"×"表示）

1. 为购建固定资产而借入的专门借款的利息应全部计入固定资产的成本。（　　）

2. 长期借款是为了满足生产经营周期资金不足的临时需要。（　　）

3. 企业的借款通常按照其流动性或偿还时间的长短，划分为短期借款和长期借款。（　　）

4. 对于固定资产借款发生的利息支出，在竣工决算前发生的，应予以资本化，将其计入固定资产的建造成本；在竣工决算后发生的，则应作为当期费用处理。（　　）

5. 企业发生的所有借款利息都应作为财务费用处理。（　　）

Ⅱ 巩固题

一、单项选择题（下列每小题备选答案中只有一个符合题意的正确答案）

1. 企业生产经营期间发生的长期借款利息应记入（　　）账户。
　　A. 在建工程　　B. 财务费用　　C. 开办费　　D. 长期待摊费用

2. 为购建固定资产取得的专门借款的利息支出，在固定资产达到预计可使用状态前，应计入（　　）账户的借方。

A. 财务费用　　B. 预付账款　　C. 在建工程　　D. 长期借款
3. 下列属于长期负债的项目有（　　）。
　　A. 应付利润　　B. 应付票据　　C. 应付债券　　D. 应付账款
4. 在企业筹备期间发生长期借款利息的应记入（　　）账户。
　　A. 财务费用　　B. 在建工程　　C. 管理费用　　D. 专项工程支出
5. 偿还分期付息、一次还本的长期借款的利息，其会计处理应为（　　）。
　　A. 借记"预提费用"科目，贷记"银行存款"科目
　　B. 借记"财务费用"科目，贷记"银行存款"科目
　　C. 借记"长期借款"科目，贷记"银行存款"科目
　　D. 借记"应付利息"科目，贷记"银行存款"科目

二、多项选择题（下列每小题备选答案中有两个或两个以上符合题意的正确答案）

1. 对购建固定资产而专门借入的款项，所发生的利息可以记入（　　）科目。
　　A. 固定资产成本　　　　B. 财务费用
　　C. 销售费用　　　　　　D. 制造费用
2. "长期借款"账户的贷方核算（　　）。
　　A. 借入的长期借款　　　B. 长期借款应计未计利息
　　C. 偿还长期借款本金　　D. 偿还长期借款利息
3. 关于长期借款的利息，下列说法正确的是（　　）。
　　A. 购建固定资产符合条件的利息应记入"在建工程"科目
　　B. 生产经营用借款利息记入"制造费用"科目
　　C. 自行开发无形资产符合资本化条件的记入"研发支出"科目
　　D. 筹建期不符合资本化条件的记入"管理费用"科目
4. 长期借款费用主要包括（　　）。
　　A. 长期借款利息　　　　B. 长期借款本金
　　C. 为借款而发生的辅助费用　　D. 汇兑损失

三、判断题（正确的用"√"表示，错误的用"×"表示）

1. 期限在一年以上（包括一年）的各种借款为长期借款。　　（　　）
2. 企业在计算长期借款利息时，应该按照实际利率确认应该支付的利息。
　　　　　　　　　　　　　　　　　　　　　　　　　　　　（　　）

参考答案

第二节 应付债券

Ⅰ 基础题

一、单项选择题（下列每小题备选答案中只有一个符合题意的正确答案）

1. 债券溢价发行是由于（   ）。
   A. 债券票面利率高于市场利率   B. 债券票面利率低于市场利率
   C. 债券票面利率等于市场利率   D. 债券发行量小

2. 债券折价发行是由于（   ）。
   A. 债券票面利率高于市场利率   B. 债券票面利率低于市场利率
   C. 债券票面利率等于市场利率   D. 债券发行量小

3. 债券溢价按直线法摊销，其各期利息费用等于（   ）。
   A. 各期应付利息   B. 溢价摊销额
   C. 各期应付利息＋溢价摊销额   D. 各期应付利息——溢价摊销额

4. 某企业于2018年7月1日对外发行4年期、面值为1 000万元的公司债券，债券面值年利率为8%，到期一次还本付息，当日收到债券发行全部价款1 000万元。2019年12月31日该应付债券的账面价值为（   ）万元。
   A. 1 120   B. 1 000   C. 1 040   D. 1 080

5. 甲企业2019年7月1日按面值发行5年期债券200万元，该债券到期一次还本付息，票面年利率为6%，则甲企业2019年12月31日应付债券的账面余额为（   ）万元。
   A. 106   B. 206   C. 210   D. 250

6. 某企业发行分期付息、到期一次还本的债券，按其票面利率计算确定的应付未付利息应该记入（   ）科目。
   A. 应付债券——应计利息   B. 应付利息
   C. 应付债券——利息调整   D. 应付债券——面值

二、多项选择题（下列每小题备选答案中有两个或两个以上符合题意的正确答案）

1. "应付债券"账户的贷方反映的是（   ）。
   A. 债券发行时产生的债券溢价   B. 债券发行时产生的折价
   C. 期末计提应付债券利息   D. 债券的面值

2. "应付债券"账户的借方反映的是（   ）。
   A. 债券溢价的摊销   B. 债券折价的摊销

C. 期末计提应付债券的利息　　D. 归还债券本金

3. 为了进行应付债券的核算，应在"应付债券"账户下设置的明细科目有（　　）。

A. 债券面值　　B. 债券溢价　　C. 债券折价　　D. 应计利息

4. 企业在筹建期间按面值发行债券，按期计提利息时可能涉及的会计科目有（　　）。

A. 财务费用　　B. 在建工程　　C. 应付债券　　D. 管理费用

5. 企业在生产经营期间按面值发行债券，按期计提利息时可能涉及的会计科目有（　　）。

A. 财务费用　　B. 在建工程　　C. 短期借款　　D. 管理费用

三、判断题（正确的用"√"表示，错误的用"×"表示）

1. 溢价和折价的摊销是发行债券企业在债券存续期间对利息费用的一种调整。　　（　　）

2. 对于一次还本付息的债券，每期期末计提的利息应记入"应付债券——应计利息"账户；而对于分期付息、到期一次还本的债券，每期末计提利息时，应记入"应付利息"账户。　　（　　）

3. 当债券的票面利率高于市场利率时，债券按折价发行。　　（　　）

4. 企业发行债券，无论是按面值发行，还是溢价或折价发行，均应按债券的面值，借记"银行存款"等科目，贷记"应付债券（面值）"科目。　　（　　）

Ⅱ 巩固题

一、单项选择题（下列每小题备选答案中只有一个符合题意的正确答案）

1. 公司折价发行债券，债券面值与发行收入的差额实质是（　　）。

A. 为以后少付利息而付出的代价　　B. 为后期多付利息而得到的补偿

C. 为当期利息收入　　D. 为以后期间的利息收入

2. 债券折价按直线法摊销其各期利息费用等于（　　）。

A. 各期应付利息　　B. 折价摊销额

C. 各期应付利息 + 折价摊销额　　D. 各期应付利息 – 折价摊销额

3. 某企业于2018年7月1日按面值发行5年期、到期一次还本付息的公司债券，该债券面值总额8 000万元，票面年利率为4%，自发行日起计息。假定票面利率与实际利率一致，不考虑相关税费，2019年12月31日该应付债券的账面余额为（　　）万元。

A. 8 000　　B. 8 160　　C. 8 320　　D. 8 480

二、多项选择题（下列每小题备选答案中有两个或两个以上符合题意的正确答案）

1. 发行债券的方式有（　　）。
   A. 按溢价发行　B. 按折价发行　　C. 按成本发行　　D. 按面值发行
2. 企业按面值发行债券，按期计提利息时，可能涉及的会计账户有（　　）。
   A. 财务费用　　B. 在建工程　　　C. 应付债券　　　D. 研发支出
3. "应付债券"账户的贷方反映的内容有（　　）。
   A. 债券发行时产生的债券溢价
   B. 债券溢价的摊销
   C. 期末计提一次还本付息应付债券利息
   D. 期末计提分次付息应付债券利息

参考答案

第九章 所有者权益

第一节 实收资本核算

I 基础题

一、单项选择题（下列每小题备选答案中只有一个符合题意的正确答案）

1. 红利公司收到投资者投入的原材料一批，经评估双方确认的价值为600 000元（与税务部门认定的计税价格相同），占注册资本份额700 000元，该公司已取得增值税专用发票，增值税税率为13%，则该公司应记入"实收资本"科目的金额为（　　）。

　　A. 600 000元　　B. 700 000元　　C. 702 000元　　D. 842 400元

2. 甲、乙公司均为增值税一般纳税人，适用的增值税税率为13%，甲公司接受乙公司投资转入的原材料一批，账面价值100 000元，投资协议约定价值120 000元，假定投资协议约定的价值与公允价值相符，该项投资没有产生资本溢价，则甲公司实收资本应增加（　　）元。

　　A. 100 000　　B. 117 000　　C. 120 000　　D. 135 600

3. 胜利上市公司发行普通股1 000万股，每股面值1元，每股发行价格5元，支付手续费20万元，支付咨询费60万元，则该公司发行普通股计入股本的金额为（　　）万元。

　　A. 1 000　　B. 4 920　　C. 4 980　　D. 5 000

4. 某股份有限公司按法定程序报经批准后采用收购本公司股票方式减资，购回股票支付价款低于股票面值总额的，所注销库存股账面余额与冲减股本的差额应计入（　　）。

　　A. 盈余公积　　B. 营业外收入　　C. 资本公积　　D. 未分配利润

5. 下列各项中，影响所有者权益的是（　　）。

　　A. 发行一般公司债券

　　B. 自用房地产转为采用公允价值模式计量的投资性房地产，且当日公允价值大于原账面价值

C. 宣告发放股票股利

D. 以固定资产抵债

6. 股份有限公司采用溢价发行股票方式筹集资本，其"股本"科目所登记的金额是（　　）。

A. 实际收到的款项

B. 股票面值与发行股票总数的乘积

C. 发行总收入减去支付给证券商的费用

D. 发行总收入加上支付给证券商的费用

7. 甲企业以一项专利权对乙有限责任公司进行投资，该专利权的原价为300万元，已摊销32万元，双方确认该专利权的价值为300万元（假设是公允的），占注册资本的40%，注册资本总额为600万元，会计分录中金额单位用万元表示，则乙企业应作的会计处理为(　　)。

A. 借：无形资产　　　240
　　　贷：实收资本　　　240

B. 借：无形资产　　　268
　　　贷：实收资本　　　268

C. 借：无形资产　　　300
　　　贷：实收资本　　　240
　　　　　资本公积　　　60

D. 借：无形资产　　　300
　　　贷：累计摊销　　　32
　　　　　实收资本　　　268

8. 6月30日，甲公司股本1 000万元（面值每股1元），资本公积（股本溢价）400万元，盈余公积1 500万元，甲公司回购1 000万股股票注销，以每股1.5元回购，不考虑其他因索，会计分录中金额单位用万元表示，则注销股本的正确分录是（　　）。

A. 借：股本　　　　　1 000
　　　资本公积　　　400
　　　盈余公积　　　100
　　　贷：库存股　　　1 500

B. 借：股本　　　　　1 500
　　　贷：库存股　　　1 500

C. 借：股本　　　　　1 000
　　　资本公积　　　500
　　　贷：库存股　　　1 500

D. 借：股本　　　　　1 000
　　　盈余公积　　　400
　　　资本公积　　　100
　　　贷：库存股　　　1 500

9. 下列各项中，不属于所有者权益的是（　　）。

A. 资本溢价

B. 计提的盈余公积

C. 投资者投入的资本

D. 应付高管人员的基本薪酬

10. 某上市公司公开发行普通股1 000万股，每股面值1元，每股发行价格5元，支付券商发行费用120万元，则该公司发行普通股计入股本的金额为（　　）万元。

A. 1 000　　　B. 3 880　　　C. 4 880　　　D. 5 000

二、多项选择题（下列每小题备选答案中有两个或两个以上符合题意的正确答案）

1. 公司实收资本或股本增加的途径有（　　）。
   A. 发放股票股利
   B. 经批准用盈余公积转增
   C. 接受投资者实物投资
   D. 经批准用资本公积转增

2. A 有限责任公司收到 B 企业以机器设备进行的出资，该设备的原价为 100 万元，已提折旧 60 万元，投资合同约定该设备价值为 50 万元（与公允价值相同且不考虑增值税），作为注册资本 40 万元，不考虑其他因素，则关于 A 有限责任公司会计处理的表述正确的有（　　）。
   A. A 公司固定资产的入账价值为 40 万元
   B. A 公司固定资产的入账价值为 50 万元
   C. A 公司应当确认的资本公积为 10 万元
   D. A 公司应当确认的资本公积为 20 万元

3. 某公司由甲、乙投资者分别出资 100 万元设立。为扩大经营规模，该公司的注册资本由 200 万元增加到 250 万元。丙企业以现金出资 100 万元享有公司 20% 的注册资本，不考虑其他因素，该公司接受丙企业出资，相关科目的会计处理结果正确的有（　　）。
   A. 贷记"实收资本"科目 100 万元
   B. 贷记"盈余公积"科目 100 万元
   C. 贷记"资本公积"科目 50 万元
   D. 借记"银行存款"科目 100 万元

4. 下列各项中，会导致企业实收资本增加的有（　　）。
   A. 资本公积转增资本
   B. 接受投资者追加投资
   C. 盈余公积转增资本
   D. 接受非流动资产捐赠

5. 某公司期初的所有者权益为：股本 5 000 万元（面值为 1 元），资本公积 1 000 万元（其中股本溢价 800 万元），盈余公积 500 万元，未分配利润 600 万元。本期经董事会批准，以每股 7 元的价格回购本公司股票 200 万股并按期注销。下列各项中，该公司回购并注销股票的相关会计处理正确的有（　　）。
   A. 注销时，借记"资本公积——股本溢价"科目 800 万元
   B. 注销时，借记"盈余公积"科目 400 万元
   C. 回购时，借记"库存股"科目 1 400 万元
   D. 注销时，借记"股本"科目 1 400 万元

三、判断题（正确的用"√"表示，错误的用"×"表示）

1. 所有者权益和负债都需要在规定的期限内进行偿还。　　　　　　　　　（　　）
2. 企业接受的原材料投资，其应负担的增值税税额需要计入实收资本或股本。
   　　　　　　　　　　　　　　　　　　　　　　　　　　　　　　　（　　）

3. 企业接受投资者以非现金资产投资时，应按投资合同或协议约定的价值入账，但投资合同或协议约定的价值不公允的除外。（　　）

4. 企业收到投资者超出其在企业注册资本中所占份额的投资，应直接计入当期损益。（　　）

5. 企业接受投资者作价投入的材料物资，按投资合同或协议约定的投资者在企业注册资本或股本中所占份额的部分作为实收资本或股本入账。（　　）

6. 除投资合同或协议约定价值不公允的以外，企业接受投资者作为资本投入的固定资产，应按投资合同或协议的约定价值确定其入账价值。（　　）

7. 企业以资本公积转增资本会导致实收资本增加，从而导致企业所有者权益总额增加。（　　）

四、不定项选择题（下列每小题备选答案中有一个或一个以上符合题意的正确答案）

2019年1月1日，某股份有限公司资产负债表中股东权益各项目年初余额为股本3 000万元，资本公积4 000万元，盈余公积400万元，未分配利润2 000万元。2019年公司发生相关业务资料如下：

1. 经股东大会批准，宣告发放2018年度现金股利1 500万元。

2. 经股东大会批准已履行相应增资手续，将资本公积4 000万元转增股本。

3. 经批准增资扩股。委托证券公司发行普通股400万股，每股面值1元，每股发行价6元，按照发行价的3%向证券公司支付相关发行费用（不考虑增值税）。

4. 当年实现净利润3 000万元。提取法定盈余公积和任意盈余公积的比例分别为10%和5%。

要求：根据上述资料，不考虑其他因素，分析回答下列小题。

1. 根据期初资料和资料1，下列各项中，关于宣告发放现金股利对该公司股东权益和负债项目影响结果表述正确的是（　　）。

　　A. "负债合计"项目增加1 500万元
　　B. "未分配利润"项目减少1 500万元
　　C. "股东权益合计"项目减少1 500万元
　　D. "盈余公积"项目减少1 500万元

2. 根据资料2，下列各项中，关于该公司以资本公积转增资本的会计处理表述正确的是（　　）。

　　A. 股东权益总额减少400万元　　B. 股东权益总额不变
　　C. 留存收益减少4 000万元　　D. 股本增加4 000万元

3. 根据资料3，该公司增发股票计入资本公积的金额是（　　）万元。
　　A. 2 000　　　B. 2 324　　　C. 1 928　　　D. 1 940

4. 根据期初资料和资料4，下列各项中，关于该公司盈余公积的计算结果正确的是（　　）。

A. 本年增加盈余公积 450 万元　　B. 期末盈余公积余额为 1 100 万元

C. 本年增加盈余公积 300 万元　　D. 期末盈余公积余额为 850 万元

5. 根据期初资料和资料 1 至 4，下列各项中，关于 2019 年 12 月 31 日该公司资产负债表"股东权益"有关项目的期末余额计算结果正确的是（　　）。

A. "股本"项目为 7 400 万元　　B. "股东权益合计"项目为 17 626 万元

C. "资本公积"项目为 5 928 万元　　D. "未分配利润"项目为 3 050 万元

II 巩固题

一、单项选择题（下列每小题备选答案中只有一个符合题意的正确答案）

1. 甲股份有限公司委托乙证券公司发行普通股，股票面值总额 4 000 万元，发行总额 16 000 万元，发行费按发行总额的 2% 计算（不考虑其他因素），股票发行净收入全部收到。甲股份有限公司该笔业务记入"资本公积"科目的金额为（　　）万元。

A. 4 000　　　B. 11 680　　　C. 11 760　　　D. 12 000

2. 某公司 2019 年年初所有者权益总额为 1 360 万元，当年实现净利润 450 万元，提取盈余公积 45 万元，向投资者分配现金股利 200 万元，本年内以资本公积转增资本 50 万元，投资者追加现金投资 30 万元。该公司年末所有者权益总额为（　　）万元。

A. 1 565　　　B. 1 595　　　C. 1 640　　　D. 1 795

3. 某股份有限公司依法采用回购本公司股票方式减资。回购股票时支付的价款低于股票面值总额。下列各项中，注销股票时，冲减股本后的差额应贷记的会计科目是（　　）。

A. 利润分配——未分配利润　　B. 盈余公积

C. 资本公积　　D. 营业外收入

4. 某股份有限公司股本为 1 000 万元（每股面值 1 元），资本公积（股本溢价）为 150 万元，盈余公积为 100 万元。现经股东大会批准以每股 3 元价格回购本公司股票 100 万股并予以注销，不考虑其他因素，下列关于该公司注销库存股的会计处理正确的是（　　）。

A. 借：股本　　　　　　　　　　　　　　　　1 000 000

　　　资本公积——股本溢价　　　　　　　　1 500 000

　　　盈余公积　　　　　　　　　　　　　　500 000

　　　　贷：库存股　　　　　　　　　　　　　　　3 000 000

B. 借：股本　　　　　　　　　　　　　　　　1 000 000

　　　资本公积——股本溢价　　　　　　　　1 500 000

    盈余公积   500 000
    贷：银行存款   3 000 000
 C. 借：库存股   3 000 000
    贷：银行存款   3 000 000
 D. 借：股本   3 000 000
    贷：银行存款   3 000 000

5. 下列各项中，不应通过所有者权益类科目核算的是（ ）。

 A. 减少的注册资本

 B. 接受非关联企业捐赠产生的利得

 C. 回购本公司股票但尚未注销的库存股

 D. 按面值发行股票筹集的资金净额

6. 下列交易或事项能够增加企业所有者权益的是（ ）。

 A. 提取法定盈余公积   B. 盈余公积补亏

 C. 向投资者分派利润   D. 定向增发股票

7. 甲公司（上市公司）发行普通股5 000万股，每股面值1元，每股发行价格为8元，支付券商发行手续费为120万元，支付法律咨询费为30万元，则甲公司发行普通股计入股本的金额为（ ）万元。

 A. 40 000   B. 5 000   C. 39 850   D. 39 880

8. 甲公司2019年1月1日所有者权益构成为：实收资本5 000万元，资本公积120万元，未分配利润-300万元，当年甲公司实现利润总额为800万元（可用税前利润弥补亏损），适用的企业所得税税率为25%，甲公司按净利润的10%提取法定盈余公积，按净利润的5%提取任意盈余公积，则2019年12月31日甲公司的所有者权益总额为（ ）万元。

 A. 5 595   B. 5 745   C. 5 325   D. 5 495

9. A公司2019年1月1日未分配利润为2 300万元，当年利润总额为500万元，企业所得税税率为25%，不存在纳税调整事项，A公司按净利润的10%提取法定盈余公积，则2019年12月31日A公司的可供分配利润为（ ）万元。

 A. 2 800   B. 2 700   C. 2 660   D. 2 675

二、多项选择题（下列每小题备选答案中有两个或两个以上符合题意的正确答案）

1. 下列关于有限责任公司将盈余公积转增资本的变动情况中，表述正确的有（ ）。

 A. 留存收益减少   B. 实收资本增加

 C. 所有者权益总额不变   D. 资本公积增加

2. 下列各项中，关于所有者权益的特征表述正确的有（ ）。

 A. 除非发生减资、清算或是分派现金股利，企业不需要偿还所有者权益

B. 所有者凭借所有者权益能够参与企业的利润分配
C. 企业清算时，只有在清偿所有的负债后才能将所有者权益返还给所有者
D. 与负债相比所有者权益的风险小，收益大

3. 下列各项中，会引起企业实收资本金额发生增减变动的有（   ）。
   A. 资本公积转增资本　　　　　B. 对外债券投资
   C. 盈余公积转增资本　　　　　D. 处置交易性金融资产

4. 股份有限公司通过回购本公司股票方式减资的，当回购价格大于股本面值的差额时可能涉及的会计科目有（   ）。
   A. 资本公积　　B. 盈余公积　　C. 利润分配　　D. 其他综合收益

5. 甲公司接受以非现金资产投资，下列表述正确的有（   ）。
   A. 以固定资产投资的，应当以双方约定的价值（不公允的除外）作为固定资产入账成本
   B. 以存货投资的，实收资本（股本）应当以存货的公允价值确认
   C. 以无形资产投资的，应当以合同或协议约定的价值（不公允的除外）确认无形资产的入账成本
   D. 以存货投资的，应当以双方在合同或协议中约定的价值（不公允的除外）确认存货价值

三、判断题（正确的用"√"表示，错误的用"×"表示）

1. 企业负债与所有者权益的区别在于负债需要企业还本还息，而所有者权益则不需要。（   ）

2. 企业实收资本的构成比例可以作为企业生产经营决策的基础，但不能作为企业清算时确定所有者对净资产要求的依据。（   ）

3. 企业接受投资者以非现金资产投资时，应按投资合同或协议约定的价值确认资产的价值和在注册资本中应享有的份额，并将其差额确认为资本公积，但投资合同或协议约定的价值不公允的除外。（   ）

4. 企业可以用资本公积转增资本。（   ）

四、不定项选择题（下列每小题备选答案中有一个或一个以上符合题意的正确答案）

2018年年初甲股份有限公司（以下简称"甲公司"）股东权益总计为45 000万元，其中股本30 000万元，资本公积1 000万元、盈余公积9 000万元、未分配利润5 000万元。甲公司2018年发生的有关股东权益业务资料如下：

1. 经批准，甲公司以增发股票方式募集资金，共增发普通股股票400万股，每股面值1元，每股发行价格5元。证券公司代理发行费用共60万元，从发行收入中扣除。股票已全部发行完毕，所收股款存入甲公司开户银行。

2. 当年甲公司利润总额为5 015万元，其中，投资收益中包括当年收到的国债利息收入25万元，营业外支出中包括当年缴纳的税款滞纳金10万元。除以上事

项外,无其他纳税调整事项。甲公司适用的所得税税率为25%。

3. 经股东大会批准,甲公司以每股4元价格回购本公司股票100万股并注销。

4. 期末,甲公司确认因联营企业乙公司所有者权益增加而享有的权益,乙公司2018年除净损益、其他综合收益和利润分配之外的所有者权益增加了1 000万元。甲公司持有乙公司20%有表决权的股份,并采用权益法核算此项投资。

要求:根据上述资料,不考虑其他因素,分析回答下列小题。(会计分录中的金额单位用万元表示)

1. 根据资料1,下列各项中,关于甲公司发行普通股的会计处理结果正确的是( )。

  A. 财务费用增加60万元   B. 股本增加2 000万元

  C. 资本公积增加1 540万元   D. 银行存款增加1 940万元

2. 根据资料2,2018年甲公司实现净利润是( )万元。

  A. 3 761.25   B. 3 772.5   C. 3 775   D. 3 765

3. 根据资料3,下列各项中,甲公司关于股票回购业务的会计处理正确的是( )。

  A. 回购股票时: B. 回购股票时:
  借:库存股   400   借:股本   100
   贷:银行存款   400   贷:资本公积   100

  C. 回购股票时: D. 回购股票时:
  借:股本   100   借:库存股   100
   资本公积   300   资本公积   300
   贷:库存股   400   贷:银行存款   400

4. 根据资料4,下列各项中,关于甲公司长期股权投资业务对报表项目影响表述正确的是( )。

  A. "投资收益"项目增加200万元

  B. "资本公积"项目增加200万元

  C. "其他综合收益"项目增加200万元

  D. "长期股权投资"项目增加200万元

5. 根据期初资料和资料1至4,甲公司2015年年末的资本公积是( )万元。

  A. 2 440   B. 2 840   C. 2 240   D. 2 540

参考答案

第二节 资本公积

I 基础题

一、单项选择题（下列每小题备选答案中只有一个符合题意的正确答案）

1. 大成公司委托券商代理发行股票5 000万股，每股面值1元，每股发行价格6元，按发行价格的2%向券商支付发行费用，则该公司在收到股款时应记入"资本公积"科目的金额为（　　）万元。
   A. 24 400　　　B. 24 650　　　C. 24 750　　　D. 25 000

2. 天空股份有限公司委托证券公司发行股票2 000万股，每股面值2元，每股发行价格9元，向证券公司支付佣金500万元。该公司应贷记"资本公积——股本溢价"科目的金额为（　　）万元。
   A. 17 500　　　B. 14 000　　　C. 13 500　　　D. 3 500

3. 保利股份有限公司首次公开发行普通股7 500万股，每股面值1元，每股发行价格12元，已发行完毕。与受托单位约定，手续费按发行收入的2.5%收取，收到的股款已存入银行。则该公司应记入"资本公积——股本溢价"科目的金额为（　　）万元。
   A. 80 250　　　B. 80 437.5　　C. 82 500　　　D. 87 750

4. A有限责任公司由两位投资者投资200万元设立，每位各出资100万元。一年后，为扩大经营规模，经批准，A有限责任公司注册资本增加到300万元，并引入第三位投资者加入。按照投资协议，新投资者需缴入现金120万元，同时享有该公司三分之一的股份。A有限责任公司已收到该现金投资。假定不考虑其他因素，A有限责任公司接受第三位投资者时应确认的资本公积为（　　）万元。
   A. 110　　　　B. 100　　　　C. 20　　　　　D. 200

5. 甲股份有限公司委托A证券公司发行普通股2 000万股，每股面值1元，每股发行价格为5元。根据约定，股票发行成功后，甲股份有限公司应按发行收入的2%向A证券公司支付发行费。如果不考虑其他因素，股票发行成功后，甲股份有限公司记入"资本公积"科目的金额应为（　　）万元。
   A. 9 800　　　B. 200　　　　C. 7 800　　　D. 8 000

6. 下列各项中，不会引起资本公积变动的是（　　）。
   A. 经批准将资本公积转增资本
   B. 投资者投入的资金大于其按约定比例在注册资本中应享有的份额
   C. 股东大会宣告分配现金股利

D. 其他资本公积的变动

7. M 上市公司发行普通股 1 000 万股，每股面值 1 元，每股发行价格 5 元，支付发行手续费 30 万元，则该公司发行普通股记入"资本公积——股本溢价"科目的金额是（　　）万元。

　　A. 5 000　　　　B. 4 000　　　　C. 3 970　　　　D. 4 030

8. 下列各项中，不属于资本公积来源的是（　　）。

　　A. 资本溢价　　　　　　　　B. 股本溢价
　　C. 处置无形资产形成的利得　　D. 其他资本公积

二、多项选择题（下列每小题备选答案中有两个或两个以上符合题意的正确答案）

1. 下列各项中，属于资本公积来源的有（　　）。

　　A. 盈余公积转入　　　　　　　B. 直接计入所有者权益的利得
　　C. 资本溢价或股本溢价　　　　D. 从企业实现的净利润中提取

2. 下列项目中，可能引起资本公积变动的有（　　）。

　　A. 与发行权益性证券直接相关的手续费、佣金等交易费用
　　B. 计入当期损益的利得
　　C. 用资本公积转增资本
　　D. 处置采用权益法核算的长期股权投资

3. 下列各项中，应计入资本公积的有（　　）。

　　A. 注销的库存股账面余额低于所冲减股本的差额
　　B. 投资者超额缴入的资本
　　C. 交易性金融资产发生的公允价值变动
　　D. 溢价发行股票，超出股票面值的溢价收入

三、判断题（正确的用"√"表示，错误的用"×"表示）

1. 企业溢价发行股票发生的手续费、佣金应从溢价中抵扣，溢价金额不足抵扣的调整留存收益。（　　）

2. 长期股权投资采用权益法核算的，在持股比例不变的情况下，被投资单位除净损益以外所有者权益的其他变动，企业按持股比例计算应享有的份额，借记或贷记"长期股权投资——其他权益变动"科目，贷记或借记"资本公积——资本溢价或股本溢价"科目。（　　）

3. 资本公积反映的是企业收到投资者出资额超出其在注册资本或股本中所占份额的部分及直接计入当期损益的利得和损失。（　　）

4. 股份有限公司溢价发行股票时，按股票面值计入股本，溢价收入扣除发行手续费、佣金等发行费用后的金额计入资本公积。（　　）

四、不定项选择题（下列每小题备选答案中有一个或一个以上符合题意的正确答案）

2019年1月1日，公司股东权益合计金额为20 000万元，其中股本5 000万元（每股面值为1元），资本公积10 000万元（全部为资本溢价），盈余公积3 000万元，未分配利润2 000万元。该公司2019年发生与所有者权益相关的交易或事项如下：

1. 1月8日，委托证券公司发行普通股6 000万股，每股面值1元，发行价格为每股4元，按发行收入的3%支付证券公司佣金，股票已成功发行，收到股款存入银行。

2. 9月10日，经股东大会批准，用资本公积转增股本800万元，并办妥相关增资手续。

3. 11月8日，经股东大会批准，以银行存款回购本公司股票1 000万股，回购价格为每股5元。

4. 12月28日，经股东大会批准，将回购的本公司股票1 000万股注销，并办妥相关减资手续。

要求：根据上述资料，不考虑其他因素，分析回答下列问题。（会计分录中的金额单位用万元表示）

1. 根据资料1，下列各项中，该公司发行股票业务会计处理结果正确的是（　　）。

　　A. "财务费用"科目借方登记720万元

　　B. "银行存款"科目借方登记23 280万元

　　C. "股本"科目贷方登记6 000万元

　　D. "资本公积"科目贷方登记17 280万元

2. 根据资料2，下列各项中，该公司用资本公积转增股本会计处理结果正确的是（　　）。

　　A. 资本公积减少800万元　　B. 未分配利润增加800万元

　　C. 库存股增加800万元　　D. 股本增加800万元

3. 根据资料3，下列各项中，该公司回购股票会计处理正确的是（　　）。

　　A. 借：库存股　　1 000　　　B. 借：股本　　　1 000
　　　　贷：股本　　　1 000　　　　　贷：库存股　　1 000

　　C. 借：库存股　　5 000　　　D. 借：股本　　　5 000
　　　　贷：银行存款　5 000　　　　　贷：银行存款　5 000

4. 根据期初资料和资料4，下列各项中，该公司注销股票的会计处理结果正确的是（　　）。

　　A. "资本公积"科目借方登记4 000万元

　　B. "股本"科目借方登记1 000万元

C. "资本公积"科目贷方登记4 000万元

D. "库存股"科目贷方登记5 000万元

5. 根据期初资料和资料1至4，下列各项中，该公司2019年年末资产负债表"股东权益"项目期末余额填列正确的是（　　）。

A. "盈余公积"项目为26 480万元　　B. "库存股"项目为1 000万元

C. "资本公积"项目为22 480万元　　D. "股本"项目为10 800万元

II 巩固题

一、单项选择题（下列每小题备选答案中只有一个符合题意的正确答案）

1. A有限责任公司由两位投资者投资400万元设立，每人各出资200万元。一年后，为扩大经营规模，经批准，A有限责任公司注册资本增加到600万元，并引入第三位投资者加入。按照投资协议，新投资者需缴入银行存款220万元，同时享有该公司注册资本三分之一的份额。A有限责任公司已收到该现金投资。假定不考虑其他因素，A有限责任公司计入"资本公积——资本溢价"科目的金额是（　　）万元。

A. 10　　　　B. 20　　　　C. 100　　　　D. 110

2. 企业增资扩股时，投资者实际缴纳的出资额大于其按约定比例计算的其在注册资本中所占的份额部分，应计入（　　）。

A. 资本公积　　B. 实收资本　　C. 盈余公积　　D. 营业外收入

3. 2017年1月10日，经股东大会批准，A公司以银行存款4 000万元回购本公司股票800万股并于回购当日注销，该股票每股面值1元。不考虑其他因素，该事项对A公司资本公积的影响金额是（　　）万元。

A. 4 000　　B. 3 200　　C. 800　　D. 3 200

4. 某公司委托证券公司发行普通股40 000股，每股面值为1元，每股发行价格为16元。双方协议约定，证券公司按发行收入的2%收取佣金，并直接从发行收入中扣除。不考虑其他因素，该公司发行股票应计入资本公积的金额为（　　）元。

A. 6 272 000　　B. 5 880 000　　C. 5 872 000　　D. 6 000 000

5. 下列各项中，关于股份公司溢价发行股票的相关会计处理表述正确的是（　　）。

A. 发行股票溢价计入盈余公积

B. 发行股票相关的手续费计入股本

C. 发行股票相关的手续费应从溢价中抵扣

D. 发行股票取得的款项全部计入股本

6. 某股份有限公司首次公开发行普通股 500 万股。每股面值 1 元，发行价格 6 元，相关手续费和佣金共计 95 万元（不考虑增值税）。不考虑其他因素，该公司发行股票应计入资本公积的金额为（　　）万元。

    A. 2 905　　　　B. 2 405　　　　C. 2 500　　　　D. 3 000

7. 某公司年初资本公积为 1500 万元，经股东大会批准，用资本公积转增资本 300 万元。不考虑其他因素，该公司年末的资本公积为（　　）万元。

    A. 1 700　　　　B. 1 500　　　　C. 1 200　　　　D. 1 400

8. 某公司公开发行普通股 100 万股，每股面值 1 元，每股发行价格为 10 元，按发行收入的 3% 向证券公司支付佣金，从发行收入中扣除，收到的款项已存入银行。不考虑其他因素，该公司发行股票应计入资本公积的金额为（　　）万元。

    A. 893　　　　　B. 970　　　　　C. 870　　　　　D. 900

9. 企业接受新投资者投资时其实际缴纳的出资额大于其所享有注册资本所占份额的部分应计入（　　）。

    A. 资本公积——其他资本公积　　B. 其他综合收益

    C. 实收资本　　　　　　　　　　D. 资本公积——资本溢价

10. 上市公司以回购本公司股票方式减资，其支付的价款低于股票面值总额的差额应计入（　　）。

    A. 其他综合收益　　　　　　　　B. 利润分配——未分配利润

    C. 资本公积——股本溢价　　　　D. 盈余公积

二、多项选择题（下列每小题备选答案中有两个或两个以上符合题意的正确答案）

1. 下列关于资本公积的表述正确的有（　　）。

    A. 资本公积是企业收到投资者出资额超出其在注册资本中所占份额的部分，以及其他资本公积等

    B. 资本公积的来源之一是资本公积——其他资本公积

    C. 企业可以使用资本公积弥补亏损

    D. 企业可以用资本公积转增资本

2. 下列关于股份有限公司发行股票的表述不正确的有（　　）。

    A. 在溢价发行股票的情况下，企业发行股票取得的收入应作为股本处理

    B. 发行股票相关的手续费、佣金等交易费用计入管理费用

    C. 我国目前不准折价发行股票

    D. 股票按面值发行的，发行股票取得的收入应全部作为股本处理

3. 下列各项中，属于企业留存收益的有（　　）。

    A. 累积未分配的利润

    B. 按股东大会要求从净利润中提取的任意盈余公积

    C. 按规定从净利润中提取的法定盈余公积

D. 发行股票的溢价收入

三、判断题（正确的用"√"表示，错误的用"×"表示）

1. 股份有限公司注销本公司股票时，回购价格大于股票面值的差额全部计入资本公积中。（　　）

2. 资本公积转增资本和盈余公积转增资本，企业所有者权益总额不会发生变化。（　　）

四、不定项选择题（下列每小题备选答案中有一个或一个以上符合题意的正确答案）

甲公司为上市公司，适用的企业所得税税率为25%，2018年度甲公司有关资料如下：

1. 1月1日，所有者权益总额为11 100万元，其中股本为8 000万元（每股面值1元），资本公积（股本溢价）为2 000万元，盈余公积为800万元，未分配利润为300万元。

2. 6月18日，经股东大会批准，甲公司按每股2元的价格回购本公司股票1 000万股并注销。

3. 截至12月31日甲公司实现营业收入8 100万元，发生营业成本4 500万元，税金及附加500万元，销售费用400万元，管理费用400万元，财务费用350万元，资产减值损失250万元，营业外收入150万元，营业外支出50万元。

4. 经股东大会批准，甲公司本年度按净利润的10%提取法定盈余公积，按每10股0.5元发放现金股利350万元。

要求：根据上述资料，假定不考虑其他因素，分析回答下列小题。（会计分录中的金额单位用万元表示）

1. 根据资料1和2，下列各项中，关于甲公司的会计处理正确的是（　　）。

  A. 回购本公司股份时：
   借：股本　　　　　2 000
    贷：银行存款　　　2 000

  B. 回购本公司股份时：
   借：库存股　　　　2 000
    贷：银行存款　　　2 000

  C. 注销本公司股份时：
   借：股本　　　　　1 000
     资本公积　　　1 000
    贷：库存股　　　　2 000

  D. 注销本公司股份时：
   借：股本　　　　　2 000
    贷：库存股　　　　2 000

2. 根据资料3，2018年度甲公司实现营业利润为（　　）万元。

  A. 1 700　　B. 1 650　　C. 1 800　　D. 1 850

3. 根据资料4，下列会计处理正确的是（　　）。

  A. 借：利润分配——提取法定盈余公积　　　　135
    贷：盈余公积　　　　　　　　　　　　　　　135

  B. 借：利润分配——提取法定盈余公积　　　　180

　　　　　贷：盈余公积　　　　　　　　　　　　　　　　　　180
　　C. 借：利润分配——未分配利润　　　　　　　　　　　180
　　　　　贷：盈余公积　　　　　　　　　　　　　　　　　　180
　　D. 借：利润分配——未分配利润　　　　　　　　　　　135
　　　　　贷：利润分配——提取法定盈余公积　　　　　　135

4. 根据资料1至4，下列表述正确的是（　　）。
　　A. 甲公司回购本公司股票，会减少所有者权益2 000万元
　　B. 甲公司回购库存股注销后的资本公积为1 000万元
　　C. 甲公司2018年年末的盈余公积为935万元
　　D. 甲公司分配现金股利后的未分配利润为1 300万元

5. 根据资料1至4，甲公司2018年12月31日的所有者权益总额为（　　）万元。
　　A. 10 450　　　B. 10 650　　　C. 10 100　　　D. 11 950

参考答案

第三节 留存收益

Ⅰ 基础题

一、单项选择题（下列每小题备选答案中只有一个符合题意的正确答案）

1. 下列关于盈余公积的表述，不正确的是（　　）。
    A. 计提法定盈余公积的基数包括企业年初未分配利润
    B. 企业提取的盈余公积经批准可用于弥补亏损、转增资本、发放现金股利
    C. "盈余公积"科目应当分别按"法定盈余公积""任意盈余公积"进行明细核算
    D. 年末"利润分配——盈余公积补亏"明细科目的余额应转入"利润分配——未分配利润"

2. 大地股份有限公司当年实现净利润 3 000 000 元，若存在以前年度未弥补亏损 1 000 000 元，则公司按 10% 计提的法定盈余公积金额为（　　）元。
    A. 100 000   B. 200 000   C. 300 000   D. 400 000

3. 下列各项中，不属于留存收益的是（　　）。
    A. 资本溢价   B. 任意盈余公积   C. 未分配利润   D. 法定盈余公积

4. 王者公司 2017 年年初所有者权益总额为 1 360 万元，当年实现净利润 450 万元，提取盈余公积 45 万元，向投资者分配现金股利 200 万元，本年内以资本公积转增资本 50 万元，投资者追加现金投资 30 万元。该公司年末所有者权益总额为（　　）万元。
    A. 1 565   B. 1 595   C. 1 640   D. 1 795

5. 某企业 2017 年 1 月 1 日所有者权益构成情况如下：实收资本 1 500 万元，资本公积 100 万元，盈余公积 300 万元，未分配利润 200 万元。2017 年度实现利润总额为 600 万元，企业所得税税率为 25%。假定不存在纳税调整事项及其他因素，该企业 2017 年 12 月 31 日可供分配利润为（　　）万元。
    A. 600   B. 650   C. 800   D. 1 100

6. 某企业年初未分配利润为 100 万元，本年净利润为 1 000 万元，按 10% 计提法定盈余公积，按 5% 计提任意盈余公积，宣告发放现金股利为 80 万元，则该企业年末未分配利润为（　　）万元。
    A. 855   B. 867   C. 870   D. 874

7. 某企业盈余公积年初余额为 50 万元，本年利润总额为 600 万元，所得税费用为 150 万元，按净利润的 10% 提取法定盈余公积，并将盈余公积 10 万元转增资

本，则该企业盈余公积年末余额为（　　）万元。

  A. 40   B. 85   C. 95   D. 110

8. 下列各项中，会导致留存收益总额发生增减变动的是（　　）。

  A. 资本公积转增资本   B. 盈余公积补亏

  C. 盈余公积转增资本   D. 以当年净利润弥补以前年度亏损

9. 某企业年初所有者权益 160 万元，本年度实现净利润 300 万元，以资本公积转增资本 50 万元，提取盈余公积 30 万元，向投资者分配现金股利 20 万元。假设不考虑其他因素，该企业年末所有者权益为（　　）万元。

  A. 360   B. 410   C. 440   D. 460

10. 某企业年初未分配利润贷方余额为 200 万元，本年利润总额为 800 万元，本年所得税费用为 300 万元，按净利润的 10% 提取法定盈余公积，提取任意盈余公积 25 万元，向投资者分配利润 25 万元，则该企业年末未分配利润贷方余额为（　　）万元。

  A. 600   B. 650   C. 625   D. 570

二、多项选择题（下列每小题备选答案中有两个或两个以上符合题意的正确答案）

1. 公司提取的盈余公积，经批准可用于（　　）。

  A. 弥补亏损 B. 转增资本 C. 派送新股 D. 分派现金股利

2. 关于企业所有者权益，下列说法正确的有（　　）。

  A. 盈余公积可按规定转增实收资本 B. 资本公积可用于弥补亏损

  C. 未分配利润不能用于弥补亏损 D. 资本公积可转增实收资本

3. 下列说法正确的是（　　）。

  A. 所有者权益是指企业所有者在企业资产中享有的经济利益

  B. 所有者权益的金额等于资产减去负债后的余额

  C. 所有者权益也称为净资产

  D. 所有者权益包括实收资本（或股本）、资本公积、盈余公积和未分配利润等

4. 下列各项构成留存收益的有（　　）。

  A. 资本溢价 B. 未分配利润 C. 任意盈余公积 D. 法定盈余公积

5. 下列各项中，会引起负债和所有者权益同时发生变动的有（　　）。

  A. 以盈余公积补亏   B. 以现金回购本公司股票

  C. 宣告发放现金股利   D. 转销确实无法支付的应付账款

6. 下列各项中，不会引起留存收益总额发生增减变动的有（　　）。

  A. 资本公积转增资本   B. 盈余公积转增资本

  C. 盈余公积弥补亏损   D. 税后利润弥补亏损

7. 下列各项中，不会引起留存收益变动的有（　　）。

A. 盈余公积补亏　　　　　　　B. 计提法定盈余公积
C. 盈余公积转增资本　　　　　D. 计提任意盈余公积

8. 下列各项中，不会引起所有者权益总额发生增减变动的有（　　）。
A. 宣告发放股票股利　　　　　B. 资本公积转增资本
C. 盈余公积转增资本　　　　　D. 接受投资者追加投资

9. 下列各项中，导致企业留存收益发生增减变动的有（　　）。
A. 盈余公积分配现金股利　　　B. 盈余公积弥补亏损
C. 资本公积转增资本　　　　　D. 盈余公积转增资本

10. 下列各项中，属于企业留存收益的有（　　）。
A. 按规定从净利润中提取的法定盈余公积
B. 累积未分配的利润
C. 按股东大会决议从净利润中提取的任意盈余公积
D. 发行股票的溢价收入

三、判断题（正确的用"√"表示，错误的用"×"表示）

1. 溢价发行股票发生的手续费、佣金等应从溢价收入中抵扣，不足抵扣的应计入财务费用。（　　）
2. 年度终了，除"未分配利润"明细科目外，"利润分配"科目下的其他明细科目应当无余额。（　　）
3. 企业年末资产负债表中的未分配利润的金额一定等于"利润分配"科目的年末余额。（　　）
4. 企业年末资产负债表中的未分配利润金额一定等于"本年利润"科目的年末余额。（　　）
5. 盈余公积和资本公积转增资本均会使企业留存收益减少。（　　）
6. 企业应当按当年实现的净利润的一定比例提取盈余公积。（　　）

四、不定项选择题（下列每小题备选答案中有一个或一个以上符合题意的正确答案）

Y股份有限公司（以下简称Y公司）为一家从事工业生产的增值税一般纳税企业。2018年1月1日，所有者权益总额为50 000万元，其中股本30 000万元，资本公积5 000万元，盈余公积6 000万元，未分配利润9 000万元。2018年度Y公司发生如下经济业务：

1. 甲投资者投入自产产品一批，双方确认价值为2 700万元，公允价值是2 800万元，税务部门认定增值税为476万元，并开具了增值税专用发票。同时Y公司增加股本2 000万元，法律手续已办妥。
2. 经股东大会决议，并报有关部门核准增发普通股3 000万股，每股面值1元，每股发行价格5元，按照发行股款的2%向证券公司支付发行费。发行款已全部收到并存入银行。假定不考虑其他因素。

3. 因扩大经营规模需要，经股东大会批准，Y公司将盈余公积1 800万元转增股本。

4. 结转本年实现净利润4 000万元。

5. 按税后利润的10%提取法定盈余公积。

6. 向投资者宣告分配现金股利500万元。

7. 将"利润分配——提取法定盈余公积""利润分配——应付现金股利"明细科目余额结转至未分配利润。

要求：根据上述资料，回答下列问题。

1. 关于甲投资者投入自产产品业务，Y公司的账务处理正确的是（　　）。

  A. 确认产品的入账价值为2 700万元

  B. 确认产品的入账价值为2 800万元

  C. 确认"资本公积——股本溢价"贷方金额为1 276万元

  D. 确认"资本公积——股本溢价"贷方金额为1 176万元

2. 根据资料2，下列表述不正确的是（　　）。

  A. 本次增发股票确认银行存款增加14 700万元

  B. 本次增发股票应确认增加资本公积——股本溢价金额11 700万元

  C. 在溢价发行股票的情况下，公司发行股票的溢价收入，直接冲减当期的财务费用

  D. 本次增发股票应确认增加资本公积——股本溢价金额12 000万元

3. Y公司年末股本账面余额为（　　）万元。

  A. 34 800　　　B. 36 800　　　C. 35 000　　　D. 33 800

4. Y公司年末资本公积账面余额为（　　）万元。

  A. 17 976　　　B. 11 700　　　C. 12 976　　　D. 16 700

5. 下列说法正确的是（　　）。

  A. Y公司年末未分配利润账面余额为12 100万元

  B. Y公司年末盈余公积账面余额为4 200万元

  C. Y公司年末未分配利润账面余额为1 250万元

  D. Y公司年末盈余公积账面余额为4 600万元

Ⅱ 巩固题

一、单项选择题（下列每小题备选答案中只有一个符合题意的正确答案）

1. 年末结账后，"利润分配"账户的借方余额表示（　　）。

  A. 累计未分配的利润　　　　　B. 本年实现的净亏损

  C. 累计未弥补的亏损　　　　　D. 本年实现的净利润

2. 某企业年初所有者权益 160 万元，本年度实现净利润 300 万元，以资本公积转增资本 50 万元，提取盈余公积 30 万元，向投资者分配现金股利 20 万元。假设不考虑其他因素，该企业年末所有者权益为（　　）万元。
  A. 360   B. 410   C. 440   D. 460

3. 下列各项中，会引起留存收益总额发生增减变动的是（　　）。
  A. 用税后利润补亏   B. 盈余公积补亏
  C. 资本公积转增资本   D. 发放股票股利

4. 下列各项中，不能引起资产和所有者权益（最终影响）同时减少的是（　　）。
  A. 计提短期借款的利息   B. 计提行政管理部门固定资产折旧
  C. 计提坏账准备   D. 管理用无形资产摊销

5. 下列各项中，关于留存收益的表述正确的是（　　）。
  A. 留存收益包括盈余公积、未分配利润、其他综合收益
  B. "未分配利润"明细科目不会出现借方余额
  C. 盈余公积不会出现借方余额
  D. 提取盈余公积会导致盈余公积增加，因此也会导致留存收益增加

6. 下列各项中，能同时引起负债和所有者权益发生变动的是（　　）。
  A. 出售无形资产取得的净收益
  B. 接受投资者的投资
  C. 实际发放现金股利
  D. 股东大会向投资者宣告分配现金股利

7. 某公司"盈余公积"科目的年初余额为 2 000 万元，本期提取法定盈余公积为 1 850 万元，任意盈余公积为 900 万元，用盈余公积转增资本 1 000 万元，则该公司"盈余公积"科目的年末余额为（　　）万元。
  A. 3 750   B. 2 850   C. 1 900   D. 3 850

8. 甲公司 2018 年"盈余公积"期初余额为 150 万元，当年提取法定盈余公积 120 万元，用盈余公积分配现金股利 10 万元，盈余公积弥补亏损 50 万元。假定不考虑其他因素的影响，甲公司 2018 年"盈余公积"的年末余额为（　　）万元。
  A. 260   B. 270   C. 210   D. 300

9. A 公司 2018 年年初未分配利润为贷方余额 150 万元，本年度实现净利润 200 万元，分别按 10% 和 5% 提取法定盈余公积和任意盈余公积。假定不考虑其他因素，该公司 2018 年年末未分配利润的贷方余额应为（　　）万元。
  A. 350   B. 320   C. 297.5   D. 200

10. 2018 年年初，A 公司"利润分配——未分配利润"科目借方余额 60 万元，2018 年度该公司实现净利润为 500 万元，根据净利润的 10% 提取盈余公积，则 2018 年年末该企业可供分配利润的金额为（　　）万元。

A. 560   B. 440   C. 500   D. 396

二、多项选择题（下列每小题备选答案中有两个或两个以上符合题意的正确答案）

1. 下列各项中，关于盈余公积的用途表述正确的有（　　）。
   A. 以盈余公积转增实收资本　　B. 以盈余公积转增资本公积
   C. 以盈余公积弥补亏损　　　　D. 盈余公积发放现金股利

2. 下列各项中，不会导致留存收益总额发生增减变动的有（　　）。
   A. 资本公积转增资本　　　　　B. 盈余公积补亏
   C. 盈余公积转增资本　　　　　D. 以当年净利润弥补以前年度亏损

3. 下列各项中，引起企业留存收益总额发生增减变动的有（　　）。
   A. 用盈余公积发放现金股利　　B. 用盈余公积弥补亏损
   C. 用盈余公积转增资本　　　　D. 用净利润发放现金股利

4. 下列关于盈余公积用途的表述正确的有（　　）。
   A. 可以用于对外捐赠　　　　　B. 可以用于转增资本
   C. 可以用于弥补亏损　　　　　D. 可以用于发放工资

5. 下列各项中，能最终同时引起资产和所有者权益发生增减变化的有（　　）。
   A. 赊销商品并确认收入　　　　B. 接受非现金资产捐赠
   C. 用盈余公积弥补亏损　　　　D. 接受投资者投入资本

6. 下列各项中，会导致所有者权益总额减少的事项有（　　）。
   A. 分配股票股利　　　　　　　B. 宣告分派现金股利
   C. 企业发生亏损　　　　　　　D. 投资者撤资

7. 下列各项中，不会引起留存收益总额发生增减变动的有（　　）。
   A. 资本公积转增资本　　　　　B. 盈余公积转增资本
   C. 盈余公积弥补亏损　　　　　D. 税后利润弥补亏损

三、判断题（正确的用"√"表示，错误的用"×"表示）

1. 企业溢价发行股票发生的手续费、佣金应从溢价中抵扣，溢价金额不足抵扣的调整留存收益。（　　）

2. 未分配利润是企业实现的各年净利润的累计结存金额。（　　）

3. 企业用当年实现利润弥补以前年度亏损，不需要单独进行账务处理，"利润分配——未分配利润"科目借贷方自动抵减即可完成。（　　）

4. 企业当年实现的净利润（或净亏损）加上年初未分配利润（或减年初未弥补亏损）和其他转入后的余额，为可供分配的利润。（　　）

5. 如果以前年度未分配利润有盈余，在计算提取法定盈余公积的基数时，应包括企业年初未分配利润。（　　）

6. 企业董事会或类似机构作出拟分配利润方案的，企业应当进行账务处理。（　　）

四、不定项选择题（下列每小题备选答案中有一个或一个以上符合题意的正确答案）

晨风公司2019年年初所有者权益构成为：股本3 000万元，资本公积500万元（全部为股本溢价），其他综合收益800万元，盈余公积300万元，未分配利润3 900万元。2019年发生的与所有者权益有关的经济事项如下：

（1）3月1日，通过证券公司公开发行股票2 000万股，每股面值1元，每股发行价格4.5元，按合同约定需按发行价格的2%支付给证券公司佣金。假定当日发行成功，证券公司将扣除佣金的股款通过银行转账方式支付给晨风公司。

（2）4月1日，晨风公司实际分配股票股利2 000万元。

（3）6月30日，晨风公司其他综合收益增加400万元。

（4）9月22日，晨风公司回购本公司股票500万股。当日回购价格为5.5元/股。

（5）11月30日，晨风公司通过相关部门批准，将回购的500万股进行注销。

（6）12月31日，晨风公司当年实现净利润4 500万元。

（7）晨风公司按净利润的10%提取法定盈余公积。

要求：根据上述资料，不考虑其他相关因素，分析回答下列问题。（会计分录中的金额单位以万元表示）

1. 下列关于晨风公司发行股票的会计处理结果表述正确的是（   ）。
   A. 股本增加2 000万元　　　　　　B. 银行存款增加8 820万元
   C. 资本公积增加7 000万元　　　　D. 资本公积增加6 820万元

2. 下列关于晨风公司分派股票股利的会计处理正确的是（   ）。
   A. 借：应付股利　　　2 000　　　B. 借：利润分配　　　2 000
   　　　贷：利润分配　　　2 000　　　　　贷：应付股利　　　2 000
   C. 借：利润分配　　　2 000　　　D. 借：应付股利　　　2 000
   　　　贷：股本　　　　　2 000　　　　　贷：股本　　　　　2 000

3. 下列关于晨风公司回购及注销股票相关账务处理不正确的是（   ）。
   A. 借：库存股　　　　2 750　　　B. 借：股本　　　　　500
   　　　贷：银行存款　　　2 750　　　　　库存股　　　　　2 250
   　　　　　　　　　　　　　　　　　　　贷：银行存款　　　2 750
   C. 借：股本　　　　　500　　　　D. 借：股本　　　　　500
   　　　资本公积　　　2 250　　　　　　　资本公积　　　2 250
   　　　贷：银行存款　　　2 750　　　　　贷：库存股　　　　2 750

4. 2019年12月31日，晨风公司所有者权益总额为（   ）万元。
   A. 23 970　　　　　　　　　　　B. 23 150
   C. 24 970　　　　　　　　　　　D. 26 150

5. 下列各项中,关于晨风公司 2019 年 12 月 31 日所有者权益计算结果正确的是（　　）。

A. 股本 6 500 万元
B. 资本公积 10 870 万元
C. 盈余公积 750 万元
D. 未分配利润 5 950 万元

参考答案

第十章 收入、费用

第一节 收 入

Ⅰ 基础题

一、单项选择题（下列每小题备选答案中只有一个符合题意的正确答案）

1. 下列各项中，关于收入确认表述正确的是（ ）。
   A. 采用预收货款方式销售商品，应在收到货款时确认收入
   B. 采用分期收款方式销售商品，应在货款全部收回时确认收入
   C. 采用交款提货方式销售商品，应在开出发票收到货款时确认收入
   D. 采用支付手续费委托代销方式销售商品，应在发出商品时确认收入

2. 某企业销售商品一批，增值税专用发票上标明的价款为 60 万元，适用的增值税税率为 13%，为购买方代垫运杂费为 2 万元，款项尚未收回，则该企业确认应收账款为（ ）万元。
   A. 60　　　　B. 62　　　　C. 67.8　　　　D. 69.8

3. 甲公司与乙公司签订协议，采用预收款方式向乙公司销售一批商品。该批商品实际成本为 80 万元。协议约定，该批商品销售价格为 140 万元；乙公司应在协议签订时预付 100 万元的货款，剩余货款于 2 个月后支付；甲公司在收到最后一笔款项时发出该批商品。不考虑其他因素，甲公司的处理正确的是（ ）。
   A. 签订协议时，确认收入 100 万元
   B. 收到剩余款项时，确认收入 40 万元
   C. 收到剩余款项时，确认收入 140 万元
   D. 签订协议时，确认收入 140 万元

4. 某企业为增值税一般纳税人，适用的增值税税率为 13%。2018 年 6 月 1 日，该企业向某客户销售商品 20 000 件，单位售价为 20 元（不含增值税），单位成本为 10 元，给予客户 10% 的商业折扣，当日发出商品，并符合收入确认条件。销售合同约定的现金折扣条件为 "2/10，1/20，N/30"（计算现金折扣时不考虑增值税）。不考虑其他因素，该客户于 6 月 15 日付款时享有的现金折扣为

（　　）元。

  A. 4 680　　　 B. 3 600　　　 C. 4 212　　　 D. 4 000

 5. 某企业销售商品6 000件，每件售价60元，增值税税率13%；企业为购货方提供的商业折扣为10%，提供的现金折扣条件为"2/10，1/20，N/30"，并代垫运杂费500元。该企业在这项交易中应确认的收入金额为（　　）元。

  A. 320 000　　 B. 308 200　　 C. 324 000　　 D. 320 200

 6. 2019年6月2日，甲公司向乙公司赊销一批商品。增值税专用发票上注明的价款为300万元，增值税税额为39万元。符合收入确认条件。7月15日，乙公司发现该批商品外观有问题，要求按不含税销售价格给予5%的折让。甲公司同意并开具了红字增值税专用发票。同日收到乙公司支付的货款。下列各项中，关于甲公司销售折让会计处理结果表述不正确的是（　　）。

  A. 冲减应交税费1.95万元　　 B. 冲减主营业务收入15万元

  C. 增加销售费用17.4万元　　 D. 冲减应收账款16.95万元

 7. 企业于2019年6月售出的产品在2019年7月被退回时，其冲减的销售收入应在退回当期记入（　　）科目的借方。

  A. 营业外收入　　 B. 营业外支出

  C. 利润分配　　 D. 主营业务收入

 8. 2019年5月15日，甲公司委托乙公司销售商品100件，商品已经发出，每件成本为50元，合同约定乙公司按每件不含税售价70元对外销售，甲公司按照售价的10%向乙公司支付代销手续费。2019年7月1日，乙公司实际对外销售50件，并向甲公司开出代销清单，甲公司收到代销清单时应确认的代销手续费为（　　）元。

  A. 350　　　 B. 700　　　 C. 300　　　 D. 400

 9. 某企业2018年10月承接一项设备安装劳务，劳务合同总收入为200万元，预计合同总成本为140万元，合同价款在签订合同时已收取，采用完工百分比法确认劳务收入。2018年已确认劳务收入80万元，截至2019年12月31日，该劳务的累计完工进度为60%。2019年该企业应确认的劳务收入为（　　）万元。

  A. 36　　　 B. 40　　　 C. 72　　　 D. 120

 10. 某企业取得的下列各项收入中，不属于让渡资产使用权所取得收入的是（　　）。

  A. 债券利息收入

  B. 进行股权投资取得的现金股利

  C. 经营租出固定资产取得的租金收入

  D. 出售固定资产取得的价款

二、多项选择题（下列每小题备选答案中有两个或两个以上符合题意的正确答案）

1. 下列选项中关于收入的表述正确的有（　　）。
   A. 收入是指企业在日常活动中形成的
   B. 收入按企业从事日常活动的性质不同，分为主营业务收入和其他业务收入
   C. 其他业务收入是指企业为完成其经营目标所从事的与经常性活动相关的活动实现的收入
   D. 主营业务收入是指企业为完成其经营目标所从事的与经常性活动相关活动实现的收入

2. 下列各项中，属于收入确认范围的有（　　）。
   A. 运输劳务收入　　　　　　B. 罚没收入
   C. 处置固定资产净收益　　　D. 销售收入

3. A 公司向 B 公司销售一批商品，售价 100 万元，增值税税额 13 万元，成本 80 万元，约定现金折扣条件为"1/10，0.5/20，N/30"，假定现金折扣不考虑增值税。B 公司 10 天之内付款完毕。在售出后第 20 天，B 公司发现商品存在一定质量问题，经协商，将 50% 的货物退回。假设增值税允许扣减，则下列计算正确的有（　　）。
   A. 销售该批商品总计取得的收入为 50 万元
   B. 销售该批商品总计结转的成本为 80 万元
   C. 销售该批商品总计计入财务费用的金额为 1 万元
   D. 销售该批商品总计计入财务费用的金额为 0.5 万元

4. 下列各项中，不影响商品销售收入确认金额的有（　　）。
   A. 发生的商业折扣　　　　　B. 收取的销项税额
   C. 实际发生的销售折让　　　D. 代垫的运杂费

5. 让渡资产使用权的收入确认条件不包括（　　）。
   A. 与交易相关的经济利益很可能流入企业
   B. 收入的金额能够可靠地计量
   C. 资产所有权上的风险已经转移
   D. 没有继续保留资产的控制权

6. 下列有关销售商品收入的处理中，不正确的有（　　）。
   A. 在采用收取手续费的委托代销方式下销售商品，发出商品时就确认收入
   B. 当期售出的商品被退回时，直接冲减退回当期的收入、成本、税金等相关项目
   C. 当期已经确认收入的售出商品发生销售折让时，直接将发生的销售折让作为当期的销售费用处理

D. 当期已经确认收入的售出商品发生销售折让时，将发生的销售折让冲减当期的收入和税金

三、判断题（正确的用"√"表示，错误的用"×"表示）

1. 收入按照收入的性质分类，可分为商品销售收入、提供劳务收入和让渡资产使用权收入；按照企业经营业务的主次分类，可以分为主营业务收入和其他业务收入。（　　）

2. 销售商品相关的已发生或将发生的成本不能合理估计的，企业在收到货款时确认为收入。（　　）

3. 企业销售商品满足收入确认条件时，应当按照已收或应收合同或协议价款的账面价值确定销售商品收入金额。（　　）

4. 以支付手续费方式委托代销商品，委托方收到代销清单时确认销售商品收入，同时将应支付的代销手续费计入当期管理费用。（　　）

5. 企业对外提供劳务，所实现的收入通过其他业务收入核算，结转的相关成本通过其他业务成本核算。（　　）

6. 企业出售无形资产取得的收入在"其他业务收入"账户核算。（　　）

Ⅱ 巩固题

一、单项选择题（下列每小题备选答案中只有一个符合题意的正确答案）

1. 下列关于能够确认收入的条件表述中，不正确的是（　　）。
   A. 商品所有权上的主要风险和报酬已经转移给购货方
   B. 销售方没有保留与商品所有权有关的继续管理权
   C. 取得的收入能够可靠计量
   D. 相关商品的成本不能可靠计量但是已经收到了货款

2. 企业销售商品确认收入后，对于客户实际享受的现金折扣，应当（　　）。
   A. 确认当期财务费用　　　　B. 冲减当期主营业务收入
   C. 确认当期管理费用　　　　D. 确认当期主营业务成本

3. 某企业2019年6月1日赊销一批商品，售价为120 000元（不含增值税），适用的增值税税率为13%。规定的现金折扣条件为"2/10，1/20，N/30"，计算现金折扣时考虑增值税。若客户于2019年6月15日付清货款，则该企业实际收款金额为（　　）元。
   A. 118 800　　B. 132 888　　C. 134 244　　D. 135 600

4. 某企业为增值税一般纳税人，适用的增值税税率为13%。2019年4月1日，对外销售M商品20 000件，每件不含增值税销售价格为15元，给予10%的商业折扣，符合收入确认条件。下列各项中，该企业销售该批商品会计处理正确

的是（　　）。

　　A. 确认应交税费 3.9 万元　　　　B. 确认主营业务收入 27 万元

　　C. 确认管理费用 3 万元　　　　　D. 确认财务费用 3 万元

5. 甲企业为增值税一般纳税人，适用的增值税税率为 13%，2019 年 6 月 1 日销售产品 500 件，每件不含税增值税销售价格为 1 500 元。现金折扣条件为"2/10，1/20，N/30"，计算现金折扣时不考虑增值税。若乙企业于 6 月 15 日交付货款，则甲企业实际收取的款项为（　　）元。

　　A. 840 000　　B. 847 500　　C. 750 000　　D. 839 025

6. 在受托方收取手续费代销方式下，企业委托其他单位销售商品，商品销售收入确认的时间是（　　）。

　　A. 发出商品日期　　　　　　　　B. 受托方发出商品日期

　　C. 收到代销单位的代销清单日期　　D. 全部收到款项日期

7. 下列项目中，应计入其他业务收入的是（　　）。

　　A. 转让无形资产所有权收入　　　B. 出租固定资产收入

　　C. 罚款收入　　　　　　　　　　D. 股票发行收入

8. 企业让渡资产使用权所计提的摊销额等，一般应该计入（　　）。

　　A. 营业外支出　B. 主营业务成本　C. 其他业务成本　D. 管理费用

二、多项选择题（下列每小题备选答案中有两个或两个以上符合题意的正确答案）

1. 企业跨期提供劳务的，期末可以按照完工百分比法确认收入的条件包括（　　）。

　　A. 劳务总收入能够可靠地计量

　　B. 相关的经济利益能够流入企业

　　C. 劳务的完成程度能够可靠地确定

　　D. 劳务总成本能够可靠地计量

2. 企业发生的收入，通常表现为（　　）。

　　A. 资产增加　　　　　　　　　　B. 负债增加

　　C. 负债减少　　　　　　　　　　D. 所有者权益增加

3. 下列不应当作为收入处理的项目有（　　）。

　　A. 销售商品收取的增值税销项税额

　　B. 预收销售商品款

　　C. 旅行社代客购买机票收取的款项

　　D. 提供工业性劳务收入

4. 企业在取得收入时可能会影响到的会计要素是（　　）。

　　A. 资产　　　B. 负债　　　C. 所有者权益　　　D. 费用

5. 收入按形成来源可分为（　　）。

A. 销售商品收入　　　　　　B. 提供劳务收入
C. 让渡资产使用权　　　　　D. 其他业务收入

6. 现金折扣条件"2/10，1/20，N/30"的意思是（　　）。

   A. 购货方若在 10 日内付清款项，则享受 2%的现金折扣

   B. 购货方若在 20 日内付清款项，则享受 1%的现金折扣

   C. 购货方若在 30 日内付清款项，则不能享受现金折扣，必须全额付款

   D. 购货方若在 30 日内付清款项，则现金折扣由双方临时商定，"N"表示待定折扣率

三、判断题（正确的用"√"表示，错误的用"×"表示）

1. 判断一项商品所有权上的主要风险和报酬是否已转移给买方，需视情况不同而定。大多数情况下，所有权上的风险和报酬伴随着所有权凭证的转移或实物的交付而转移。（　　）

2. 企业对售出的商品仍然实施有效控制，不能确认相应的销售收入。（　　）

3. 收入不包括为第三方或者客户代收的款项，但包括处置固定资产净收益和出售无形资产净收益。（　　）

4. 收入是指企业在经营活动中形成的、会导致所有者权益增加的、与所有者投入资本无关的经济利益的总流入。（　　）

5. 企业销售商品时收取的增值税款不作为收入处理。（　　）

参考答案

第二节 费 用

Ⅰ 基础题

一、单项选择题（下列每小题备选答案中只有一个符合题意的正确答案）

1. 下列各项中，不应计入企业财务费用的是（ ）。
   A. 支付的银行承兑汇票手续费　　B. 支付的银行结算手续费
   C. 确认的短期借款利息费用　　　D. 支付的发行股票手续费

2. 下列各项中，企业不应确认为管理费用的是（ ）。
   A. 计提的行政管理人员住房公积金
   B. 计提应付行政管理人员的福利费
   C. 代垫的行政管理人员医药费
   D. 计提的行政管理人员社会保险费

3. 在固定资产达到预定可使用状态后发生的专门借款费用，应计入的科目是（ ）。
   A. 在建工程　　B. 财务费用　　C. 管理费用　　D. 制造费用

4. 下列各项中，应该通过"销售费用"科目核算的是（ ）。
   A. 销售方发生的现金折扣
   B. 出售固定资产支付的清理费用
   C. 销售商品过程中发生的保险费用
   D. 业务招待费

5. 下列各项中，应记入"管理费用"科目的是（ ）。
   A. 企业管理人员差旅费
   B. 固定资产发生的盘亏净损失
   C. 筹建期间资本化的借款利息支出
   D. 生产车间管理人员工资

6. 某企业某月销售商品发生商业折扣20万元、现金折扣15万元，销售折让20万元，该企业上述业务计入当月财务费用的金额为（ ）万元。
   A. 15　　B. 20　　C. 35　　D. 45

7. 2018年度某企业实现利润总额为960万元，当年应纳税所得额为800万元，适用的所得税税率为25%，当年影响所得税费用的递延所得税负债增加50万元。该企业2018年度利润表"所得税费用"项目本期金额为（ ）万元。
   A. 250　　B. 240　　C. 150　　D. 200

8. 某企业 2018 年度利润总额为 315 万元；经查，国债利息收入为 15 万元，违约罚款 10 万元。假定该企业无其他纳税调整项目，适用的所得税税率为 25%，则该企业 2018 年应交所得税为（　　）万元。

　　A. 75　　　　B. 77.5　　　　C. 78.5　　　　D. 81.5

9. 下列各项中，应计入管理费用的是（　　）。

　　A. 收回应收账款发生的现金折扣　　B. 处置无形资产净损失
　　C. 生产车间机器设备的折旧费　　　D. 生产车间发生的排污费

二、多项选择题（下列每小题备选答案中有两个或两个以上符合题意的正确答案）

1. 下列各项中属于管理费用核算内容的有（　　）。

　　A. 委托代销手续费　　　　B. 厂部管理人员薪酬
　　C. 生产车间保险费　　　　D. 车间固定资产修理费

2. 下列各项中，应计入销售费用的有（　　）。

　　A. 预计产品质量保证损失　　B. 销售商品的运输费
　　C. 专设销售机构的办公费　　D. 推广新产品的宣传费

3. 下列各项中，应计入期间费用的有（　　）。

　　A. 销售商品发生的销售折让　　B. 销售商品发生的售后服务费
　　C. 销售商品发生的商业折扣　　D. 委托代销商品支付的手续费

4. 下列各项中，制造业企业应计入其他业务成本的有（　　）。

　　A. 出租无形资产的摊销额　　B. 出租固定资产的折旧额
　　C. 出售不需用材料的成本　　D. 出租包装物的摊销额

5. 下列各项中，应列入利润表"营业成本"的有（　　）。

　　A. 出售商品的成本
　　B. 销售材料的成本
　　C. 出租非专利技术的摊销额
　　D. 以经营租赁方式出租设备计提的折旧额

三、判断题（正确的用"√"表示，错误的用"×"表示）

1. 费用和损失是指企业在日常活动中发生的、会导致所有者权益减少的、与向所有者分配利润无关的经济利益的总流出。（　　）

2. 企业为拓展销售市场而发生的业务招待费，应计入销售费用。（　　）

3. 费用在转入"本年利润"后，通常期末无余额。（　　）

4. 管理费用是企业为筹集生产经营资金而发生的费用。（　　）

5. 利润表中"所得税费用"项目的本期金额等于当期所得税，而不应考虑递延所得税。（　　）

Ⅱ 巩固题

一、单项选择题（下列每小题备选答案中只有一个符合题意的正确答案）

1. 下列各项中，应计入管理费用的是（   ）。
   A. 筹建期间的开办费 B. 预计产品质量保证损失
   C. 生产车间管理人员工资 D. 专设销售机构的固定资产修理费

2. 下列各项中，不应计入财务费用的有（   ）。
   A. 企业发行股票支付的手续费
   B. 企业支付的银行承兑汇票手续费
   C. 企业购买商品时取得的现金折扣
   D. 企业销售商品时发生的现金折扣

3. 企业专设销售机构人员的工资应记入（   ）账户。
   A. 管理费用   B. 主营业务成本   C. 销售费用   D. 其他业务成本

4. 下列各项中，不属于费用的是（   ）。
   A. 主营业务成本   B. 销售费用
   C. 营业外支出   D. 税金及附加

5. 甲企业2019年5月份发生制造费用50万元，管理费用4万元，销售费用10万元，那么甲企业2019年5月份的费用总额为（   ）万元。
   A. 14   B. 54   C. 60   D. 64

二、多项选择题（下列每小题备选答案中有两个或两个以上符合题意的正确答案）

1. 下列各项中，应计入管理费用的有（   ）。
   A. 计提管理人员工资50万元   B. 发生业务招待费20万元
   C. 发生展览费10万元   D. 发生违约金5万元

2. 下列各项中，资产的净损失报经批准应计入管理费用的有（   ）。
   A. 火灾事故造成的库存商品毁损
   B. 自然灾害造成的包装物毁损
   C. 属于一般经营损失的原材料毁损
   D. 无法查明原因的现金短缺

3. 下列各项中，应计入销售费用的有（   ）。
   A. 预计产品质量保证损失
   B. 销售产品为购货方代垫的运费
   C. 成本结转随同产品出售不单独计价的包装物
   D. 专设销售机构固定资产折旧费

4. 下列各项中，应通过"管理费用"科目核算的有（　　）。

　　A. 支付的企业年度财务报告审计费

　　B. 支付的排污费

　　C. 支付的广告费

　　D. 发生的罚款支出

5. 下列各项中，企业应通过"其他业务成本"科目核算的有（　　）。

　　A. 销售原材料所结转的实际成本

　　B. 预计的产品质量保证损失

　　C. 采用成本模式进行后续计量的投资性房地产计提的折旧

　　D. 行政管理部门发生的固定资产修理费

6. 下列各项中，属于"废品损失"账户借方核算的内容有（　　）。

　　A. 不可修复废品的生产成本　　B. 可修复废品的修复费用

　　C. 废品残料回收的价值　　　　D. 可修复废品的生产成本

7. 下列各项中，可能会影响本期所得税费用的有（　　）。

　　A. 期末在产品成本

　　B. 本期应交所得税

　　C. 本期递延所得税资产借方发生额

　　D. 本期递延所得税负债借方发生额

三、判断题（正确的用"√"表示，错误的用"×"表示）

1. 主营业务成本按主营业务的种类进行明细核算，期末，将主营业务成本转入"本年利润"科目，结转后本科目无余额。（　　）

2. 生产工人薪酬是费用要素。（　　）

3. 制造费用和废品损失属于产品成本项目。（　　）

4. 固定资产折旧费应当全部计入产品的成本。（　　）

参考答案

第十一章 利润

第一节 利润形成

I 基础题

一、单项选择题（下列每小题备选答案中只有一个符合题意的正确答案）

1. 企业取得与收益相关的政府补助，用于补偿已发生相关费用，直接计入补偿当期（　　）。

    A. 资本公积　　B. 营业外收入　　C. 其他业务收入　　D. 主营业务收入

2. 企业发生的违约金支出应计入（　　）。

    A. 管理费用　　B. 营业外支出　　C. 财务费用　　D. 其他业务支出

3. 下列各项中，经批准计入营业外支出的是（　　）。

    A. 计量差错造成的存货盘亏　　B. 管理不善造成的存货盘亏

    C. 管理不善造成的固定资产盘亏　　D. 出售材料结转的成本

4. 账结法下"本年利润"账户8月末贷方余额反映的是（　　）。

    A. 从年初开始至8月末累计实现的净利润

    B. 8月份实现的净利润

    C. 从年初开始至8月末累计实现的净收入

    D. 上年累计未分配利润加上本年从年初开始至8月末累计实现的净利润

5. 利润总额是指（　　）。

    A. 主营业务利润加其他业务利润

    B. 营业利润加营业外收支净额

    C. 营业利润加投资收益和营业外收支净额

    D. 主营业务利润加其他业务利润和营业外收支净额

6. 某企业某年主营业务收入2 000万元，主营业务成本1 200万元，税金及附加100万元，其他业务利润200万元，期间费用150万元，投资收益250万元，营业外收入200万元，营业外支出250万元，所得税费用300万元，则该企业的营业利润为（　　）万元。

A. 650　　　　B. 700　　　　C. 750　　　　D. 1 000

7. 利润总额是指（　　）。

　　A. 主营业务利润加其他业务利润

　　B. 营业利润加营业外收支净额

　　C. 营业利润加投资收益和营业外收支净额

　　D. 主营业务利润加其他业务利润和营业外收支净额

二、多项选择题（下列每小题备选答案中有两个或两个以上符合题意的正确答案）

1. 下列账户中，年末余额应结转到"本年利润"账户的有（　　）。

　　A. 财务费用　　B. 制造费用　　C. 销售费用　　D. 管理费用

2. 下列各科目，年末无余额的有（　　）。

　　A. 管理费用　　B. 所得税费用　　C. 生产成本　　D. 长期股权投资

3. 下列属于政府补助的主要形式的是（　　）。

　　A. 财政拨款　　B. 财政贴息　　C. 税收退还　　D. 抵免部分税额

4. 下列各项中，应记入"营业外收入"账户的有（　　）。

　　A. 出售固定资产取得的净收益　　B. 转让长期股权投资的净收益

　　C. 赔款收入　　　　　　　　　　D. 盘盈存货取得的净收益

5. 在账务处理中，可能与"营业外支出"账户发生对应关系的账户有（　　）。

　　A. 待处理财产损溢　　　　　　　B. 固定资产清理

　　C. 银行存款　　　　　　　　　　D. 本年利润

6. 下列业务中，能引起企业利润增加的有（　　）。

　　A. 收回已确认的坏账　　　　　　B. 取得债务重组收益

　　C. 计提持有至到期投资利息　　　D. 收到供应单位违反合同的违约金

　　E. 溢价发行股票收入的溢价款

7. 下列各项中，属于收入确认范围的有（　　）。

　　A. 运输劳务收入　　　　　　　　B. 罚没收入

　　C. 处置固定资产净收益　　　　　D. 销售收入

8. "本年利润"科目8月末贷方余额反映的是（　　）。

　　A. 从年初开始至8月末累计实现的净利润

　　B. 8月份实现的净利润

　　C. 从年初开始至8月末累计实现的净收入

　　D. 上年累计未分配利润加上本年从年初开始至8月末累计实现的净利润

三、判断题（正确的用"√"表示，错误的用"×"表示）

1. 固定资产盘盈先通过"待处理财产损溢"账户，批准后再转入"营业外收入"账户中。　　　　　　　　　　　　　　　　　　　　　　　　　　　　（　　）

2. 投资收益属于利润总额的内容，但不属于营业利润的内容。（ ）

3. 营业利润是主营业务利润与其他业务利润之和。（ ）

4. 影响营业利润的收支项目必然会影响利润总额，但影响利润总额的收支项目不一定会影响营业利润。（ ）

5. 利润是反映了一定会计期间的收入和费用支出相抵之后的经营成果，属于静态的会计要素。（ ）

Ⅱ 巩固题

一、单项选择题（下列每小题备选答案中只有一个符合题意的正确答案）

1. 下列各项中，不属于利润分配的是（ ）。
   A. 提取法定盈余公积　　　　B. 提取任意盈余公积
   C. 宣告分派优先股股利　　　D. 结转应交所得税

2. 某企业 2018 年发生亏损 60 万元，按规定可以用 2019 年度实现的利润弥补。该企业 2019 年实现利润 100 万元，弥补了去年全部亏损，则 2019 年年末企业会计处理是（ ）。
   A. 借：利润分配——盈余公积
         贷：利润分配——未分配利润，金额为 60 万元
   B. 借：盈余公积
         贷：利润分配——未分配利润，金额为 60 万元
   C. 借：利润分配——未分配利润
         贷：利润分配——其他转入，金额为 40 万元
   D. 借：本年利润
         贷：利润分配——未分配利润，金额为 100 万元

3. 企业某年度可供投资者分配的利润是指（ ）。
   A. 本年净利润
   B. 本年净利润减提取的盈余公积
   C. 年初未分配利润加本年净利润减提取的盈余公积
   D. 年初未分配利润加本年利润

4. 企业发生的下列与损益有关的事项中，不通过"本年利润"科目核算的是（ ）。
   A. 利润总额　　　　　　　B. 所得税费用
   C. 净利润　　　　　　　　D. 以前年度损益调整

二、多项选择题（下列每小题备选答案中有两个或两个以上符合题意的正确答案）

1. 以下事项，在利润分配时按先后顺序排列为（　　）。
   A. 弥补以前年度亏损　　　　B. 提取任意盈余公积
   C. 提取法定盈余公积　　　　D. 支付普通股股利

2. 下列不需要进行会计处理的有（　　）。
   A. 用盈余公积转增资本　　　B. 用资本公积转增资本
   C. 用税前利润补亏　　　　　D. 用税后利润补亏

3. 下列项目中，减少期末未分配利润的有（　　）。
   A. 盈余公积转增资本
   B. 超出所得税纳税扣除标准的业务招待费
   C. 弥补五年外产生的以前年度亏损
   D. 税法不允许抵扣的资产减值损失

三、判断题（正确的用"√"表示，错误的用"×"表示）

1. 企业当年实现的净利润即为企业当年可供分配的利润。（　　）
2. 企业在以前年度的亏损尚未弥补完前，不得提取盈余公积。（　　）
3. 企业向股东分派现金股利，不会导致所有者权益总额的变化。（　　）
4. "本年利润"属于损益类账户，所以年终需要转入"利润分配"账户，结转后该账户无余额。（　　）

四、不定项选择题（下列每小题备选答案中有一个或一个以上符合题意的正确答案）

甲上市公司为增值税一般纳税人，库存商品采用实际成本法核算，商品售价不含增值税，商品销售成本随销售同时结转。2019年6月1日，W商品账面余额为230万元，未计提存货跌价准备。2019年6月发生的有关采购与销售业务如下：

1. 6月3日，从A公司采购W商品一批，收到的增值税专用发票上注明的货款为80万元，增值税为10.4万元。W商品已验收入库，款项尚未支付。

2. 6月8日，向B公司销售W商品一批，开出的增值税专用发票上注明的售价为150万元，增值税为19.5万元，该批W商品实际成本为120万元，款项尚未收到。

3. 销售给B公司的部分W商品由于存在质量问题，6月20日B公司要求退回6月8日所购W商品的50%，经过协商，甲公司同意了B公司的退货要求，并按规定向B公司开具了增值税专用发票（红字），发生的销售退回允许扣减当期的增值税销项税额，该批退回的W商品已验收入库。

4. 7月31日，经过减值测试，W商品的可变现净值为230万元。

要求：根据上述资料，回答下列问题。（会计分录中金额单位用万元表示）

1. 根据资料1～3，下列各项中，甲公司的账务处理正确的是（　　）。

A. 6月3日，甲公司的会计处理为：

借：库存商品 80
　　应交税费——应交增值税（进项税额） 10.4
　　贷：应付账款 90.4

B. 6月8日，甲公司确认收入的会计处理为：

借：应收账款 169.5
　　贷：主营业务收入 150
　　　　应交税费——应交增值税（销项税额） 19.5

C. 6月8日，甲公司结转成本的会计处理为：

借：发出商品 120
　　贷：库存商品 120

D. 6月20日，甲公司的会计处理为：

借：主营业务收入 75
　　应交税费——应交增值税（销项税额） 9.75
　　贷：应收账款 84.75

甲公司会计认为：销售退回不需要冲减已确认的成本。

2. 甲上市公司 2019 年 7 月 31 日 W 商品的账面余额为（　　）万元。

　　A. 310　　　　B. 230　　　　C. 300　　　　D. 250

3. 甲上市公司 2019 年 7 月 31 日 W 商品应确认的存货跌价准备为（　　）万元。

　　A. 10　　　　B. 20　　　　C. 30　　　　D. 230

参考答案

第二节 利润分配

Ⅰ 基础题

一、单项选择题（下列每小题备选答案中只有一个符合题意的正确答案）

1. A 公司 2017 年年初未分配利润为 80 万元，2017 年度利润总额为 480 万元，所得税费用为 125 万元，按税后利润的 10% 和 5% 提取法定盈余公积和任意盈余公积，向投资者宣告分配现金股利 100 万元，则 A 公司 2017 年末未分配利润余额为（　　）万元。
   A. 381.75　　B. 201.75　　C. 281.75　　D. 335

2. 法定盈余公积按税后净利润的（　　）提取。
   A. 5%　　B. 10%　　C. 15%　　D. 20%

3. 罚没支出属于（　　）。
   A. 主营业务成本　　B. 其他业务成本
   C. 营业外支出　　D. 管理费用

4. 下列能引起营业利润增加的项目是（　　）。
   A. 营业外收入增加　　B. 财务费用增加
   C. 管理费用减少　　D. 投资收益减少

5. 下列各项中，不属于利润分配的是（　　）。
   A. 提取法定盈余公积　　B. 提取任意盈余公积
   C. 宣告分派优先股股利　　D. 结转应交所得税

二、多项选择题（下列每小题备选答案中有两个或两个以上符合题意的正确答案）

1. 下列会计科目，年末应无余额的有（　　）。
   A. 主营业务收入　　B. 营业外收入
   C. 本年利润　　D. 利润分配

2. 企业发生亏损时，下列各项中，（　　）是弥补亏损的渠道。
   A. 用以后 5 年税前利润弥补　　B. 用 5 年后的税后利润弥补
   C. 以盈余公积弥补　　D. 以资本公积弥补

3. 下列项目中，影响企业可供分配的利润的有（　　）。
   A. 年初未分配利润　　B. 当年实现的净利润
   C. 用盈余公积弥补亏损　　D. 发放股票股利

4. 下列各项中，年度终了需要转入"利润分配——未分配利润"科目的有

( )。

  A. 本年利润   B. 利润分配——应付现金股利
  C. 利润分配——盈余公积补亏 D. 利润分配——提取法定盈余公积

三、判断题（正确的用"√"表示，错误的用"×"表示）

  1. 当年盈利，则年度终了结账时，应按盈利金额借记"利润分配——未分配利润"，贷记"本年利润"。（ ）

  2. 企业应根据股东大会或类似机构通过的利润分配方案，按应支付的现金股利或利润，借记"利润分配"账户，贷记"应付股利"账户。（ ）

  3. 根据企业董事会或类似机构通过的利润分配方案中拟分配的现金股利或利润，借记"利润分配"账户，贷记"应付股利"账户。（ ）

四、不定项选择题（下列每小题备选答案中有一个或一个以上符合题意的正确答案）

  新华上市公司为增值税一般纳税人，适用的增值税税率为13%，商品、原材料售价中不含增值税。假定销售商品、原材料和提供劳务均符合收入确认条件，且销售商品和提供劳务均属于公司的主营业务，成本在确认收入时逐笔结转，不考虑其他因素。2019年4月，新华公司发生如下交易或事项：

  1. 销售A商品一批，按商品标价计算的金额为312.5万元，由于是成批销售，新华公司给予客户4%的商业折扣并开具了增值税专用发票，款项尚未收回。该批商品实际成本为240万元。

  2. 向本公司销售人员确认并发放自产产品作为福利，该批产品的实际成本为30万元，市场售价为50万元。

  3. 向丁公司转让一项专利权的使用权，一次性收取使用费30万元并存入银行，且不再提供后续服务。

  4. 销售B原材料一批，增值税专用发票注明售价170万元，款项收到并存入银行。该批材料的实际成本为140万元。

  5. 确认本月设备安装劳务收入。该设备安装劳务合同总收入为280万元，预计合同总成本为200万元，合同价款在前期签订合同时已收取。采用完工百分比法确认劳务收入。截至本月末，该劳务的累计完工进度为60%，前期已累计确认劳务收入120万元、劳务成本85万元。

  6. 以银行存款支付管理费用20万元，财务费用10万元（银行手续费支出），销售费用15万元，营业外支出5万元。

  7. 2019年4月新华公司股东大会批准了董事会于2019年1月份提出的利润分配方案，利润分配比例为按2018年净利润的20%向投资者分配现金股利，按2018年净利润的10%提取法定盈余公积（企业尚未做计提盈余公积的会计处理）。2018年净利润为150万元，2019年1～3月利润已经转入"利润分配——未分配利润"科目，4月初该科目余额为贷方210万元。

8. 企业按季预交所得税，当月未进行所得税费用的核算，未交纳所得税。

要求：根据上述资料，回答下列问题。

1. 根据资料1～4，下列选项中，说法正确的是（　　）。
   A. 资料1应确认主营业务收入300万元
   B. 资料2应确认主营业务收入50万元
   C. 资料3应确认其他业务收入30万元
   D. 资料4应确认其他业务收入145.30万元

2. 根据资料5，下列各项中，新华公司的会计处理不正确的有（　　）。
   A. 资料5确认主营业务收入168万元
   B. 资料5确认主营业务成本120万元
   C. 资料5冲减预收账款48万元
   D. 资料5确认主营业务成本35万元

3. 2019年4月的营业利润为（　　）万元。
   A. 598　　　　B. 108　　　　C. 50　　　　D. 445

4. 2019年4月的利润总额为（　　）万元。
   A. 433　　　　B. 280　　　　C. 108　　　　D. 103

5. 2019年4月末"利润分配——未分配利润"科目余额为（　　）万元。
   A. 313　　　　B. 210　　　　C. 268　　　　D. 419.5

Ⅱ 巩固题

不定项选择题（下列每小题备选答案中有一个或一个以上符合题意的正确答案）

某企业2019年1月份发生的业务有：

1. 发生无形资产研究费用10万元；
2. 发生专设销售部门人员工资25万元；
3. 支付业务招待费15万元；
4. 支付销售产品保险费5万元；
5. 本月应交纳的城市维护建设税0.5万元；
6. 计提投资性房地产折旧40万元；
7. 支付本月未计提短期借款利息0.1万元。

假设不考虑其他事项。

要求：根据上述资料，回答下列问题。

1. 根据上述资料1～4，下列说法不正确的是（　　）。
   A. 发生无形资产研究费用最终应计入管理费用
   B. 发生专设销售部门人员工资应计入销售费用

C. 支付的业务招待费应计入销售费用

D. 支付的销售产品保险费应计入管理费用

2. 根据上述资料5～7，下列说法不正确的是（　　）。

A. 城建税应计入管理费用

B. 投资性房地产累计折旧应计入管理费用

C. 投资性房地产累计折旧应计入主营业务成本

D. 支付未计提短期借款利息，应通过应付利息核算

3. 根据上述资料，该企业1月份发生的期间费用总额为（　　）万元。

A. 45.1　　　　B. 55　　　　C. 55.1　　　　D. 55.6

参考答案

第十二章 财务会计报告

第一节 资产负债表

Ⅰ 基础题

一、单项选择题（下列每小题备选答案中只有一个符合题意的正确答案）

1. 美心公司年末结账前"应收账款"科目所属明细科目中有借方余额 50 000 元，贷方余额 20 000 元；"预付账款"科目所属明细科目中有借方余额 13 000 元，贷方余额 5 000 元；"应付账款"科目所属明细科目中有借方余额 50 000 元，贷方余额 120 000 元；"预收账款"科目所属明细科目中有借方余额 3 000 元，贷方余额 10 000 元；"坏账准备"科目余额为 0。则年末资产负债表中"应收账款"项目和"应付账款"项目的期末数分别为（　　）。

    A. 30 000 元和 70 000 元　　　　B. 53 000 元和 125 000 元
    C. 63 000 元和 53 000 元　　　　D. 47 000 元和 115 000 元

2. 华达公司 2017 年 10 月 31 日"生产成本"科目借方余额 50 000 元，"原材料"科目借方余额 30 000 元，"材料成本差异"贷方科目余额 500 元，"委托代销商品"科目借方余额 40 000 元，"工程物资"科目借方余额 10 000 元，"存货跌价准备"科目贷方余额 3 000 元，则资产负债表"存货"项目的金额为（　　）元。

    A. 116 500　　B. 117 500　　C. 119 500　　D. 126 500

3. 企业期末"本年利润"科目的借方余额为 20 万元，"利润分配"和"应付股利"科目贷方余额分别为 50 万元和 10 万元，则当期资产负债表中"未分配利润"项目金额应为（　　）万元。

    A. 40　　　　B. 20　　　　C. 50　　　　D. 30

4. 下列资产负债表项目，可直接根据有关总账科目余额填列的是（　　）。

    A. 预收款项　　B. 短期借款　　C. 存货　　D. 应收账款

5. 某企业 2016 年 4 月 1 日从银行借入期限为 3 年的长期借款 1 000 万元，编制 2018 年 12 月 31 日资产负债表时，此项借款应填入的报表项目是（　　）。

    A. 短期借款　　　　　　　　B. 长期借款

C. 其他长期负债　　　　　　　D. 一年内到期的非流动负债

6. 甲公司为房地产开发企业，现有存货商品房一栋，实际开发成本为9 000万元，2018年3月31日，甲公司将该商品房以经营租赁方式提供给乙公司使用，租赁期为10年。甲公司对该商品房采用成本模式进行后续计量并按年限平均法计提折旧，预计使用寿命为50年，预计净残值为零。假定不考虑其他因素，下列关于甲公司2018年12月31日资产负债表项目列报正确的是（　　）。

　　A. 存货为9 000万元　　　　　　B. 固定资产为8 865万元
　　C. 投资性房地产为8 820万元　　D. 投资性房地产为8 865万元

7. 某企业2018年12月31日"固定资产"科目余额为1 000万元，"累计折旧"科目余额为300万元，"固定资产减值准备"科目余额为50万元，则该企业2018年12月31日资产负债表"固定资产"项目的金额为（　　）万元。

　　A. 650　　　B. 700　　　C. 950　　　D. 1 000

8. 下列各科目的期末余额，不应在资产负债表"存货"项目列示的是（　　）。

　　A. 库存商品　　B. 生产成本　　C. 工程物资　　D. 委托加工物资

9. 2018年12月初某企业"应收账款"科目借方余额为300万元，相应的"坏账准备"科目贷方余额为20万元，本月实际发生坏账损失6万元。2018年12月31日经减值测试，该企业应补提坏账准备11万元。假定不考虑其他因素，2018年12月31日该企业资产负债表"应收账款"项目的金额为（　　）万元。

　　A. 269　　　B. 274　　　C. 275　　　D. 280

10. 下列各项中，应列入资产负债表"其他应付款"项目的是（　　）。

　　A. 应付租入包装物租金
　　B. 应付融资租入固定资产租金
　　C. 结转到期无力支付的应付票据
　　D. 应付由企业负担的职工社会保险费

二、多项选择题（下列每小题备选答案中有两个或两个以上符合题意的正确答案）

1. 资产负债表中的应付账款项目应根据（　　）填列。

　　A. 应付账款所属明细账借方余额合计数
　　B. 应付账款总账余额
　　C. 预付账款所属明细账贷方余额合计数
　　D. 应付账款所属明细账贷方余额合计数

2. 下列项目中，属于资产负债表中"流动资产"项目的有（　　）。

　　A. 预付款项　　B. 开发支出　　C. 交易性金融资产　　D. 存货

3. 下列项目中，属于资产负债表中"流动负债"项目的有（　　）。

　　A. 预收款项　　　　　　　　　B. 应付债券

C. 长期应付款　　　　　　　　D. 一年内到期的长期借款

4. 下列各项中，应在资产负债表"应收账款"项目列示的有（　　）。

　　A."预付账款"科目所属明细科目的借方余额

　　B."应收账款"科目所属明细科目的借方余额

　　C."应收账款"科目所属明细科目的贷方余额

　　D."预收账款"科目所属明细科目的借方余额

5. 资产负债表下列各项目中，应根据有关科目余额减去备抵科目余额后的净额填列的有（　　）。

　　A. 存货　　　B. 无形资产　　　C. 应收账款　　　D. 长期股权投资

6. 下列会计科目中，其期末余额应列入资产负债表"存货"项目的有（　　）。

　　A. 库存商品　　B. 材料成本差异　　C. 生产成本　　D. 委托加工物资

7. 下列各项中，应在资产负债表"预付款项"项目列示的有（　　）。

　　A."应付账款"科目所属明细账科目的借方余额

　　B."应付账款"科目所属明细账科目的贷方余额

　　C."预付账款"科目所属明细账科目的借方余额

　　D."预付账款"科目所属明细账科目的贷方余额

8. 下列各项中，应列入资产负债表"应收账款"项目的有（　　）。

　　A. 预付职工差旅费　　　　　　B. 代购货单位垫付的运杂费

　　C. 销售产品应收取的款项　　　D. 对外提供劳务应收取的款项

三、判断题（正确的用"√"表示，错误的用"×"表示）

1. "利润分配"总账的年末余额一定与相应的资产负债表中"未分配利润"项目的数额一致。（　　）

2. 中期财务报表是以短于一个完整会计年度的报告期间为基础编制的财务报表。（　　）

3. "长期借款"项目，根据"长期借款"总账科目余额填列。（　　）

4. 年末，企业应将于一年内（含一年）摊销的长期待摊费用，列入资产负债表"一年内到期的非流动资产"项目。（　　）

5. 资产负债表日，应根据"库存现金"、"银行存款"和"其他货币资金"三个总账科目的期末余额合计数填列资产负债表"货币资金"项目。（　　）

6. "长期借款"项目，根据"长期借款"总账科目余额直接填列。（　　）

7. 资产负债表是反映企业在一定会计期间的经营成果的报表。（　　）

8. 我国资产负债表采用账户式结构，按资产与负债的流动性大小排列，流动性大的在前面，流动性小的在后面。（　　）

9. 资产负债表中"预付款项"项目应当根据"预付款项"的总账余额减对应的"坏账准备"科目期末余额后的净额填列。（　　）

10. 资产负债表中"固定资产"项目根据"固定资产"科目的期末余额减去"累计折旧"和"固定资产减值准备"科目的期末余额后的金额,以及"固定资产清理"科目的期末余额填列。( )

四、不定项选择题(下列每小题备选答案中有一个或一个以上符合题意的正确答案)

晨风公司为增值税一般纳税人,2019年4月发生有关固定资产业务如下:

1. 4月1日,企业对经营租入的厂部办公楼采用出包工程方式进行装修改造,以银行存款支付全部工程款,取得增值税专用发票上注明的价款为60万元,增值税税额5.4万元。当月30日工程完工达到预定可使用状态并交付使用。按租赁合同规定租赁期为5年,租赁开始日为2019年3月1日,年租金48万元(不含增值税),每年年末支付。

2. 4月20日,基本生产车间一台设备由于自然灾害报废,原值40万元(不考虑增值税),已计提折旧24万元(含本月应计提折旧额0.67万元),未计提减值准备。报废取得残值变价收入2万元,增值税税额为0.26万元。报废清理发生自行清理费用0.5万元。有关收入、支出均通过银行办理结算。

3. 4月30日,计算确认本月基本生产车间固定资产折旧。其中厂房本月应计提折旧费16万元,除本月报废设备应计提折旧额0.67万元外,车间正常使用设备的原价为600万元,预计净残值为30万元,该设备于2018年7月达到预定可使用状态,并投入使用。预计使用年限为5年,采用双倍余额递减法计提折旧。

要求:根据上述资料,不考虑其他因素,分析回答下列题。(会计分录中的金额单位用万元表示)

1. 根据资料1,下列各项中,关于装修改造办公楼的会计处理正确的是( )。

    A. 借:固定资产   60
         贷:在建工程   60

    B. 借:长期待摊费用   60
        应交税费——应交增值税(进项税额)   5.4
         贷:银行存款   65.4

    C. 借:长期待摊费用   66
         贷:银行存款   66

    D. 借:在建工程   60
        应交税费——应交增值税(进项税额)   5.4
         贷:银行存款   65.4

2. 根据资料1,下列各项中,关于计提本月应付租金相关科目的会计处理正确的是( )。

    A. "管理费用"科目借方增加4万元

B. "其他应付款"科目贷方增加 4 万元

C. "长期待摊费用"科目贷方增加 4.44 万元

D. "管理费用"科目借方增加 4.44 万元

3. 根据资料 2，下列各项中关于设备报废相关项目会计处理结果表述正确的是（   ）。

A. 利润总额减少 14.5 万元

B. "应交税费——应交增值税"科目贷方增加 0.26 万元

C. "营业外支出"科目借方增加 14.5 万元

D. 借方"累计折旧"科目 24 万元

4. 根据资料 3，基本生产车间 4 月应计提的折旧费是（   ）万元。

A. 16　　　　B. 36　　　　C. 20　　　　D. 36.67

5. 根据资料 2、3，4 月 30 日资产负债表"固定资产"项目期末余额减少金额应为（   ）万元。

A. 76.67　　　B. 40　　　　C. 36.67　　　D. 52.67

Ⅱ 巩固题

一、单项选择题（下列每小题备选答案中只有一个符合题意的正确答案）

1. 下列各项中，关于资产负债表"预收款项"项目填列方法表述正确的是（   ）。

A. 根据"预收账款"科目的期末余额填列

B. 根据"预收账款"和"应收账款"科目所属各明细科目的期末贷方余额合计数填列

C. 根据"预收账款"和"预付账款"科目所属各明细科目的期末借方余额合计数填列

D. 根据"预收账款"和"应付账款"科目所属各明细科目的期末贷方余额合计数填列

2. 下列各科目的期末余额，不应在资产负债表"存货"项目列示的是（   ）。

A. 库存商品　　　　　　　B. 生产成本

C. 工程物资　　　　　　　D. 委托加工物资

3. 下列各项中，应根据相应总账科目的余额直接在资产负债表中填列的是（   ）。

A. 短期借款　　　　　　　B. 固定资产

C. 长期借款　　　　　　　D. 应收票据及应收账款

4. 2018年12月31日，甲企业"预收账款"总账科目贷方余额为15万元，其明细科目余额如下："预收账款——乙企业"科目贷方余额为25万元，"预收账款——丙企业"科目借方余额为10万元。不考虑其他因素，甲企业年末资产负债表中"预收款项"项目的期末余额为（　　）万元。

　　A. 10　　　　B. 15　　　　C. 5　　　　D. 25

5. 下列资产负债表项目中，根据有关科目余额减去其备抵科目余额后净额填列的是（　　）。

　　A. 预收款项　　B. 短期借款　　C. 无形资产　　D. 长期借款

6. 2017年12月31日企业"固定资产"科目借方余额为3 000万元，"累计折旧"科目贷方余额为1 400万元，"固定资产减值准备"科目贷方余额为200万元。2017年12月31日，该企业资产负债表中"固定资产"项目期末余额应列示的金额为（　　）万元。

　　A. 3 000　　B. 1 600　　C. 1 400　　D. 280

7. 企业采用实际成本法核算存货。年末结账后，该企业"原材料"科目借方余额为80万元。"工程物资"科目借方余额为16万元。"在途物资"科目借方余额为20万元。不考虑其他因素，该企业年末资产负债表"存货"项目的期末余额为（　　）万元。

　　A. 100　　B. 116　　C. 96　　D. 80

8. 2015年12月31日，某企业"材料采购"总账科目借方余额为20万元，"原材料"总账科目借方余额为25万元，"材料成本差异"总账科目贷方余额为3万元。不考虑其他因素，该企业资产负债表中"存货"项目期末余额为（　　）万元。

　　A. 48　　B. 45　　C. 42　　D. 22

9. 甲公司2019年3月1日"银行存款"科目余额为100万元，"库存现金"科目余额为0.2万元，"其他货币资金"科目余额为500万元。12日提取现金5万元，赊销商品116万元，收到银行承兑汇票100万元。则2019年3月31日甲公司资产负债表中"货币资金"项目填列的金额为（　　）万元。

　　A. 600.2　　B. 716.2　　C. 816.2　　D. 722.2

10. 某企业"预收账款"科目年末贷方余额20 000元，其中"预收账款——甲公司"明细科目贷方余额17 500元，"预收账款——乙公司"明细科目贷方余额2 500元；"应收账款"科目月末借方余额15 000元，其中"应收账款——A工厂"明细科目借方余额25 000元，"应收账款——B工厂"明细科目贷方余额10 000元。假定不考虑其他因素，该企业年末资产负债表中"预收款项"项目的金额为（　　）元。

　　A. 10 000　　B. 15 000　　C. 20 000　　D. 30 000

二、多项选择题（下列每小题备选答案中有两个或两个以上符合题意的正确答案）

1. 下列项目中，属于资产负债表中"流动资产"项目的有（   ）。
   A. 预付款项　　B. 债权投资　　C. 预收款项　　D. 存货

2. 下列项目中，属于资产负债表中"流动负债"项目的有（   ）。
   A. 应付职工薪酬　　　　　　B. 应付债券
   C. 应交税费　　　　　　　　D. 一年内到期的长期借款

3. 下列各项中，属于应在资产负债表中列示的项目有（   ）。
   A. 预付款项　　B. 其他收益　　C. 递延收益　　D. 资产处置收益

4. 下列各项中，应列入资产负债表"应付利息"项目的有（   ）。
   A. 计提的短期借款利息
   B. 计提的到期一次还本付息的债券利息
   C. 计提的分期付息到期还本债券利息
   D. 计提的分期付息到期还本长期借款利息

5. 资产负债表下列各项目中，应根据有关科目余额减去备抵科目余额后的净额填列的有（   ）。
   A. 存货　　　　　　　　　　B. 无形资产
   C. 应收票据及应收账款　　　D. 长期股权投资

6. 下列各项中，导致企业资产负债表"存货"项目期末余额发生变动的有（   ）。
   A. 计提存货跌价准备
   B. 用银行存款购入的修理用备件（备品备件）
   C. 已经发出但不符合收入确认条件的商品
   D. 收到受托代销的商品

7. 下列各项中，关于企业财务报告的表述正确的有（   ）。
   A. 财务报告包括财务报表和其他应当在财务报告中披露的相关信息和资料
   B. 财务报告的目标是向报告使用者提供与企业财务状况、经营成果和现金流量等有关的会计信息
   C. 财务报告使用者包括投资者、债权人、债务人及社会公众，但不包括政府及有关部门
   D. 财务报告是反映企业管理层受托责任履行情况的相关资料

8. 在资产负债表中，下列各项目可以按总账科目余额直接填列的有（   ）。
   A. 短期借款　　B. 货币资金　　C. 资本公积　　D. 实收资本

9. 下列各项中，应根据总账科目期末余额直接填列的资产负债表项目有（   ）。
   A. 固定资产　　　　　　　　B. 应付票据及应付账款

C. 短期借款　　　　　　　　D. 盈余公积

10. 下列各项中，属于企业非流动资产项目的有（　　）。

　　A. 交易性金融资产　　　　B. 债权投资

　　C. 其他权益工具投资　　　D. 长期股权投资

三、判断题（正确的用"√"表示，错误的用"×"表示）

1. 资产负债表中的"应收票据及应收账款"项目应根据"应收账款"所属明细账借方余额合计数、"预收账款"所属明细账借方余额合计数和"坏账准备"总账的贷方余额计算填列。（　　）

2. 企业交纳的印花税不通过应交税费科目核算，所以资产负债表中"应交税费"项目不包括印花税。（　　）

3. "长期股权投资"项目应根据"长期股权投资"科目的期末余额，减去"长期股权投资减值准备"科目的期末余额后的净额填列。（　　）

4. "长期借款"项目，反映企业向银行或其他金融机构借入的期限在一年以上（不含一年）的各项借款。（　　）

5. "在建工程"项目应根据"在建工程"科目的期末余额，减去"在建工程减值准备"科目的期末余额后的金额，以及"工程物资"科目的期末余额，减去"工程物资减值准备"科目的期末余额后的金额填列。（　　）

6. 财务报表是对企业的财务状况、经营成果和现金流量的结构性表述。（　　）

7. "其他应收款"项目，根据"应收利息""应收股利""其他应收款"科目的期末余额合计数在资产负债表中填列。（　　）

8. 一年内（含一年）摊销的长期待摊费用，应该在资产负债表的"其他非流动资产"项目中反映。（　　）

9. 资产负债表中"开发支出"项目的金额，应当根据"研发支出——费用化支出"科目的余额填列。（　　）

10. "预付账款"明细科目期末有贷方余额的，应在资产负债表"应付票据及应付账款"项目内填列。（　　）

参考答案

第二节 利润表

Ⅰ 基础题

一、单项选择题（下列每小题备选答案中只有一个符合题意的正确答案）

1. 利润表主要是根据（　　）编制的。
   A. 资产、负债及所有者权益各账户的本期发生额
   B. 资产、负债及所有者权益各账户的期末余额
   C. 损益类各账户的本期发生额
   D. 损益类各账户的期末余额

2. 下列各项中，不应列入利润表"营业收入"项目的是（　　）。
   A. 销售商品收入　　　　　　　　B. 处置固定资产净收入
   C. 提供劳务收入　　　　　　　　D. 让渡无形资产使用权收入

3. 下列各项中，不应在利润表"营业收入"项目列示的是（　　）。
   A. 政府补助收入　　　　　　　　B. 设备安装劳务收入
   C. 代修品销售收入　　　　　　　D. 固定资产出租收入

4. 在下列各项税金中，不在利润表中的"税金及附加"项目反映的是（　　）。
   A. 车船税　　B. 增值税　　C. 印花税　　D. 房产税

5. 某企业当期"主营业务收入"科目贷方发生额为 4 500 万元，借方记录有销售退回 150 万元，销售折让 150 万元，其他业务收入 300 万元，其他业务成本 180 万元，则该企业利润表"营业收入"项目应填列的金额是（　　）万元。
   A. 3 120　　B. 4 500　　C. 255　　D. 960

6. 某企业 2018 年 2 月主营业务收入为 200 万元，主营业务成本为 120 万元，税金及附加为 10 万元，管理费用为 5 万元，销售费用为 3 万元，制造费用为 4 万元，资产减值损失为 2 万元，投资收益为 15 万元。假定不考虑其他因素，该企业当月的营业利润为（　　）万元。
   A. 62　　B. 70　　C. 71　　D. 75

7. 2018 年 6 月，某企业发生以下交易或事项：支付诉讼费用 10 万元，固定资产处置净损失 8 万元，对外公益性捐赠支出 5 万元，支付税收滞纳金 1 万元。该企业 2018 年 6 月利润表"营业外支出"项目的本期金额为（　　）万元。
   A. 14　　B. 16　　C. 19　　D. 24

8. 下列各项中，影响"营业利润"的是（　　）。

A. 溢价发行股票支付的发行费用　　B. 自然灾害导致原材料净损失
C. 处置无形资产净收益　　D. 出售材料收入

9. 下列各项中，影响利润表中"营业利润"项目的是（　　）。
   A. 盘亏固定资产净损失　　B. 计提固定资产减值准备
   C. 发生的所得税费用　　D. 固定资产毁损的净损失

10. 下列各项中，应列入利润表"营业收入"项目的是（　　）。
    A. 销售材料取得的收入　　B. 接受捐赠收到的现金
    C. 出售专利权取得的净收益　　D. 出售自用房产取得的净收益

二、多项选择题（下列每小题备选答案中有两个或两个以上符合题意的正确答案）

1. 下列各项中，不会对利润表中的营业利润产生影响的有（　　）。
   A. 处置长期股权投资产生的净损益
   B. 转销盘亏的固定资产
   C. 转让无形资产的所有权产生的净损益
   D. 交易性金融资产的公允价值变动损益

2. 下列各项中，影响营业利润项目的有（　　）。
   A. 已销商品成本　　B. 原材料销售收入
   C. 出售固定资产净收益　　D. 转让股票获得净收益

3. 下列各项中，可以计入利润表"税金及附加"项目的有（　　）。
   A. 增值税　　B. 城市维护建设税
   C. 教育费附加　　D. 消费税

4. 下列交易或事项会影响企业综合收益总额的有（　　）。
   A. 销售商品收入
   B. 处置固定资产净收益
   C. 交易性金融资产期末公允价值上升
   D. 税收罚款

5. 下列各项中，影响企业营业利润的有（　　）。
   A. 出售原材料损失　　B. 计提无形资产减值准备
   C. 公益性捐赠支出　　D. 出售交易性金融资产损失

6. 下列各项中，应列入利润表"营业成本"项目的有（　　）。
   A. 销售材料成本　　B. 无形资产处置净损失
   C. 固定资产盘亏净损失　　D. 经营出租固定资产折旧费

7. 下列各项中，影响企业营业利润的有（　　）。
   A. 处置固定资产净收益　　B. 出租包装物取得的收入
   C. 接受公益性捐赠利得　　D. 经营租出固定资产的折旧费

8. 下列各项中，关于利润表项目本期金额填列方法表述正确的有（　　）。

A. "管理费用"项目应根据"管理费用"科目的本期发生额分析填列

B. "营业利润"项目应根据"本年利润"科目的本期发生额分析填列

C. "税金及附加"项目应根据"应交税费"科目的本期发生额分析填列

D. "营业收入"项目应根据"主营业务收入"和"其他业务收入"科目本期发生额分析填列

9. 下列各项中,应列入利润表"资产减值损失"项目的有(　　)。

　　A. 原材料盘亏损失　　　　　B. 固定资产减值损失

　　C. 应收账款减值损失　　　　D. 无形资产减值损失

三、判断题（正确的用"√"表示，错误的用"×"表示）

1. 会计报表中各项目数字的直接来源是账簿记录。（　　）

2. 其他综合收益不影响利润表中的每股收益。（　　）

3. 利润表各项目均需填列"本期金额"和"上期金额"两栏。其中"上期金额"栏内各项数字,应根据上年该期利润表的"本期金额"栏内所列数字填列。（　　）

4. 购买商品支付货款取得的现金折扣列入利润表"财务费用"项目。（　　）

5. "营业收入"项目应根据"主营业务收入"、"其他业务收入"和"营业外收入"科目的发生额分析填列。（　　）

6. 利润表是反映企业一定会计期间经营成果的报表,有助于保证财务报表使用者分析企业的获利能力及盈利增长趋势,但无法以此做出经济决策。（　　）

7. 利润表中"其他综合收益的税后净额"项目,反映企业根据企业会计准则规定未在损益中确认的各项利得和损失扣除所得税影响后的净额。（　　）

8. "开发支出"项目应当根据"研发支出"科目中所属"资本化支出"明细科目期末余额填列。（　　）

9. 出售单独计价的包装物结转的成本应填列在利润表中的"营业成本"项目中。（　　）

Ⅱ 巩固题

一、单项选择题（下列每小题备选答案中只有一个符合题意的正确答案）

1. 下列各项中,不应列入利润表"营业成本"项目的是(　　)。

　　A. 已销商品的实际成本　　　B. 在建工程领用产品的成本

　　C. 对外提供劳务结转的成本　D. 投资性房地产计提的折旧额

2. 下列各项中,不应列入利润表"营业收入"项目的是(　　)。

　　A. 销售商品收入　　　　　　B. 处置固定资产净收入

　　C. 提供劳务收入　　　　　　D. 让渡无形资产使用权收入

3. 下列各项中，不属于"利润表"中应列示的项目是（　　）。
   A. 其他收益　　　　　　　　B. 其他综合收益的税后净额
   C. 资产处置收益　　　　　　D. 递延收益

4. 甲公司2019年5月取得主营业务收入1 000万元，其他业务收入100万元，发生主营业务成本550万元，其他业务成本25万元，税金及附加200万元，管理费用500万元，信用减值损失50万元，投资收益480万元，公允价值变动损失200万元，资产处置收益20万元，营业外收入100万元，营业外支出50万元，甲公司适用的企业所得税税率为25%，假定没有纳税调整事项，则甲公司当月利润表中的"净利润"项目金额为（　　）万元。
   A. 125　　　B. 93.75　　　C. 525　　　D. 393.75

5. 下列各项中，应列入一般企业利润表"营业收入"项目的是（　　）。
   A. 出售专利技术净收益　　　B. 经营租赁租金收入
   C. 接受捐赠利得　　　　　　D. 债券投资利息收入

6. 甲公司2018年12月初主营业务收入科目余额为1 000万元，12月发生销售退回的价款为75万元，现金折扣8万元，销售原材料确认的其他业务收入为50万元，其他业务成本为25万元。不考虑其他因素，甲公司2018年12月31日利润表中"营业收入"项目填列金额为（　　）万元。
   A. 1 050　　　B. 975　　　C. 967　　　D. 942

7. 下列各项中，应列入一般企业利润表中"营业收入"项目的是（　　）。
   A. 出售专利技术净收益　　　B. 经营租赁租金收入
   C. 接受捐赠利得　　　　　　D. 债券投资利息收入

8. 2018年12月，甲公司的主营业务收入60万元，其他业务收入10万元，营业外收入5万元，则甲公司12月份应确认的营业收入金额为（　　）万元。
   A. 70　　　B. 60　　　C. 75　　　D. 65

9. 下列各项中，不属于利润表"利润总额"项目的内容的是（　　）。
   A. 确认的资产减值损失　　　B. 无法查明原因的现金溢余
   C. 确认的所得税费用　　　　D. 收到政府补助确认的其他收益

10. 2018年12月份，某公司发生相关税金及附加如下：城市维护建设税为3.5万元，教育费附加为1.5万元，房产税为20万元，车船税为3万元。不考虑其他因素，2018年12月份利润表"税金及附加"项目本期金额为（　　）万元。
    A. 25　　　B. 23　　　C. 28　　　D. 5

二、多项选择题（下列每小题备选答案中有两个或两个以上符合题意的正确答案）

1. 下列关于财务报表的表述，正确的有（　　）。
   A. 一套完整的财务报表至少应当包括资产负债表、利润表、现金流量表和所有者权益（或股东权益）变动表

B. 资产负债表反映企业特定日期所拥有的资产、需偿还的债务以及股东（投资者）拥有的净资产情况
C. 利润表反映企业一定期间的经营成果即盈利或亏损的情况，表明企业运用所拥有的资产的获利能力
D. 所有者权益变动表是指反映构成所有者权益各组成部分当期增减变动情况的报表

2. 下列资产负债表项目中，需要根据明细科目的期末余额计算填列的有（　　）。
   A. 预付款项　　　　　　　　B. 短期借款
   C. 资本公积　　　　　　　　D. 应付票据及应付账款

3. 下列各项中，属于流动负债的有（　　）。
   A. 长期借款　　B. 预计负债　　C. 应付职工薪酬　　D. 预收款项

4. 资产负债表中的（　　）项目，可以直接根据其总账科目余额填列。
   A. 长期借款　　B. 在建工程　　C. 短期借款　　　D. 盈余公积

5. 下列各项中，应在资产负债表负债项目中列示的有（　　）。
   A. 长期待摊费用　　　　　　B. 应付票据及应付账款
   C. 递延收益　　　　　　　　D. 应付职工薪酬

6. 下列资产负债表项目中，应根据多个总账科目余额计算填列的有（　　）。
   A. 应付票据及应付账款　　　B. 货币资金
   C. 未分配利润　　　　　　　D. 长期借款

7. 下列各项中，应在资产负债表"应收票据及应收账款"项目下反映的有（　　）。
   A. 预付职工差旅费
   B. 应收取的销售商品的增值税销项税额
   C. 代购货方垫付的运杂费
   D. 销售企业辅料应收取的款项

8. 下列资产负债表项目的"期末余额"栏内各项数字的填列，应根据有关科目余额减去其备抵科目余额后的净额填列的有（　　）。
   A. 长期股权投资　　　　　　B. 固定资产
   C. 在建工程　　　　　　　　D. 无形资产

9. 下列各项中，不属于流动资产的有（　　）。
   A. 持有待售资产　　　　　　B. 预收款项
   C. 在建工程　　　　　　　　D. 固定资产

10. 下列各项中，应在资产负债表"预付款项"项目列示的有（　　）。
    A. "应付账款"科目所属明细账科目的借方余额
    B. "应付账款"科目所属明细账科目的贷方余额

C. "预付账款"科目所属明细账科目的借方余额
D. "预付账款"科目所属明细账科目的贷方余额

三、判断题（正确的用"√"表示，错误的用"×"表示）

1. 出售单独计价的包装物结转的成本应填列在利润表中的"营业成本"项目中。（ ）

2. 企业自行研究开发无形资产过程中发生的资本化的开发支出期末应列示于资产负债表"开发支出"项目中。（ ）

3. 购买商品支付货款取得的现金折扣列入利润表"财务费用"项目。（ ）

4. 企业利润表中的营业利润以营业收入为基础，减去营业成本、税金及附加、销售费用、管理费用、财务费用、资产减值损失、信用减值损失，加上其他收益、投资收益（或减去投资损失）、公允价值变动收益（或减去公允价值变动损失）、资产处置收益（或减去资产处置损失）计算出。（ ）

5. 利润表各项目均需填列"本期金额"和"上期金额"两栏。（ ）

6. 利润表中"本期金额"栏内各期数字，除"基本每股收益"和"稀释每股收益"项目外，应当按照相关科目的发生额分析填列。（ ）

7. 我国企业的利润表采用多步式格式。（ ）

8. 利润表包括的项目主要有营业收入、营业成本、税金及附加、销售费用、管理费用、研发费用、财务费用、资产减值损失、其他收益、投资收益、公允价值变动收益、资产处置收益、营业利润、营业外收入、营业外支出、利润总额、所得税费用、净利润、其他综合收益的税后净额、综合收益总额、每股收益等。
（ ）

参考答案

第三节 现金流量表

I 基础题

一、单项选择题（下列每小题备选答案中只有一个符合题意的正确答案）

1. 某企业2018年度发生以下业务：以银行存款购买将于2个月后到期的国债500万元，偿还应付账款200万元，支付生产人员工资150万元，购买固定资产300万元。假定不考虑其他因素，该企业2018年度现金流量表中"购买商品、接受劳务支付的现金"项目的金额为（　　）万元。

  A. 200   B. 350   C. 650   D. 1 150

2. 下列各项中，属于工业企业现金流量表"经营活动产生的现金流量"的是（　　）。

  A. 收到的现金股利   B. 支付的银行借款利息

  C. 收到的设备处置价款   D. 支付的经营租赁租金

3. 下列各项中，不属于现金流量表"筹资活动产生的现金流量"的是（　　）。

  A. 取得借款收到的现金

  B. 吸收投资收到的现金

  C. 处置固定资产收回的现金净额

  D. 分配股利、利润或偿付利息支付的现金

二、多项选择题（下列每小题备选答案中有两个或两个以上符合题意的正确答案）

1. 下列各项中，属于现金流量表"现金及现金等价物"的有（　　）。

  A. 库存现金   B. 银行本票

  C. 银行承兑汇票   D. 持有2个月内到期的国债

2. 下列各项，属于现金流量表中现金及现金等价物的有（　　）。

  A. 库存现金   B. 其他货币资金

  C. 3个月内到期的债券投资   D. 随时用于支付的银行存款

3. 下列各项中，属于工业企业现金流量表"筹资活动产生的现金流量"的有（　　）。

  A. 吸收投资收到的现金   B. 分配利润支付的现金

  C. 取得借款收到的现金   D. 投资收到的现金股利

4. 下列各项中，属于现金流量表"经营活动产生的现金流量"的报表项目的

有（　　）。

  A. 收到的税费返还

  B. 偿还债务支付的现金

  C. 销售商品、提供劳务收到的现金

  D. 支付给职工以及为职工支付的现金

 5. 下列交易或事项中，会引起现金流量表"投资活动产生的现金流量净额"发生变化的有（　　）。

  A. 购买股票支付的现金　　　　B. 向投资者派发的现金股利

  C. 购建固定资产支付的现金　　D. 收到被投资单位分配的现金股利

 6. 下列各项中，属于筹资活动现金流量的有（　　）。

  A. 分配股利支付的现金　　　　B. 清偿应付账款支付的现金

  C. 偿还债券利息支付的现金　　D. 清偿长期借款支付的现金

 7. 下列各项中，应作为现金流量表中经营活动产生的现金流量的有（　　）。

  A. 销售商品收到的现金　　　　B. 取得短期借款收到的现金

  C. 采购原材料支付的增值税　　D. 取得长期股权投资支付的手续费

 8. 下列各项现金流出，属于企业现金流量表中筹资活动产生的现金流量的有（　　）。

  A. 偿还应付账款　　　　　　　B. 偿还短期借款

  C. 发放现金股利　　　　　　　D. 支付借款利息

 三、判断题（正确的用"√"表示，错误的用"×"表示）

 1. 企业用银行存款购入3个月内到期的国债投资不影响现金流量表中的现金流量。（　　）

 2. 企业购置的固定资产是其从事生产经营活动的物质基础，因此购置固定资产支付的资金应在现金流量表"经营活动产生的现金流量"项目列示。（　　）

 3. 现金流量表中"销售商品、提供劳务收到的现金"项目，反映本企业自营销售商品或提供劳务收到的现金，不包括委托代销商品收到的现金。（　　）

 四、不定项选择题（下列每小题备选答案中有一个或一个以上符合题意的正确答案）

 大地公司2018年有关资料如下：

 （1）本期商品销售收入80 000元，应收账款期初余额10 000元，期末余额34 000元。本期预收货款4 000元。

 （2）本期用银行支付购买原材料货款40 000元；用银行存款支付工程用物资货款81 900元；本期购买原材料预付货款15 000元。

 （3）本期从银行提取现金33 000元，用于发放工资。

 （4）本期实际支付工资30 000元，各种奖金3 000元。其中经营人员工资18 000元，奖金2 000元；在建工程人员工资12 000元，奖金1 000元。

（5）期初未交所得税1 600元，本期发生应交所得税6 600元，期末未交所得税为600元。

根据上述资料，回答下列问题。

1. 该公司"销售商品、提供劳务收到的现金"项目的金额是（　　）元。
　　A. 60 000　　　　B. 108 000　　　　C. 56 000　　　　D. 84 000

2. 该公司"购买商品接受劳务支付的现金"项目的金额是（　　）元。
　　A. 40 000　　　　B. 55 000　　　　C. 136 900　　　　D. 121 900

3. 该公司"支付给职工及为职工支付的现金"项目的金额是（　　）元。
　　A. 18 000　　　　B. 2 000　　　　C. 20 000　　　　D. 16 000

4. 该公司"支付的所得税款"项目的金额是（　　）元。
　　A. 8 200　　　　B. 7 600　　　　C. 1 000　　　　D. 6 600

5. 该公司"购建固定资产、无形资产和其他长期资产所支付的现金"项目金额是（　　）元。
　　A. 81 900　　　　B. 93 900　　　　C. 94 900　　　　D. 13 000

参考答案